U0948182

老梁说天下 5

聚焦民生百态，坚守人文情怀

梁宏达在节目中聚焦热点，评说天下

老梁说天下

梁宏达◎著

聚焦民生百态·坚守人文情怀 5

《老梁说天下》第五季再次来袭！二胎政策、不动产登记、一根筋张艺谋、傻根王宝强、三国谜团、神探狄仁杰……听老梁再度犀利开讲，评说天下精彩大事。

中国工人出版社

图书在版编目（CIP）数据

老梁说天下5：聚焦民生百态，坚守人文情怀／梁宏达著. —北京：中国工人出版社，2016.6

ISBN 978-7-5008-6374-8

Ⅰ.①老…　Ⅱ.①梁…　Ⅲ.①时事评论—中国—文集　Ⅳ.①D609.9-53

中国版本图书馆CIP数据核字（2016）第072310号

老梁说天下5：聚焦民生百态，坚守人文情怀

出 版 人	芮宗金
责任编辑	葛忠雨　刘冠华
责任校对	董春娜
责任印制	黄　丽
出版发行	中国工人出版社
地　　址	北京市东城区鼓楼外大街45号　邮编：100120
网　　址	http://www.wp-china.com
电　　话	（010）62350006（总编室）　（010）62005039（出版物流部） （010）62379038（社科文艺分社）
发行热线	（010）62005049　（010）62005042（传真）
经　　销	各地书店
印　　刷	北京市密东印刷有限公司
开　　本	710毫米×1000毫米　1/16
印　　张	18.5　　**彩　插**　0.5
字　　数	280千字
版　　次	2016年6月第1版　2016年6月第1次印刷
定　　价	38.00元

本书如有破损、缺页、装订错误，请与本社出版物流部联系更换

目 录
CONTENTS

时评：社会热点 百姓声音

时政风云

社会热点

民生把脉

焦点热议

娱论：不忘初心 方得始终

当红导演

我是歌手

人气女星

奶爸男星

史记：歌犹未竟 东方即白

一代帝王

千古名臣

神机军师

寂寞名将

老梁说天下

LAOLIANG SHUO TIANXIA

时评：

社会热点 百姓声音

时政风云

社会热点

民生把脉

焦点热议

‖时政风云‖

国家改革，释放红利

2015 年 8 月 24 日，国务院下发了《关于深化国有企业改革的指导意见》。意见指出，到 2020 年，在重要领域和关键环节取得决定性成果，形成更符合我国基本经济制度和社会主义市场经济要求的国资管理体制、现代企业制度、市场化经营机制，国有经济活力、控制力、影响力、抗风险能力明显增强。本次颁布的指导意见是从 2013 年十八届三中全会确定国有企业改革的大方向以来一次非常具体的顶层设计。

对这次国务院出台的《关于深化国有企业改革的指导意见》，各方各界用四个字来形容，那就是“望眼欲穿”。因为从 2013 年，十八届三中全会确定了国有企业改革的大方向，大家等了将近两年的时间，就等着中央出台具体措施。因为眼下国有企业改革已经到了非改不可、非有大动作不可的时候了！为什么国有企业改革如此迫切呢？

首先，中国的经济现在处在一个下行阶段。国有企业是中国经济的一个不可或缺的主体部分，而现在国企面临很大的困难，它的效益在下滑。这是由两个层面的原因造成的。

第一个原因是一些行业产能过剩，比如石油、房地产、钢铁等。这些行业有个突出的特征是周期性，就是说当时机成熟时，订单非常多，但是一旦出现周期性下滑，走进“下行轨道”的时候，企业就出现很大困难。所以，现在很多国企陷入一个周期性下滑的阶段。第二个原因是经营成本和财务成本居高不下，这就是国企的体制问题。这两个层面原因造成现在国企的效率低下、效益下滑，阻碍了中国经济产生活力。

其次，我们一直说现在改革进入深水区，难以推进，主要在于一部分国企形成了既得利益者。这些既得利益者在一定程度上，对国民经济的健康运行发展起到了阻碍的作用。这种积弊越严重，越应该大刀阔斧地改革。所以，中央政府在慎重考虑了将近两年的时间后，终于出台了这样一个顶层设计。这个顶层设计得到了很多人的认可。

这次出台的指导意见亮点确实比较多，有三点特别值得大书特书：第一是关于国企的分类，第二是关于混合所有制的一些规定，第三是关于国资委怎么管理国企的问题。

首先是关于国企的分类。这次指导意见把国企分成两类——公益类和商业类。其实这种提法并不新鲜。在此之前，北京市政府就曾经把北京的国企分成功能类、竞争类、公益类三类，这次指导意见里只是把功能类和公益类合并到一块。举例说明，三峡水利工程——这个工程的国企，其实是完成国家一个重大项目的建设，它具有强烈的国计民生的功能，所以属于公益类。涉及国计民生的，比如水电、公交等，这些国企都算作公益类。除了公益类以外，剩下的参与市场竞争的，以盈利为直接目的的都属于竞争类企业。这个分类非常明确，明确一下哪些国企是公益类的——要是公益类的，就不能以盈利为主要目的，一定要把社会效益放在第一位。而且，公益类企业除了自己本身投入公益建设以外，还要替代政府来购买一些社会服务。

对于竞争类的企业，就要参与市场竞争。只要是竞争领域的国企就要参与市场的自由竞争，就要开放，也就是说要打破原来国企在很多行业里面的垄断，要跟民企、外资在一定领域之内自由竞争。

当然，这对很多企业的影响是很具体的。有些企业很难为它具体定位，因为有的企业是既有公益类属性、又有竞争类属性，如中国石油、中国石化。石油开采就是属于公益类的，用以保证国家经济命脉的安全性；但是在加油站、炼油等方面，就属于市场化，应该参与竞争。再比如国家电网，电网要保证民生用电的输送，这就属于公益类；可配电这部分要参与市场竞争。所以，这种分类一方面是确定企业的性质，确定企业将来的发展方向；另一方面，要给国企投入充分的市场竞争确立公平的竞争环境，创造一个政策依据。当然，这个分类仅仅是个起点——这个分类执行之后，国资委、发改委就要出大招了，对企业进行彻底的整顿，这是一个非常好的起点。

其次是关于混合所有制的一些规定。混合所有制是这次国企改革中探讨的一个重点。外资、民企、私营、个体等这些要素与原有的国有体制、集体所有制之间混合到一起可能会产生“鲶鱼效应”。在这种情况之下，到底以哪个为主呢？这一次明确提出来，混合所有制是为国有企业做强、做优、做大服务的，也就是说国企依然是主体。另外一点，关于混合所有制，这次表述变成了试点先行。因为在实行混合所有制的时候，如果实行员工持股，就意味着原来国有这部分也要实行员工持股，这时候就会出现“利益输送”的问题。因此，员工持股的方式要非常谨慎地使用，只要是有国企参与的企业，什么人能持股，什么人不能持股，一定得界限出来。所以，这次指导意见里对于混合所有制员工持股这项表述是试点先行，不要盲目推广，也不设时间表。就目前情况来看，对混合所有制方面的国企改革应持谨慎态度。

最后是关于国资委怎么管理国有企业的问题。现在国资委管企业，要把人和事剥离出来。那么，通过管理资本运营，怎么体现国资委对国企的这种控制力呢？新加坡有个“淡马锡模式”，非常值得借鉴。什么叫淡马锡模式呢？淡马锡公司是 1974 年新加坡财政部成立的一个公司，它代表政府去运营新加坡 30 多家国企，包括新加坡开发银行等。这等于在政府和企业之间建立了一个缓冲平台，这个平台其实是以一种投资公司的形式出现的，就是政府委托这家公司管这些国企，然后这个公司进行资本运作。它以控股的方式参与这30多家国企的运作，首先有一点，它对国企大的决策一般不干预，只是派高管到这里参与决策，具体细节并不管。如果企业决策出现很大偏差，给整个社会带来不安定因素，或者说对国民经济有了一定影响，这家公司会为其纠正。但是这个公司代表政府管理国企的同时，又代表国企维护它的利益，和政府在某些方面进行博弈。比如，政府有的事非要国企来干，那么这家公司负责进行评估，评估是否能够盈利；如果政府的一些举措不能使国企盈利，反而使国企亏损，那么淡马锡公司坚决抵制，它会要求政府财政部门给予补贴。它在中间既保护了国企的利益，同时又体现了政府的一些思维方式。

淡马锡公司共有10个董事，其中4个来自政府，6个来自民企。这6个来自民企的董事，主要是解决技术性问题，目的是实现盈利；4个政府方面的董事，它解决的是方向上是否有偏差的问题。所以，淡马锡公司在政府和国企之间建立了一个缓冲平台，有效地解决了政府本身的一些官僚机制的问题，不但提高了政府对国企的控制性，而且使国企在自主经营方面有了很大的空间。

当然这个"淡马锡模式"我们不可能全部照搬过来，因为我们跟新加坡的体制毕竟是不一样的。其中，有个非常明显的地方，就是没有提关于国企行政级别的问题。为什么中央政府没有很急切地把国企的行政级别取消呢？从社会大环境来讲，除了政府以外，其他部门要去行政化，这句话说起来容易，做起来太难了。例如，我们说教育去行政化，说高校不要有副部级高校、正厅级高校等，可是最后会发现，如果让高校去行政化，高校跟社会往往就无法对接了。这说明改革是个整体化的工程，单在某一个环节去突破是非常困难的。所以，眼下国企的行政级别没有取消，政府也是有它非常现实的考量的——改革极容易出现投机，一旦出现投机，有些人就会利用这个投机来获利，所以任何一个政策稍不谨慎就会成为某些人浑水摸鱼的方便条件。所以，现在全社会关注的最重要问题，不是国企改革能否提高效益的问题，而是国企改革的红利会不会转化为个人私利的问题，这个特别重要——因为这直接影响到政府的公信力。所以，现在中央政府慎重又慎重，包括对混合所有制员工持股的谨慎态度，其实也是为了避免国有资产流失，避免利益输送，避免最后走向改革的反面。因此，现在对于国企改革的监督是特别重要的。如何监督呢？职工代表的监督、司法部门的监督、新闻媒体的监督，这三重监督密切相连，国企改革才有可能健康运行。

这次，国务院出台《关于深化国有企业改革的指导意见》，主要在于攻克各种难关，包括最明显的企业分类——分类仅仅是开始。中央政府已经传递出这个积极信号，下面就是各个国企怎么进行自我改革。而在这个过程中，在中央政府指导下可能会形成无数个判例，这些判例将会对国企改革形成一定的标杆意义。我们可以擦亮眼睛，看看“共和国的长子”是怎样完成自我改革、怎样更好地服务于国计民生的。

亚投行魅力何在

2015 年，在国际金融领域有一个词热得烫手，这个词就是“亚投行”，它的全称是“亚洲基础设施投资银行”。这是一个政府间性质的亚洲区域多边开发机构，重点是支持基础设施建设，总部设在北京，法定资本为 1000 亿美元。

有人评论说，亚投行是继金砖国家开发银行、上合组织开发银行之后，中国试图主导国际金融体系的又一举措。也有人说，亚投行魅力所在，可能和中国倡导有直接关系。咱首先得分析一下，中国为什么要倡导一个亚投行？ 2014 年中国 GDP 的总额是 10.3 万亿美元——日本的 GDP 总额是 4.9 万亿美元，还不到中国的一半，我们通过 GDP 的比较就能看出来，中国现在是除了美国之外，世界上经济体量最大的国家。咱们都知道，世界上几个大的金融机构，像世界银行和国际货币基金组织，美国都是第一投资方和大股东。亚洲范围之内，最大的一个洲际银行是亚洲开发银行，日本是第一大股东，拥有较大话语权。那么，中国现在在世界范围之内，已经成为一个经济发展的引擎式国家，同时我们这一阶段有另外一个热词叫“一带一路”，就是“丝绸之路经济带”和“21世纪海上丝绸之路”。中国想做的，就是联合其他国家完成经济发展的重任。

丝绸之路起始于古代中国，是连接亚洲、非洲和欧洲的古代商业贸易路线，也是一条东西方之间政治、经济、文化交流的主要通道，从运输方式上分为陆上丝绸之路和海上丝绸之路。2013 年 9 月和 10 月，中国国家主席习近平在出访中亚和东南亚国家期间，先后提出了共建“丝绸之路经济带”和“21 世纪海上丝绸之路”的重大倡议，得到了国际社会的高度关注。2014 年 11 月，习近平主席在中央财经领导小组第八次会议上明确指出，建立亚投行就是要为“一带一路”沿线国家的基础设施建设提供资金支持，促进经济合作。

因此，亚投行是“一带一路”金融支持平台的关键一环。通过亚投行领衔的多边开放性金融机构，中国将携手“一带一路”沿线国家，构建起三位一体的运作机制，促进亚洲经济更好、更快地发展。

有人说亚洲基础设施投资银行的建立和金砖国家开发银行的成立有类似的地方，都是为了发展中国家互利共赢。有国际上的批评舆论则认为，中国是想借这个机会输出过剩产能。其实，我们看，中国现在向海外输出比较多的是什么呢？是我们的高铁和核电技术。在这之后肯定有钢铁、煤炭资源往外输出，有人说这是中国的“过剩产能”，其实这种看法是不对的。对于我们来说“过剩”的东西，很可能是其他国家急需的。现在亚洲有很多国家的基础设施非常薄弱，在钢铁、水泥等这些大项目上需求量还很大，所以这种批评中国输出过剩产能的言论是不负责任的。

那么，亚投行到底有什么样的神奇之处，能吸引如此多的国家积极参与呢？有人说是因为那些亚洲国家基础设施都比较薄弱，那你怎么解释很多欧洲国家，像英国、法国、意大利，包括俄罗斯，甚至澳大利亚、巴西都积极参与呢？首先我们说，这是现实的需求。我们现在来看亚洲发展，从 2010 年到 2020 年这十年间，整个亚洲的基础设施投资，世界银行做了一次预估，说大概需要 80000 亿美元，也就是每年得有 8000 亿美元的需求量。那么，这么大的需求量谁给提供呢？现有的世界银行和亚洲开发银行一年最多能提供 300 亿美元，这个解决量是非常少的。而且，这些银行的申请过程特别麻烦。比方说亚洲开发银行和世界银行，它们对于需要从它们那里贷款的国家，会从你的政府透明度、意识形态上等设置种种障碍，申请的门槛非常高，时间往往长达一年到两年。所以，在这个前提下，亚洲很多国家支持赶紧建这么一个投资银行，满足基础设施建设的需要，这是一个原动力。

2015 年 6 月 29 日，《亚洲基础设施投资银行协定》正式签署；2015 年 12 月 25 日，亚洲基础设施投资银行成立，并于 2016 年 1 月 16 日正式开始运营。那么，欧洲一些国家为什么积极参与呢？我们都知道，长久以来，尤其欧洲主权债务危机发生以后，欧洲很多国家对美国很不满——因为美元是硬通货，主导国际金融秩序，美元一家独大，经常是美国一“感冒”，其他国家都跟着“吃药”，所以欧洲也希望人民币能够国际化，来打破美元一家独大的局面，它也乐于从当中分一杯羹。所以，种种原因凑到一块儿，使大家都希望有这么一个银行能建立起来。而且，2015 年 4 月 15 日，法国、德国、意大利、韩国、俄罗斯等国先后同意加入亚洲基础设施投资银行，共有 57 个国家正式成为亚投行意向创始成员国，涵盖了除美国之外的主要西方国家以及除日本之外的主要东方国家。很多国家都争当创始成员国，那么它有什么好处呢？这个好处非常大，因为创始成员国可以制定规则、章程，有一定的话语权，也占一定的投资比例，同时也会给它保留一个董事席位。你要是普通成员国，那么对不起，可能这些待遇都没有。更主要的是，创始成员国拥有保留条款。比方说我们签订这么一个协议，这协议你发现对中国、对俄罗斯、对法国有利，但是对我阿联酋不利，那阿联酋就可以启动保留条款，也就是在本国内不适用此条款。所以，成为创始成员国对自己的经济利益有一定的保护，而普通成员国就没有这个权利，所以大家争当创始成员国。

说到这儿，很多朋友会问，当今世界，美国和日本在金融界的地位很重要，它们俩怎么就没参与呢？毫无疑问，如果亚投行运作顺畅的话，与日本在亚洲主导的亚洲开发银行是存在竞争关系的，日本当然不希望你壮大起来跟它竞争。更主要的是，日本跟着美国走，它一般不肯忤逆美国的意思。而美国呢，是世界金融秩序的一个主导者，它一直是规则制定者——一百来年美国净制定规则了，这时候突然出现一个别人制定的规则，它肯定本能地排斥。但是，美国的态度还是有变化的。2015 年 3 月底，美国财政部长雅各布·卢到中国访问的时候就提出，对亚投行原来是观察态度，现在持欢迎态度。

美国态度的转变对亚投行的发展产生一定的影响。从世界范围来看，紧跟着美国跑的国家有三个：英国、以色列、日本，它们与美国是坚定的盟友。其中，英国和以色列都积极地加入亚投行，有人说这不是不听美国的了吗？其实英国这么些年来，在政治上一直紧跟美国，可是在经济上，毕竟是“亲兄弟、明算账”。

现在国际上的经济形势叫“国际经济缓慢复苏”，就是指摆脱了 2008 年金融危机之后，复苏得非常缓慢，它需要经济增长的原动力。从大方向来讲，亚洲基础设施投资这么大，不光是亚洲各个国家需要这个投资，同时也能带来大量就业机会。对于欧洲这些国家，像英国，它也需要在这一块儿投资来提升它的经济增长原动力，从亚洲的发展当中分一杯羹。英国经济这些年也确实不景气，英国首相卡梅伦到中国来访，曾带来几百个企业家，号称英国要做中国在西方经济投资最坚定的支持者，这在中英关系历史上从来没有过。英国非常想和中国搞好关系，甚至喊出“我要做人民币在欧洲的离岸中心”，所以现在中英的经济关系是非常热的，这也体现了国际社会里边没有永久的朋友，也没有永久的敌人，只有永久的利益。

再看以色列，以色列本来跟美国跟得也挺紧，可是内塔尼亚胡在罢免财政部长的同时，代替财政部长签字，要加入亚投行，为什么呢？以色列国民主要是犹太人啊，很精明。以色列在亚投行里边有利益诉求。中国丝绸之路这一块儿要建铁路，以色列和中国签订协议，以色列国内这段高铁就由中国来承办，双方有这种合作共赢的利益。而且，以色列宣布加入亚投行的时间节点是美国的财政部长雅各布·卢回美国已经发表完了由“观察”改为“欢迎”之后，这体现了以色列人的精明——我谁也不得罪。

这些事情告诉我们，国际形势和国际利益是你中有我，我中有你，谁也离不开谁。眼下看不但有欧洲这些国家加入，而且有金砖国家像俄罗斯、巴西加入，因为亚洲要进行基础设施投资的话，一定会消耗大量的资源——比如俄罗斯的石油天然气、巴西的矿产资源等，所以它们都想在这时候成为成员国——你用我的原材料，那我不就卖出好价钱来了？澳大利亚也是，它虽然是个发达国家，但是它的铁矿石和其他矿产资源同样需要大量的出口路径，要是成为亚投行的创始成员国的话，它会在这里边分到更大的一杯羹。所以说，这些国家的热情都源于利益考量。

截至 2016 年 1 月 16 日亚投行正式营业，中国认缴股本为 297.804 亿美元，现阶段为亚投行第一大股东。中国投票权占总投票权的 26.06%，也是现阶段投票权占比最高的国家。此前有媒体报道称，中国可能会通过放弃亚投行一票否决权，换取西方国家的支持。但随后，中国外交部发言人华春莹表示，亚投行也会分域内和域外的成员，那么随着成员国数量的增加，每个成员的股份自然也会相应地下降。因此，所谓中方寻求或放弃一票否决权，是不成立的命题。

亚投行对中国来说既是机遇，又是挑战。它考验日益强大的中国，在复杂的国际形势和利益面前，如何做到长袖善舞。我相信，强大的中国在当今国际体系的话语权会越来越大，这是顺应国际形势的。中国应该把握好亚投行这次机会。

TPP 协定是什么

2015 年国庆节期间，最大的一条国际新闻是，10 月 5 日包括美国、日本等国家在内的 12 个国家达成了跨太平洋伙伴关系协定（Trans-Pacific Partnership Agreement），简称 TPP。奥巴马总统称这次协定（TPP）是历史上最高标准的商业协定。

这条消息在国内引起了非常强烈的舆论反响。乐观的人认为 TPP 是萤火虫，不用把它当回事儿；而悲观的人则认为中国经济将从此被世界经济边缘化。那么，TPP 到底能在多大程度上影响中国的经济呢？

说到 TPP，需要追溯到 2005 年 7 月，当时智利、新西兰、新加坡和文莱四国签订了跨太平洋战略经济伙伴关系协定，这个协定主要内容是在货物贸易、服务贸易、知识产权以及投资等领域相互给予优惠并加强合作。其中最为核心的内容是关税减免，即成员国 90% 的货物关税立刻免除，所有产品关税将在 12 年内免除。由于初始成员国为 4 个，这个协议称为 P4 协议。2008 年，美国高调宣布，加入 P4 协议的谈判，成为协议的领导者。随后，加拿大、墨西哥、日本等国也相继加入，成员国很快增加到 12 个，分别为美国、日本、加拿大、澳大利亚、新加坡、文莱、智利、马来西亚、墨西哥、新西兰、秘鲁、越南。由于各国国情和发展阶段存在差异，TPP 共举行了五轮谈判。直到 2015 年 10 月 5 日，“跨太平洋伙伴关系协定”（TPP）取得实质性突破。美国、日本和其他 10 个泛太平洋国家在亚特兰大召开的部长会议上达成基本协议，将消除从汽车到大米在内的众多商品的贸易壁垒。2016 年 2 月 4 日，美国、日本、澳大利亚、文莱、加拿大、智利、马来西亚、墨西哥、新西兰、秘鲁、新加坡和越南 12 个国家在奥克兰正式签署了跨太平洋伙伴关系协定（TPP）。这也意味着一个横跨太平洋，涉及美国、大洋洲和亚洲，涵盖全球 40% 的经济产出的自由贸易圈即将出现。

美国贸易谈判代表迈克尔·弗罗曼称：我们期待这份历史性的协议，它能够推动经济增长，增加高收入工作，促进创新和竞争力，提高生活标准，减少贫困，增加透明度和管理水平，以及提高劳工和环保标准。

有人可能已经能够读懂里面的弦外之音：这是美国主导下的游戏规则。原来，2005 年，由于文莱、智利、新加坡、新西兰这 4 个国家在世界上的影响力并不大，他们搞的 P4 没多大影响。可是 2008 年美国加入进来后，局面完全不一样了。从里面的一些规则制定过程就可以发现，明明就是美国主导着制定的游戏规则。而且，奥巴马公开声明，在该协定（TPP）下，将是美国而非中国等国家来书写全球经济的规则。

美国近年来重返亚太，搞得声势很大，那么是不是这个 TPP 就是美国主导的针对中国的阴谋呢？我们来分析一下里面相关的一些规定。TPP 最主要的内容是取消或者降低关税，以及打破各种非关税的贸易壁垒，它的着眼点是自由贸易，是让这些国家自由地在市场经济的大海里头游泳，没有什么壁垒，也没有什么障碍，这里面的一些相关规定包括对监管体系和竞争体系的规定，已经超出了原来的贸易规则。TPP 是一种极为深度的干预，它对缔约国国内的经济政策，甚至政府体制，都有了一种新的要求。

美国声称，TPP 协定旨在建立高标准的、全面的、面向 21 世纪的自由贸易协议，协议对成员国都提出了非常严格的高标准的要求，主要体现在以下几个方面。

第一，TPP 将实行严格的原产地规则。例如，在纺织品及成衣原产地规定上，美国主张“从纱开始”原则。根据该原则，成衣产品使用的纱线与布料等所有原物料必须产自 TPP 成员国，而且之后的剪裁与缝合等制作过程，也都必须在 TPP 成员国内进行，才能免税进入美国。

第二，TPP 协定要求保证在国有企业和非国有企业之间实现公平竞争，确保在获得信贷以及其他形式的政府资助上，不存在不公平的竞争优势。

第三，在劳工和环境方面实施更严格的标准。劳工条款适用于出口加工区和自由贸易区，并对外贸企业支付工人的最低工资进行严格规定。在环境标准上，坚持已签署的多边环境协议中的承诺，保护自然资源和野生动物，包括捕鱼、伐木、野生动物贸易等条款，履行《濒危物种贸易公约》等。

当今的市场已经完全开放，我们跟世界基本同步接轨。在你需要人家、人家也需要你的时候，那么你的经济发展的规则就不能完全自己说了算。现在世界就进入这种普遍联系、无法分割的状态。美国在这次TPP当中提出来的一些规则，规范了政府和企业、政府和市场的关系，这些东西其实也是中国需要的。

TPP里面的一些规定，比如说“市场的归市场”，拒绝操纵汇率，不准政府给补贴，就是说政府跟企业要分得清清楚楚，“市场的归市场，政府的归政府，社会的归社会”。这几年两会以及十八大决定的一系列纲领里面也有这样的规定，这些规定并不是谁针对谁制定出来的，而是当今世界范围之内要想实现自由贸易，各个国家要达到的一个基本条件。

比如说国有企业，按照TPP规则来讲，中国眼下做不到；比如开放汇率，人民币现在没有走向国际，如果中国真要开放汇率的话，再来一次“索罗斯式”的金融危机，那就有经济崩盘的可能。

另外，像TPP规则中的环保标准、劳工标准等，眼下中国处在发展中阶段，很难达到它的标准。所以说，要进来，那就得牺牲自己的利益，适应人家的游戏规则；那不进来，有可能被人家边缘化。但说阴谋应该还是谈不上的，因为它制定这套规则，拿到世界绝大多数国家来说，都是这些国家要努力的一个未来，只不过限于眼下的条件达不到而已。

有人说美国这么干，对中国太不利了！其实想想，美国这些年来的战略是重返亚太，我们可以看到这些年来一个非常明显的事实，就是在国际上最激烈的声音来自哪儿？不是来自美国，而是来自日本、来自菲律宾、来自越南——美国自己不出手，它利用自己的手段，让这些国家来发表反对意见。美国在这方面是棋高一着的。所以，这就是美国在采用一种温和的方式来制约中国。事实上看，“日美军事同盟”“日澳军事同盟”“美澳军事同盟”就是要把中国封锁在太平洋，确切地说，是东太平洋地区的岛链以内。这些意图是很明显的，但都不是美国以一己之力能独立完成的。

我们也注意到，美国这些年从来不会从经济上和政治上甚至军事上采用激烈的手段去刺激你。相反，它通过其他各种各样的方式，手里可出的牌是很多的。所以，美国这次打出的 TPP 这张牌，其实是世界绝大多数国家为了发展自身经济，进入自由贸易体系要适应的规则，它就是拿这些规则来限制中国。

那么，现在咱们就来分析一下 TPP 对中国的影响到底有多大。它不会像有的人想象那样——中国经济从此就被世界边缘化了，但是中国经济面临严峻的挑战是不争的事实。目前，我们经济增长面临结构的调整，传统的制造业优势、人口红利这些即将成为过去。那么，在这个时候，你看中国经济的发展依赖什么呢？我们说，在经济增长方面，我们依赖"三驾马车"——投资、内需、出口。我们现在看投资，政府还可能再出台个 4 万亿的投资计划吗？现在看是非常不合时宜的。那么内需呢？现在我们的民生保障各方面还不能够完全到位——内需这块我们不能指望它短时间内有太大的改变。那么，就剩下出口了。事实上，出口方面，现在我们的劳动力成本已经没有太大优势了。所以，我们原来低廉的商品生产订单，现在很多都被越南、印度给抢走了。

现在 TPP 成立之后，很多国家可以通过零关税的方式，从别的国家进口商品，或者说把自己的商品零关税出口到其他国家，在这个时候就会减少对中国商品的依赖，减弱中国一些廉价出口商品的优势，所以它对中国的出口方面影响是很大的。反向过来我们再看，中国一直是贸易顺差。也就是说，我们挣的钱多，出口给人家的多，进口给人的钱少，可是这次你的出口如果要被限制住的话，我们要进口的东西，全是刚性必须进口的——比如原材料以及能源，等等。TPP 如果真的能够全面推行开的话，甚至将来有可能再来一个 TIPP，也就是跨大西洋的战略经济贸易合作伙伴关系，那样的话，中国和欧盟之间的联系有可能进一步削弱。中国经济这时候确实将面临很严峻的挑战，我们不能等闲视之。

是不是一经这种打击，中国经济就被世界边缘化了？这个也不可能。

为什么呢？

第一点，TPP 真正的全面推行，恐怕最早也要到 2016 年年底、2017 年年初，因为它涉及美国大选，这个时候美国国会会不会批这个？而其他的国家通过这个之后，国内能不能很快地执行到位？都是一个未知数。所以，它会有一定的缓冲时间。

第二点特别重要，中国不是没有应对的办法。因为 2011 年，TPP 在各方面扩展的征兆已经凸显了。中国政府在那时也制定了相应的策略，什么策略呢？我们从中国历史上可以找到答案。就是说，战国时候有“合纵”和“连横”两种方式——秦国很强大，那么其他 6 个国家，齐、楚、燕、韩、赵、魏都在秦国的东边，这些国家拉起手来对抗秦国，这叫合纵。苏秦就主张这个。后来出了个张仪，采用什么方式破解合纵呢？就是连横——秦国和其中一个国家拉上手，在地图上是一个横线，用连横来破合纵。其实这些年，中国政府就是在用“连横”破这个“合纵”。比如说，TPP 是一个网状的结构，那么中国现在采用的什么方式呢？是轮条的结构，就是自行车中间这块一个个辐条把周边的拉进来。举个例子来说，中国现在已经和 TPP 这 12 个国家中的 8 个国家有自由贸易协定。中国自己主导的跟东盟的自由贸易区，自己主导的 APEC 之下的亚太自由贸易区，包括“一带一路”，其实都是一种“用连横破合纵”的方式。就是说，中国跟世界 22 个国家签订了双边的自由贸易协定，内容就是 TPP 框架以内的这些东西，包括取消关税或者取消非关税的壁垒，做到了“你中有我，我中有你”，所以 TPP 即使全面推行，中国跟这些国家之间依然有一种贸易依赖，这些国家也会在一定程度上依赖中国的贸易。这也就是“连横破合纵”很重要的一点。

那么，是不是中国现在要打开门来迎接 TPP 呢？不完全是这样。其中有一个更长远的利益，就是 TPP 里边提出这些规则，其实也是中国在追求的——从长远看，中国要达到这个目标，就是政府不去干预市场，这一点也是我们改革进入深水区的一个重点目标。只不过，眼下限于发展中的种种问题，我们达不到，但那一定是中国未来要达到的。

WTO 的开放倒逼中国的改革，使我们现在有这么多的成果，为什么我们不会利用 TPP 的这种“开放”，反过来倒逼我们的改革呢？所以，我想 TPP 短时间之内对中国经济是种压制，如果你去主动迎接它，那未必不会迎来“开放倒逼改革”的一个美好明天。

向“裸官”说“不”

2014 年上半年，中共中央组织部下发的《配偶已移居国（境）外的国家工作人员任职岗位管理办法》，对“裸官”进行了重新定义：配偶已移居国外或境外的；没有配偶，子女已移居国外或境外的都被归作“裸官”的范畴。按照办法，党委、人大、政府、政协、纪委、法院、检察院领导成员，国有独资和国有控股企业等部门的正职领导人员，事业单位主要负责人岗位，以及掌握重大商业机密或其他重大机密的领导班子成员和中层领导人员岗位等五大类岗位不得由“裸官”任职。现任岗位上的“裸官”要么由其配偶主动回国——没有配偶的由其子女主动回国，要么接受岗位调整。从 2014 年 2 月至今，广东、浙江、河北、四川、辽宁等 10 多个省份已经启动了针对“裸官”的摸底清查。

那么，到底“裸官”是怎么形成的呢？其实，“裸官”的形成有这么三种状况：第一种状况是原先他在国外学习，把老婆孩子都带过去了。但是过了一段时间，他回国内任职，可是老婆孩子还在国外，这是第一种“裸官”的形成；第二种“裸官”是全家在国内，可是老婆孩子——主要是自己的配偶被公派出国，或者是到国外学习深造了，这是第二种形式；第三种形式是老婆孩子本来都在国内，然后有意识地让老婆孩子移居到国外。我们通常所说的重点盯住的、要排查的“裸官”，主要指第三种情况。

那么，“裸官”是否一定就是贪官呢？那倒不是。虽然“裸官”不等于贪官，但是“裸官”极有可能成为贪官，因为老婆孩子既然在国外，他在国内就觉得无事一身轻——反正我老婆孩子都在国外，我今儿犯点事说跑就跑没负担，所以有人把“裸官”形象地比喻成“脚踩两只船，身穿救生衣”。

在近年来反腐的过程中，你会发现在贪官群体里，“裸官”的比例占得非常高。那么，“裸官”这个词出现在我们视野是哪一年的事？2008年的上半年，陕西省政协原副主席庞家钰被调查清楚，确实涉嫌贪腐，然后被判刑12年，可是进一步调查他贪腐所得的这些资产，大部分已经移到境外。原来他老婆孩子在2002年就已经移居境外了。当时安徽芜湖的政协常委周蓬安写了一篇文章，叫《还有多少官员在裸体当官》，这大概是第一次提出“裸官”的概念。

你别看它是这时候提出来的，但在这之前，“裸官”犯事儿的例子已经有很多了。2002年，云南省委原书记高严逃跑到澳大利亚了；2003年，浙江省建设厅原副厅长杨秀珠跑到美国去了。这其中比较有名的一个事儿发生在2006年，纪委部门跟福建省工商局局长周金伙谈了一次，转天他就跑了。这个时候他老婆孩子都到国外了，而且他贪来的大量财产都已经转移到境外了，这对社会风气的影响很恶劣！

从那以后，政府就开始关注“裸官”现象。2009年11月份，深圳市政府率先出台一个文件，就是说“裸官”——他的配偶子女都移居境外这样的官员，不能出任党政的一把手以及重要部门的班子成员。当时就有人解读，“裸官”不能当一把手，一把手不要“裸官”。随后，在2012年年初，广东省也开始有了类似的规定——广东是率先向“裸官”说“不”的省份，之后范围一点点扩大。

自2011年开始，就已经有很多地方开始对“裸官”进行排查，当然这个排查是在政府内部进行的。但随着“裸官”现象越来越突出，它公开的范围也越来越大。“裸官”是不等于贪官，但是“裸官”给贪官贪腐创造了非常多的有利条件。

那么，“裸官”的巨大危害和隐患到底体现在哪些方面呢？

首先一个危害是对现在的反腐倡廉非常不利，它会对反腐形成一种反向的“激励”——也就是它促使一些想贪还没贪的官员胆大了，敢干了！为什么呢？你想，他老婆孩子都到国外了，没有后顾之忧了，他对国内的建设还能投入多大的精力和热情？一个不热爱祖国、不热爱人民、不热爱党的干部在这个岗位上工作，危险不危险？也就是说，“裸官”极有可能成为贪官，成为贪官的可能性还非常大，所以这是第一个危害。

第二个危害是经济上的，因为“裸官”亲属到了海外，他必然要把钱财挪到海外，对国内的经济平衡和经济发展影响极大。

第三个危害是国家形象的损害。

因此，无论从舆论影响上、经济影响上还是从政治影响上看，如果你不把这个“裸官”搞清楚，不限制他提拔、不限制他职位，危害都极有可能会进一步扩大。

所以，我们需要了解“裸官”的情况，要对他进行限制，要有一些制度化的东西来限制“裸官”。这个时候，我们发现研究“裸官”成为贪官的可能性，以及他成为贪官以后整个的运作过程是非常必要的。那么，“裸官”变成贪官的过程当中，他是怎么一步步实现自己计划的呢？

咱们可以结合很多贪官被调查出来之后的行为总结一下。他有一个清晰的路径图，就是“亲属先行”，然后“钱财在后”，最后是“择机出逃”。

首先是孩子——孩子先出国，因为现在人才流动范围这么大，孩子出国一般不怎么引人注目。先安排孩子出国，孩子出国后可以上学，可以有多种多样的途径。2008 年，时任浙江省温州市鹿城区的区委书记杨湘洪跑了。他就是先把自己的孩子打发出去，他有个女儿先让她去法国，安排温州籍的一个旅法华侨的儿子和他的女儿交朋友，就等于父母给包办介绍个对象。然后，到 2008 年让他俩结婚——你看这就是先把孩子弄出去。其实孩子在外面干吗呢？很多时候是接应，把钱怎么转到那边，给我打前站，这是第一步。

第二步是配偶，绝大多数时候是丈夫说，你也跟孩子走，出去陪孩子读书。但是配偶走了很容易引起身边人的警觉，说明你整个家庭的一种动向。所以，很多“裸官”想了什么办法？假离婚。

中国银行广东开平支行原行长余振东 2001 年跑了，但两年前的 1999 年，他媳妇就跟他“离婚”了。离婚之后，按照设计好的计划嫁给一个美国人，获得那边的绿卡。过了两年之后，这余振东带着钱再跑，到了境外再跟这个所谓的前妻相会，两人再恢复婚姻关系。曾经还有一个国企的高管也采用这样的方式，他老婆本来也是一个重要部门的官员，莫名其妙地就辞职不干了。然后两人离婚，他妻子就到国外了，六年以后，那位国企高管再叛逃到那个国家，大伙儿才明白原来这个高管是怎么想办法把妻子弄出去的。

亲属出去了接下来就是“让钱出去”，为啥要“让钱出去”呢？要保证自己及亲属在海外过很优越的生活，需要大量钱财。这也是说“裸官”有可能成为贪官的一个重要原因。一个普通老百姓供孩子在海外待着，你得花多少钱？作为官员，你看本身的工资条上也没有那么多钱，所以“裸官”成为贪官的可能性非常大。

转钱这个过程有多种多样的方式，有的是汇款给境外的亲人。当然这个是有规定的，大额汇款受限制，再一个就是通过地下钱庄“洗钱”的方式往外走。所以，你发现后来把出逃到海外的那些贪官给抓回来的时候，他的非法所得经常是连一半都追不回来，就是因为一方面他转移了资产，另一方面在“洗钱”过程中有很大损耗。所以说，贪官外逃会给我们的经济方面带来很大损失。

那么第四步是什么呢？你为了跑，你得有护照。这个护照原来是因公护照，比方说，官员的因公护照都归各省的外事办来统一管理。在这种情况下，他就会利用权力和非法手段给自己办假护照，有的甚至不需要签证马上能跑路。

最后一步是“择机出逃”。温州市鹿城区区委原书记杨湘洪以出国考察名义滞留法国不归，很顺利就跑路了。他自己督办，说我们都要到巴黎考察，抓紧时间把签证办下来，办完之后他以考察团团长的名义滞留法国不回来了。

那么，我们把这个路径摸清楚后，怎么才能在反腐中遏制这些“裸官”呢？

第一步，我们必须得认真排查——你得摸清楚到底现在这些领导干部哪些是“裸官”，做到心中有数。

第二步是公开——在一定范围内公开甚至向全社会公开，让大家去监督，这才能保证大多数人的眼睛都能盯着他们。

第三步，制定政策。“裸官”你要想升迁，那把老婆孩子从国外叫回来。安徽省曾经执行过这样的规定，你是“裸官”，要么你在岗位上退休，你要想接着干就得把老婆孩子从国外弄回来。这其实挺人性化。所以说，得有一些制度安排，制度化地阻断“裸官”的升迁渠道。如果“裸官”不受任何限制，直接就升迁，就会给我们的事业带来极大的隐患。

所以，眼下从中央到地方出台这些措施，我认为是非常必要的。这不仅仅是反腐倡廉过程当中一个重要组成部分，更应该作为一种常态化的制度建设，永远坚持下去。制度化地阻断“裸官”的上升通道，制度化地限制“裸官”的岗位，是一件循天理、顺民心的政策，也必将得到广大人民群众的支持和拥护。

‖社会热点‖

要二胎，你想好了吗

2013 年 11 月 15 日，我国决定放开“单独二胎”，即一方独生子女夫妇可以生育两个孩子，也就是出台了“单独二胎”政策。接着，2015 年 10 月 29 日，党的十八届五中全会决定实行“全面两孩”政策。也就是说，所有夫妇，无论城乡、区域、民族，都可以生育两个孩子。这是继“单独两孩”政策之后，我国生育政策的进一步调整和完善，也是党中央基于我国人口与经济社会发展的形势做出的重大战略决策。

这个政策一出来，不少独生子女家庭就开始研究：一个孩子太孤单，咱们再要一个吧！家在武汉的肖女士 44 岁了，终于怀上了第二胎，可是怀了三个多月，却不得不到医院中止了怀孕。为什么？原来她 13 岁的女儿死活不同意这个孩子的降生，又是跳楼，又是离家出走，最后甚至用刀片割腕自杀，没办法，肖女士只能到医院中止了怀孕。

这件事情，媒体已经有了充分的报道，可能看过原视频的人，尤其为人父为人母的，这心里头都会有恻隐之心——怀孕三个多月了，孩子基本都成形了，却被自己的姐姐苦苦相逼，最终胎死腹中。很多人都骂这个熊孩子缺德、自私、残忍、冷酷、任性，但是大家仔细想一想，我们每个人在小时候，和自己的弟弟妹妹有没有争过宠呢？都有。如果你要了解独生子女的话，就会发现，每个独生子女家庭，一旦将要有第二个孩子的降生，原来家里那个老大无一例外地都会有一些过激的反应，只是程度大小不同而已。当然，绝大多数不可能像肖女士这个女儿那么过激。

关于这一点，我身边就有例子。我有个小外甥，他是独生子。有一次，电视里边播一个汤圆广告，一个特可爱的小女孩儿，也就四五岁吧，嘴里喊着广告词，什么“汤圆味美香甜甜”，那小女孩儿可真漂亮可爱！我姐姐看着就说：“你说我就这一个儿子，再要个女儿多好，多可爱。”当时我外甥也就七八岁，第一反应上去就把电视关了——他不爱听这话！你看，这是孩子本能的一种反应。为啥呢？原来家里头所有资源都是他的，突然间这妈妈想再要一个弟弟或者妹妹，有人开始跟他分享家里这些东西，分享父母给他的爱，他顿时就觉得没有安全感了。这种安全感不像我们说，这个月我涨工资，多挣了两千块钱，下个月绩效不好，这两千没了。咱们成年人都知道，这是很正常的事情。但是孩子不知道，当家里的万千宠爱集于他一身的时候，突然出来一个人跟他分享，他马上觉得这个世界里头他不是唯一的了——自己失去父母的爱了。所以，失去安全感是这些孩子有过激反应最重要的一个原因。这个事情我不认为它不正常。当然，像刚才我们看到这个 13 岁的女儿，割腕什么的，已经超出了这个范围，恐怕她的心理有一定的阴影，甚至产生了人格上的一些障碍，但是独生子女家庭面临要第二胎的时候，那个老大的心境大体都是相同的。

我们小时候兄弟姐妹很多，很少有这种情况。比方说我下边有个弟弟，假如说我再多一个弟弟，那我也心态很平和，为啥？原来那个弟弟就是个参照物，我在和这个弟弟和平相处的时候，我了解到了我在家里是大的，有什么事得让着弟弟；那么当又来了个弟弟或妹妹的时候，我绝对能够泰然处之，因为这个事我有经验。比方说，家里头副食很缺，有好吃的东西，我作为哥哥不能先动，上边先是老人，然后再给弟弟吃，最后才轮到我。跟我年龄差不多或者比我大的朋友，一定有这个体会——吃不到就吃不到，东西怎么可能都是你的呢？因为我们已经有跟同龄人相处的经验了，得不到的时候就会自发调整心态，它形成了一种惯性——就像我们常说的，《三字经》中的“融四岁，能让梨，弟于长，宜先知”，孔融为什么四岁就知道让梨呢？因为他上边有长辈，有哥哥姐姐，孔融要是独生子女，他跟谁让梨去？父母不会跟他争，有梨一定大个儿的都给他吃。所以，独生子女缺乏同龄人这样一个环境，所有的资源都是他的，再加上家里就这么一个宝贝，爷爷奶奶、姥姥姥爷、父母，这“四加二”模式都可着他一个人来，那就肯定把他惯得觉得“所有的东西都是我的”，所以一旦出现有人跟他分享的情况，他本能的感觉不安全了——卧榻之侧岂容他人酣睡？这是人之常情，没有什么不正常的。

有人说，照你这么说，那独生子女应该看别人有的东西都想拥有，不喜欢别人跟他争？不是那么回事儿。所谓的外人和他即将要来到这个世界的弟弟妹妹，他认为是不一样的。因为家本身就是一个封闭的结构，一般独生子女家庭的孩子也不会轻易跟邻居的孩子去硬争——这不是属于他的东西，他觉得家这个封闭环境的东西都是我的，而弟弟妹妹来了，是进入这个封闭环境了，往深了点儿说，就是竞争资源是“同质同构”的。这就有点儿类似我们在单位里边遇到的一些事儿。

比如说，在单位里我是个业务骨干，这个节目我来主持，突然间来个竞争者，领导也很赏识他，说你俩一人一半吧，你一、三、五主持，他二、四、六主持，我第一感觉肯定是不舒服，为啥？原来的资源是我的，现在要分出去了。你想想你在单位里头如果有这样竞争的人，你舒服吗？再往大了扩展，同行是冤家，一行里的人争的资源是一样的，当然就会出现这种负面情绪和怨恨。当然，这首先必须得是同行——修自行车的，他绝对不会恨那摊煎饼的；唱京戏的也不会去举报耍猴的“三俗”——要在一个行里头，那可就说不准了！像家里的兄弟姐妹，到成年的时候也面临这问题。很多地方拆迁，一拆迁给大笔的拆迁费，这时候兄弟姐妹就容易打起来。咱们很多人一看电视里报道这个，说这都是兄弟姐妹，怎么家丑外扬呢？有的时候事儿轮到自己身上，你也会想：这都是爹妈给的，那凭啥你多我少呢？只有竞争“同质同构”的资源，才会出现这个事儿。

你听郭德纲有个小曲叫《大实话》，里边就说到了：

说兄弟亲，兄弟可不算亲，吵吵闹闹要把家分。兄如豺狼弟似猛虎，兄弟翻脸狠上加三分……

这说的就是这个竞争“同质同构”的资源，这个事情它是人性恶的一个层面，但是它属于正常范围之内。

2014年8月，西安市谭家村发生了一起悲剧——14岁的哥哥在家里把刚刚1岁的妹妹杀害了。直接原因就是觉得这妹妹降临到人世了，父母那么喜欢她，结果这哥哥心里不平衡了，就趁照看妹妹的奶奶不在家，把妹妹给杀死了。你想想本来多要一个孩子，这是个好事、喜事，却一下子变成悲剧了！而且这个悲剧不光是这个死去的孩子，这活着的孩子不也是个悲剧吗？才14岁，就把自己的亲人给杀死了。

有人说照这样来看，那这属于人性之恶，没法解了！不是不能解，你从这个独生子女刚降生的时候，就得开始教育他，让他学会友爱和分享，这个事就不会发生。不光是和别的小朋友分享，和爸爸妈妈也要分享——要知道不是所有资源都是你的！而且你要适当地给孩子一定的“挫折教育”，让他知道得不到是什么滋味，能够进行自我心理调整。

我们身边有很多家长，经常有这样的想法，说孩子一出生，孩子要啥你得给他，你得满足他。你要不给他，孩子就觉得，父母是不是不爱我了，他心里受到冷落了，可能精神就不健康了。这就是溺爱孩子的借口！怎么可能孩子要什么东西父母都给——这样他就感觉到爱了？不给他就受不了了，就觉得自己在这世界是灰暗的吗？不是那个样子！任何人在长大的过程中，都会经历无数次的“挫折教育”——你什么事都不让他经历挫折，他怎么成长？而且你不要以为孩子的世界就是单纯的，很多人说孩子就是一张白纸，纯洁得如何如何，你得给他爱啊！“人之初，性本善”，这是孟子的思想；而荀子却讲“人之初，性本恶”，所以说人是善恶并存的。

我一个朋友的女儿出生以后，他就发现，每当这个孩子要什么东西你不给她时，她就会哭，这种哭有两种情况：一种是你确实不给她，孩子觉得我是正当的要求，怎么不给我？所以号啕大哭；还有一种，这孩子自己知道要这东西过分，她想用哭的方式来要挟家长，所以有的时候她一边哭一边搁手捂脸，从手指头缝之间用眼睛观察你。我这个朋友看得很细，说自己的孩子就有这种情况——她试图通过这种方式要挟你。

我还有一个同事，家里养了一条狗。一天，同事带女儿到楼下宠物店玩，看到一只小泰迪——她特别喜欢这狗。当然，卖狗那些人跟着起哄，说孩子喜欢你就得给，结果这孩子倒在地上打滚撒泼——她知道用这种方式能把自个儿的爸爸拿住。结果我这个同事没办法，花钱把狗买回去了——家里养两条狗，弄得乱七八糟。我跟他说，你今后要付出更大的代价来纠正你女儿的这种错误行为。你不要以为先纵容她一次以后再说，越往后孩子这个不良习惯的改正就越难了。我们现在很多家庭，明明是“溺爱孩子”，却打着要“爱护孩子，让孩子健康成长”的旗号。孩子成长过程中，如果没有一定的规矩去管他的话，他将来不定惯成什么样子呢。

咱们很多人就说，老梁你在节目里说过，你赞同打孩子！我说对孩子的教育，不是说一定要打孩子，而是要给他挫折教育，不能什么事都满足他。我举个简单例子，我小的时候，要跟邻居家孩子打了架，甭管我对我错，我父亲一定带着我到邻居家去道歉。结果，经常还没等走出家门呢，人家邻居带着他自个儿孩子上我们家道歉来了！什么叫和谐？这就是基于一种道德、尊严上的和谐。现在很多家长，孩子让别人家的孩子打了一下，那恨不得自己上去打那孩子去。

所以我说，这个 13 岁小女孩身上发生的事不是偶然的。尤其是城市里边，家长对孩子极端缺乏挫折教育，片面相信很多西方传过来的理念，什么“要在充满爱心的世界里教育孩子”啊，什么要“尊重孩子”，什么要夸奖——“孩子是在夸奖中长大的”“好孩子都是夸出来的”，等等。我认为这个理论有偏颇。孩子出现问题你不严格管教，反而各方面都由着他，“给他尊严”，如何如何。我认为这些教育理念都是一半对一半错，不能走极端。那种孩子一出问题就使劲儿打，连打带骂，肯定不对；但是孩子出现问题时一律就夸、安抚等，这同样是不对的。这其实是打着“践行先进教育理念”的旗号来行使“溺爱”的行为，是给自己找借口。我觉得这种独生子女家庭要了第二胎遭到老大激烈反对的时候，多数情况下是由于你教育老大的方式不对，你这种方式对他的影响同样是非常大的。而且，我们在说到一些青少年犯罪现象的时候，也不止一次提到——这样一种溺爱孩子的教育方式，甭管你要不要这个第二胎，这老大将来都是问题。

可能我说到这儿，有的读者会觉得完了，晚了！我那个第一胎出生之后，对那孩子就是太溺爱了，现在他也反对怎么办？也不是没有办法！因为天底下孩子极端到能割腕自杀、反对弟弟妹妹出生的毕竟是少数的。只不过是弟弟妹妹一出生，这孩子有点儿抵触，这时候怎么办呢？

这里边有几个关键因素。首先要一视同仁，千万不要因为这个孩子降生了，就把原来对老大的爱减少了，甚至有点儿爱理不理了——不能让他感觉到你冷落他。然后具体的教育呢，有一定的办法。比方说，这老大会经常说，我讨厌这个弟弟，有的家长硬往过掰——你为什么讨厌你弟弟？你弟弟多可爱，你看这脸蛋多好玩啊！这种说法一定会让老大感觉到爹妈不理解我，硬拧着来——明明就是你喜欢他不喜欢我。正常的教育是，当这个孩子出生以后，你应该问他，你为什么讨厌你弟弟，你说出个道理我听听。孩子一说我讨厌怎么怎么，这时候家长就要开导他：你在我们心中和你弟弟是一样的，他也是我们家里的一员。用这种方式引导，千万不要硬掰，说弟弟多可爱，你怎么能讨厌他，你有没有个当哥哥的样儿。你直接批评他，孩子会产生过激和逆反的心理。

再有的时候，这老大会问，爸爸妈妈，你是不是不喜欢我了？有的爹妈直接来一句：不会，爸爸妈妈最喜欢你了——这是撒谎。这个时候家长正常的教育方式是应该让他知道，你和这个弟弟或妹妹都是家庭不可分割的一部分，这个小生命来到我们家后，不会减少父母对你的爱。你得让孩子心里觉得踏实。这个孩子为什么有这种过激反应？是他没有安全感，充满恐慌，你要安抚他恐慌的情绪，不能用欺骗的方式来对待。

现在很多的家长一看孩子出现点儿事，就骗这孩子。我过去讲过一个例子就是，曾参两口子要出门，结果这孩子拽着曾参的裤腿，说："爸爸你别走，我不想让你走！"这时候他媳妇说："别别，孩子，回来给你炖猪肝汤喝！"孩子想喝猪肝汤，说那走吧。回来之后，曾参撸胳膊挽袖子就杀猪，他媳妇说："这猪一百来斤还没出栏呢，你杀什么猪啊？"曾参说："不行啊，你答应过孩子了，说只要让咱们走，回来给他炖猪肝汤！你就得说话算数，如果你骗他一回，下回你说啥他都不信了。"

《韩非子》中，曾参的原话是：

婴儿非与戏也。婴儿非有智也，待父母而学者也，听父母之教。今子欺之，是教子欺也。母欺子，子而不信其母，非所以成教也。

这就是说，父母不能用欺骗的方式教育孩子。可是，咱们现在多少家庭为了安抚子女是连哄带骗的，你说这孩子心理上对你还能不能相信？所以我说，这个所谓的第二胎来了，原来的独生子女会感觉到心里不安，甚至抵触、反抗的问题，根本不是什么二胎不二胎，就是一个教育方式的问题。在教育的世界里边，独生子女难题前所未有，我敢说绝大多数家庭在教育独生子女问题上经常会苦恼。但是，我认为这种苦恼有一个最根本的，就是你只要不让你这爱过分，教育就好办，让孩子在得到爱的同时，也感受到挫折是什么滋味，能够自发地调整心理，有个平和的心态，这恐怕是教育界永恒不变的一个真理。所以，希望大家在教育独生子女的时候记着：第一条，惯子如杀子；第二条，小树得砍，小孩得管。

开征房地产税还有多远

2015 年 8 月初，十二届全国人大常委会立法规划公布，房地产税法正式列入其中。也就是说，房地产税从此开始进入依法征税、依法纳税的绿色通道当中。那么接下来我们要面临的问题就是房地产税怎么收，收多少。

大家可以密切地关注这一次立法规划的公布，过去我们说你多出来的面积要收税，要在房地产的持有环节增税，我们都叫房产税，包括上海和重庆这几年搞的收税试点的名字也叫房产税。这次你会发现，名字统一叫成了房地产税。而且，细心的朋友从这几年媒体的相关报道中会发现，政府是一点点把这个名称由原来的房产税改成房地产税的。为什么要改呢？这个主要是为了规避重复征税的问题。我们买房子、签合同的时候会发现，房地产里头有好多税，包括什么土地出让金、契税、印花税等，房产税只是其中一样。今后把房产税改成房地产税，就是把所有和买房子有关的这些税，都统一到房地产税里边了——原来房产税单独征收，现在房产税也融到房地产税里边了。

这个还解决了一个什么问题呢？比方说原来买房子，是在交易环节征税，由于是卖方市场，房地产商反正以这个价给你，你就得接——你着急买房子，那所有的税都是买方来缴。那么现在呢，我们把房地产税统一到持有环节去征收，那么很多的税就应该在最后持有环节里缴，而不再是买的时候缴了，这样一定程度能解决消费者缴税的负担——谁多买房子就多交税。现在房地产税法进入立法规划就是在告诉我们——房地产税非征不可了。

那么，为什么我们现在旗帜鲜明地说房地产税非征不可了呢？这里边有几个好处。

第一个好处是在市场经济过程当中，控制房价畸高。现在炒房的人，比方说手里有 10 多套房子，他通过这个获利的过程，一下子把市场上的房价炒得特别不正常。原来在交易环节征税，他卖给你的时候，税钱都是买方出，所以对炒房是有利的，直接把负担交给消费者了，炒房的人本身不承担多少费用。现在在持有环节征税，只要房子在你手里，一年就得缴多少钱。那些炒房的人，觉得这样利润降低了，挣不着钱了，我就把手里存量的房子往出拿吧！这样市场供应充分了，价格就降下来了。这也是一直以来支持房地产税征收的人持有的观点。当然，这个会不会起到作用，现在也是有争议的，因为上海和重庆两个试点城市由于征收范围比较窄，征的额度也不高，对当地房价的冲击并不大。如果把它在全国范围内彻底地推行，我想对遏制过高房价还是会起到一定作用的。

第二个好处是什么呢？现在地方上有个词叫“土地财政”，就是说地方财政有的甚至高达一半左右的收入来自卖地，这就使得地方政府对土地财政高度依赖。现在来看，很多地方的地也卖得差不多了，地方的财政也难以为继了，那咋办呢？中国现在的自有住房比例已经高达89%了，再过个十几年，大概人均拥有1.1套房子的时代就来到了，房子在手里持有可以征税。这样来看，房地产税就会成为地方政府一个稳定的财政来源，解决土地财政问题。总而言之，房地产税作为地方财政的一个稳定来源，在世界范围内都是普遍现象。现在来看，房地产税是做到税制平衡的关键，也是政府治理的关键。

当然，在整个征收过程当中，房地产税的好处还不止于此。从长远看，它确实能起到提高财政分配公平性的作用。说白了，就是有钱人拥有的房子多，住的大别墅面积大，那好，那你就多缴税。缴出这税干吗呢？更广阔的来讲是提供公共服务，政府用它来补贴低收入者，进行廉租房等各方面的建设，等等。只要它是正常地用到这方面，征收房地产税就有一定道理。这就好比我们小区里的物业费，你缴物业费是为了物业更好地治理这个小区卫生、秩序。现在房地产税就是一个小区之外的大物业费，相当于整个社会就是个大小区，你这里多缴点儿物业费，让这大小区更和谐。

以上三点，决定了房地产税征收的迫切性和合理性。政府把房地产税法列入立法规划当中，而且是全国最高的权力机构——全国人大，由全国人大常委会的立法机构来确定这个事怎么办。接下来，我们要讨论的就是这个税收多少、怎么收的问题。

首先是“收多少”。根据税收的理论，税分成两类：直接税和间接税。个人所得税直接从你工资扣，这是直接税。间接税是啥呢？它隐藏在商品消费当中，你看我们商品消费里如果要开最正规的发票，它一定有百分之多少的增值税、百分之多少的营业税。咱这么说吧，买一支钢笔，假如这钢笔是一块钱，大概这里头就有一毛七是增值税。间接税它相对隐蔽，我们总觉得这好像就该值多少钱似的。这个房地产税是直接税，从你手里直接征收，所以它的税率是多少特别关键。你看上海和重庆两个地方，作为征收房地产税的一个试点，各有各的办法。重庆是什么呢？住大别墅的、买高档商品房的才征收，普通老百姓就不征收了。上海是什么呢？它先设置一个免征额，比方说人均按 60 平方米算，如果三口人住，你住房面积在 180 平方米以下，那就不收税；如果你住 200~300 平方米的大别墅，那多出来的面积就在征税的额度范围之内。这些多出的面积怎么征收呢？多出的面积根据上一年这个地方商品房的平均价来算。有人说，到我手里不能按商品房平均价了，我还得折旧呢，那再在这个价格上乘以 70%，把这个作为征收房地产税的一个基础。

究竟收多少呢？很多地方给的税率不一样，从西方国家来看，基本上是在 0.5%~1.5%，大概值 100 万的房子，一年要收 5000~15000 元，这个钱是直接从你兜里掏，所以特别敏感。我们说这是征税的税基和税率，我估计今后在全国范围推广，很有可能也采用带免征额的方式。为什么呢？比方说一般老百姓，一家五口人，就挤到一个 80 平方米的房子里头，这 80 平方米要再按照市场价格征收的话，就有点儿说不过去了。它的一个原则是，对于普通老百姓的基础型住房，比方说第一套住房，一般来说是不征税的，只是对改善型住房中超出了我们免征额以外的那个面积征税。我估计它会设置在 30 平方米到 60 平方米之间，因为咱们国家小康的标准是一个人住35平方米的房子，所征收标准有可能在30平方米到40平方米，咱们设立一个免征额。比方说咱们一家三口人，三口人要住房不超过120平方米，那就不征税，超过这个再征税。所以，我说最大可能是设置个免征额，保护普通老百姓的利益。这个税率就像我提到的，是0.5%~1.5%，很有可能一开始征收不会超过1%，额度不要那么大，这样的话好推行。

最重要的，还有一个“怎么收”的问题。现在有一种提法，比方说我开始收房地产税是2018年，2018年以前不管买多少都不收了，今后新买的收，这叫“做增量不做存量”。但是这一点现在来看可能性不大，因为中国商品房的自有率已经到89%了。再过几年基本上人人都有基础住房了，那么你只在增量这块做文章，收不上来多少税，根本不能成为地方财政的一个支撑点。再者，中国现在各地的房价也不一样，我在一线城市、二线城市、三线城市都有房子，那么这房子价值怎么计算？这个好办，按照你当地的商品房计算。

但是现在有几个问题，不得不引起我们重视。

第一个问题，你个人拥有多少套房子，政府能不能掌握？你收税的依据到底在哪儿？我们前面跟大家讨论过有关不动产登记这个事，说要在2017年完成不动产信息登记。但是我们知道，不动产登记非常困难。

目前有的房子登记也不是实名制，各种各样的方式都有，每个人手里有多少房子，政府也很难直接掌握情况。它的关键还不在于个人报不报，关键在于很多部门之间信息不联网，每个部门之间比较封闭——我的信息和你的信息不能共享。所以，政府想在很短的时间之内摸清楚大家手里有多少套房子，还真挺困难。如果你搞不清楚这个问题就征税的话，会涉及一个公平问题。我这清清白白买两套房子就收税了，他手里有10多套房子，他不上报，就一分钱税不交，这公平吗？如果不动产登记不能够做到信息完善，那就容易收乱套，引发新的不公平问题。

第二是关于确权的问题，我前边说房地产税是产权税，你首先得弄清楚产权是咋回事。我们现在是89%的房子自有率，大概100个人里头有 89 个人自己有住房。但是你怎么获得自己住房这个产权，这渠道可大不一样，有人说那不就是商品房吗？不对，这 89% 里顶多有不到一半是买的商品房，剩下的是什么房子呢？经济适用房、廉租房、房改分房。房改分房，中老年朋友一定能知道，过去是单位分房子，后来改成货币化分房，等后来 20 世纪 90 年代取消这些了，但是原来单位分给你的房子，让你交点儿钱就成为你的正式产权了，这叫房改的产权房，也叫房改分房。那么这些房子，包括廉租房、经济适用房，房主获得产权是很便宜的，国家给补贴的，或者向弱势群体倾斜少交钱的。人家商品房拿了大价钱，你获得产权便宜，人家获得产权很贵，这就涉及一个确权问题，明确你产权到底是怎么来的。

第三个问题，现在征收房地产税只针对城镇。城镇的土地经过国家征收之后形成商品房，买完之后产权就是你的，而农村还不是，农村的宅基地属于集体用地，农民假如说进了城镇，就得交回去，因为它不属于你。但是，目前农村这个宅基地也存在一个流转的问题，就是说房地产税将来随着城镇化的发展，有没有给农村土地改革预留出空间？大伙儿都知道小产权房，这种小产权房就是在农村集体土地上建起来的。现在你看北京很多地方像宋庄、画家村什么的，它那个房地产在一定程度上已经商品化了，但是它是小产权，卖不了那么多钱，流通起来也费劲儿，可是已经进入商品化的序列当中了。那么这些房子你怎么收房地产税？你说收吧，它不像大产权房子那么名正言顺，也不公平；你要不收，便宜它了，等于它又逃脱了。所以，小产权房怎么处理，还是个难题。总而言之，我刚才说的信息登记的问题、确权的问题，这些如果不解决的话，就容易制造新的不公平。

当然，政府平抑市场上的房价问题，不能仅靠房地产税，还得提高房地产的供应，然后均衡社会财务分配，这才是一种根本的治理方式。那么，西方国家或其他发达国家，它在征收房地产税上有没有什么我们可以借鉴的一些举措呢？在这节的最后，我提供一些案例供大家参考。

征收房地产税是一个国际惯例，在新加坡，房地产税是政府的一种传统税种，原则上是有房子就得缴税，这是对土地这种稀缺资源的一种认可。具体执行中，新加坡对购买自用房者实行税收优惠，对于富人住房则收取高倍的土地出让金及高倍的物业费，严格控制高价商品房的比例。新加坡房产税的计算基础是房屋的年值，所谓年值，是业主出租一个房间一年所获得的租金收入再减去物业管理等开销所得的纯利润，年值由税务局每年根据各地的平均租金回报率计算，通常会低于租房的利润。

在美国，只要拥有房子，就要缴房地产税，美国房产税的收税主体是郡政府、市政府和学区，联邦政府和州政府都不征收房产税。美国房产税的税率由地方政府根据各级预算每年的需要确定，它的税率一般在1%~3%，不同州、县、市和学区，房产税的税率不一样，美国地方政府规定了一些减免税项目，主要是对自住房屋给予减免税，这是通过减少税基或低估财产价值来实现的。

住房子就要缴税，在英国历史上由来已久，早在18世纪，英国就开征物业税。最初的征税标准是家中炉灶数目，因此也被称为“炉灶税”；后来改为按房屋窗户多少征收，因此变成“窗户税”；而现在，英国的房地产税依据房屋大小和所处地区，从低到高被列为A到H八个等级。如果业主购买或租住的是一套两室一厅、大约60平方米的住所，那么在英格兰的一般居民区中，就会被评为C级，每月缴纳大约150英镑物业税。

俄罗斯房地产税实行差别税率，房产评估价格越高，税率也就越高，如果一名自然人拥有多套房产，则以所有房产评估价格之和作为税基来计算房产税，拥有房子越多，税率越高。

广告不能再“任性”了

2015年9月1日开始，新版的《中华人民共和国广告法》开始正式实施。这是自1994年广告法颁布以来的第一次修订。长期以来，广告领域的一些问题一直被人民群众所诟病。比如说，明星代言虚假广告，泛滥成灾的医疗广告，等等。针对这些问题，在新版的广告法里都有了非常明晰、而且是针对性极强的规范。

最近这些年，针对广告大家讨论排在第一位的，恐怕是明星代言虚假广告的问题。几乎每年的两会都有代表、委员提出来这个问题，而且大家在这个方面的争议也比较激烈。因为这些年来，明星代言虚假广告的领域出现了很多问题，而且这些问题出现之后，并没有在法律上得到真正的解决。

我们看这明星代言了虚假广告，揭露出来之后，有的明星说，我没用过这个产品，我也不知道。还有的说，他们弄虚作假，我不清楚，我也是受害者啊！在这个调查过程中，发现有一些明星其实知道这个产品不对，但为了挣钱，也做了代言。这种情况，本来应该受到法律的惩处，但是我们当时的广告法和其他各个法律里面并没有相关的条文，说明星应该承担什么责任。

那么这一次，新版广告法不一样了，里面明确规定明星代言虚假广告，必须承担连带责任。首先一点，明星代言的广告产品，必须明星用过。另外一个，虚假广告出现了，坑害了消费者，如果是普遍现象，你必须承担连带责任。如果出现了大面积的损害现象，你要进行民事赔偿。这些连带责任，是这次新版广告法里对明星代言广告明确规定的。

当然，这里面也有区分，比方说明星代言的这个产品，有一个人用了之后有问题了，他就把明星告上去了。这时候法院就要区分是一个人用这个产品出问题了，还是更多的人用了都出问题了。如果就你一个人用了出问题，可能是你个人的一些使用不当或者是有些特殊情况，这时候明星是不承担这个责任的。当然，过去有人替明星喊冤，比方说方便面，他代言的时候，吃得好好的，没什么啊。他代言的过程当中，厂家就往方便面里违规添加一些东西，结果就有人吃坏了。那你说明星代言的时候，也不知道这个情况啊！你说明星冤不冤？现在广告法里作了明确规定，只要是你代言范围之内的这个企业出现了问题，你就得承担连带责任。一般代言两年，那两年过后，它再有事，这找不着你，因为你的代言期已经过去了。

所以，今后明星说我没用过啊，或者我也是受害者，用这个理由来开脱自个儿，是不成立的。这也就解决了长久以来明星代言虚假广告造成了很多消费者受害、最后法律却无法惩罚这些明星的问题。

另外，对童星代言广告也作了规定——不得使用10周岁以下的小孩作为产品的代言人，为什么这样呢？因为明星代言广告要承担连带责任，是要有独立民事行为能力的。可是小孩呢，10周岁以下的未成年人，他不能为自己说的话、办的事负责。你比方说，这个小孩代言广告，说这牛奶真好喝，对我成长非常有好处啊。其实，他根本不知道这牛奶对他成长有没有好处。所以，小孩自己无法判断这个东西是对是错，他也就没有承担民事责任的能力。他自己都不知道真假，这个不光是对消费者不负责任，同时也是对自己能力本身的一种不负责。

当然，这一点也有区别，不是说他不做代言人，就不能参与广告了。比如说家长要买牛奶给孩子，成年人明星做牛奶代言可以——我买回来给我孩子，我自己也在这儿喝，喝着挺舒服，表情很愉悦，这是可以的。这时候孩子他就不是代言人了，他只是广告当中的一个表演者。你给他支付的是劳务费，而不是代言费。这一点，我倒觉得不光是因为小孩不能够为自己的话和行动负责任，更主要一点，也是要在广告法领域保护好未成年人的权益。

那么，除了明星代言，大家关注度最高的还有什么？就是医疗产品的广告。我们现在也都知道，医疗领域鱼龙混杂，啥事都能出来。卖假药的，坑害消费者的，等等。这种现象绝对不是什么个别现象，广告里面说这说那，吹得天花乱坠。今后在这些领域，包括其他的广告领域，都不能使用什么"国家级"啊，"全球领先"啊，"包治百病"啊，"疗效万能"啊，等等，都不能提。

在医疗广告里，这方面广告法规定得尤其明确，医疗产品、医疗方法、医疗器械、药品或保健食品这四样，不能由任何个人来代言。咱们现在看，电视里头卖药、卖保健食品的广告，90% 以上是明星代言，今后个人是不能代言这方面广告的。因为这个药对每个人的作用可能不一样。这个药即使你用过好使，也不等于对别人就好使，每个人的体质不一样。所以，个人是没有权利为他人健康负责的。我想这对广告市场是一个很大的冲击——因为大多数药品都找明星代言，明星有这种诱导消费的能力啊，比起不用明星，效果要好得多。

再者，我们打开电视，在很多电视台看到连篇累牍的"健康节目""养生节目"——其实是借着机会卖药，卖医疗器械，或者来推销医疗方法。那么从现在开始，广告就是广告，不能以"健康养生节目"的名义来推销这些产品。有的明星在这儿跟别的病人对话，说我就是个主持人，主持个节目，这也不允许。这种节目，其实就等于你作为一个社会公众人物给人代言了。

还有一些领域，规范得更加具体。比方说房地产广告，以往我们看，经常有什么"9999 元 / 平方米起"，如何如何。结果你一问呢，这只是几套大户型的优惠房，早就卖没了——你因为这个上当了。它其实就是引诱你打电话，根本就没这房子。然后他给你推荐这个、推荐那个，开始骗你。今后像这样的广告，也不允许了。

我在北京经常看到这样的广告，说这个地方好啊，交通方便！怎么方便呢？距离国贸仅 30 分钟车程！一问这房子在哪儿？都到河北了！怎么 30 分钟车程呢？你后半夜开车走高速，路上连辆车都碰不到可不 30 分钟就到了吗。你大白天走，没两个小时肯定到不了！今后这样的广告，也不准许有了。如果你要说哪儿多远，你不能用什么几分钟、半小时车程，你得说实实在在的。这儿到那儿 35 公里，这儿到那儿十几公里，必须用准确的词汇。所以，新版广告法对这个房地产广告规定得特别细。

此外，新版广告法把现在新兴的一些东西，也纳入规范范畴。很多朋友在看网页的时候，都有这个体会——不断蹦出个广告，都烦死了，说关它吧，你看这儿写个叉，能关。可一点击，不仅没关，还一下子打开了，让你仔细地看一遍这个广告，你还得再关一下，可能才关上。现在新版广告法里面规定了，互联网页面蹦出的广告，必须都能一键关闭，不能翻来覆去。

我看完整个新版广告法之后，有一个感觉，就是我们现在的管理者和法律制定者，对于长久以来存在多年的媒体形式，监管得比较细致。比如说电视，一天 24 小时播出，就这么点儿资源。电视台可以清晰地分出什么是正式节目，什么是广告，什么是新闻时段，什么是广告时段，什么是电视剧。可互联网不一样，它随时可以变。在网页上，明明是新闻网页，你一打开，就是广告——你想撵它都撵不走，它是与网页共生的。你要没有一些具体条文来解释，就没法规避这些。一部广告法不能穷尽这些问题。所以说，应该是把互联网和电视台放在一个层面来监管。这些现象应该分门别类地进行规定，哪些不行，哪些行，要一碗水端平。

所以，我希望广告法能够进一步出台更细的实施细则，这样就避免两个现象：第一个是出现违规的现象，查处无从下手；第二个是自由裁量权过大，可能在执法过程中出现失当。只有进一步出台各种实施细则，新版的广告法才能更加完善。

问题电梯别再“凑合”了

2015 年 7 月 26 日，在湖北省荆州市安良商场发生了一起电动扶梯事故。一位 31 岁的母亲带着孩子，从六层坐电动扶梯到七层的过程中，七层楼梯口的盖板突然出现了松动翻转。情急之下，这位母亲把孩子推到了安全地带，自己却掉了下去。经过 4 个小时的营救，这位母亲已经没有了任何生命迹象。

这起事故当中，这位母亲在面临危险的时候，把孩子推到了安全地带，很多人被这种人间大爱所感动，很快地在微博、微信上大量转发，由于转发量大，形成了一股强大的舆论问责力量。

现在这个事故经过调查，已经比较清晰明了。首先的问题在于，生产电动扶梯的厂家出现了质量问题。《湖北安良“7·26”电梯安全生产一般事故技术调查报告》中明确指出，“申龙电梯股份有限公司该类型产品涉及的盖板结构设计不合理，容易导致松动和翘起，安全防护措施考虑不足”。像前面说到的盖板出现松动翻转，一旦有人掉进去，或者盖板翻开，应该有控制系统马上停止运转。可是一直到救援到来，忙活了4个小时才罢休，所以说明它的驱动系统和控制系统同时出现了很大的问题。这是一起典型的电梯生产质量的事故。

另外，在这个事故的处理过程当中，百货商场要负很大的责任。因为在事故发生前5分钟的时候，已经发现了这个问题。商场安排了两个售货员在电梯口站着，这个时候有出事的可能，为什么不马上中止电动扶梯运转呢？所以商场在安全管理上出现了很大问题。现在这个事件已经调查清楚，完全是一起责任事故，不是什么天灾而是人祸。

经过调查发现，生产这个电梯的厂家叫申龙电梯股份有限公司。其实这些年，在中国电梯行业里头经常出现这样的事，比方说扶梯倒转了、滑动伤人了，再比方说有人被困到电梯轿厢里边了，等等。上面我们提到的申龙电梯，现在在全国有4600多部在运营。而且不光是申龙电梯，其他品牌的电梯也经常发生这样那样的事故。

2014年9月14日，华侨大学厦门校区综合教学楼，电梯突然发生故障。一名大四男生在乘坐电梯时被卡住，窒息身亡。2015年8月1日，在上海龙之梦购物中心，一名保洁人员在清洁自动扶梯时发生意外。抹布的毛边卷入电梯的夹缝中，造成电梯的梳齿板爆裂，保洁人员左脚被扶梯卡住，目前已被截肢。

可能我们看完这些事故，会觉得触目惊心，因为眼下中国电梯运营到了一个该整治的阶段。全国范围内，现在有 360 万部电梯在运营，而且其中相当数量的电梯处于老化运营的状态。电梯在我国从 20 世纪 80 年代末开始普及，到 90 年代中期，基本上就铺天盖地了。一部电梯的正常使用寿命大约是 20 年，很多 20 世纪 90 年代中期安装的电梯，都已经处于老化运营状态甚至是超期服役了。我们现在看到很多小区里边，尤其是老旧的小区里，坐电梯时经常听到"咣当咣当"的声音，坐的过程当中都感到很害怕。那么电梯事故发生的原因，到底集中在哪些部分呢？

首先是产品质量和设计方面存在问题。像我们上面看到的申龙电梯事故，它的产品设计方面是出现了一些问题的。不少厂家之所以能够占据一定的份额，就是靠低价竞争。比方说商场里边的电梯扶梯，正常价格是 16 万 / 部左右，这个申龙电梯在跟各家竞争的过程当中，每部价格都不超过 12 万。所以，有的商场图便宜，就订购了。其实，它自己不具备生产电梯的核心技术。当然，大家大可不必杞人忧天，因为我们接触到的绝大多数电梯厂家产品质量都是有保障的。整个电梯事故当中，真正由于产品质量问题造成的并不多见。

再说安装，有的地方安装得不利索，或者违规安装等都会造成一定的安全事故。

但这些不是主要的，主要的原因出现在维修保养上。按照现在国家的相关规定，一部电梯每隔半个月得保养一次。而且，小区电梯维护保养费用由物业从一并收取的物业管理费和设备运行费中统一支出。保养包括调试、润滑，看看一些部件是不是老旧损坏了，等等。可是具体落实到全国这些电梯上，真正半个月检查一次的并不多，而且检查往往是敷衍了事。

20 世纪 90 年代，北京市曾经做出一个规定，如果居民楼只有一部电梯，在每半个月维修一次的情况下，它的使用寿命应该是 15 年；如果是两部电梯，那么其中一部的使用寿命应该是 18 年；超过 20 年，这电梯基本就该报废了。但是现在据调查，北京很多小区，尤其是老旧的小区，电梯老化运营的情况非常严重。坐这样电梯的时候，我都自觉不自觉地按照一些媒体告诉的方法，靠着电梯壁，把两边扶手把住。如果我们的公共设施给大家带来的都是这样一种感觉的话，恐怕我们的生活也很难有很高的质量。

其实电梯的维护保养应该是由厂家来完成的，但是现在由厂家直接管理自己生产电梯的，连 20% 都不到，大多数都交给了第三方。比方说一个厂家，一部电梯一年的维护保养费用是六七千块钱，甚至多达上万。但是第三方公司承包之后就没那么多钱了，往往“腰斩一半”，有个三五千块钱就算不错了。而这些维修保养公司也不直接施工，再转包给下面的小公司，甚至是小工程队。

干过工程的朋友一定有这个体会，就是一个大老板，把这个工程包下来，然后直接转包给二级建筑商——这个过程中他什么也不用干，就挣着钱了，二级建筑商给三级建筑商，三级建筑商给四级建筑商……最后落实到小包工头儿身上——他能从这个工程中得到的利润，已经非常微薄了，再想挣钱就只能是通过偷工减料和假冒伪劣的方式。

再说说现在维护电梯的工人，有的培训公司培训这个工人，一遍就过。培训费用也就五六百，基本上没有什么监管。甚至有的电梯维修工人考试考过之后，跟着以前的师傅到几个地方实习两三天，就独自去维修了——有的人连配件什么的都认不全。所以，不要以为电梯维修工人就是专业的，其实好多都是糊弄事的。

我见过一个例子，就是一个小区的电梯维护费一个月居然只有一二百块钱。这就是层层转包带来的后果。在转包的过程当中，为了能够把活儿抢下来，必然要压低价格。但压低价格，接完了怎么办呢？要盈利就只能再进一步压低成本。在维修保护的过程当中，配件该换的也不换，凑合着使，所以很多时候检测就成了敷衍了事。

电梯维护跟物业公司也有关系。有时候，一些小工程队或小公司给物业公司开的维护费用发票甚至很高——但实际收的没那么多，物业公司可以拿这个报销，也就成“回扣”了。只有给高额回扣，物业公司才把这个活儿给你。而且，物业公司也确实拿不出更多的钱，因为有的老旧小区，老百姓生活都很困难，缴不起那么高的物业费，物业公司也没有多少钱用来进行电梯维护保养，那就只能再压低价格，交给小工程队来干。

层层环节都出现了这样那样的错位，最后必然造成恶性循环。有人说我们买房子的时候，交过房屋维修基金，从那里出呗。这又是一个很复杂的问题。因为房屋维修基金一般情况下不能动本，只能动利息。现在维护电梯的成本在提高，那点儿利息根本不够修电梯。那大修动本金，动本金得有业主委员会批准，双方就开始扯皮。没有业主委员会的，得有三分之二以上业主同意，才能动用房屋维护基金。有的物业公司不愿意惹那麻烦，不愿一家一家问。所以眼下在维护保养这一块儿，出现了相当严重的问题。

我们现在看到的，纯粹由于产品质量问题导致的事故并不多见。大量的问题出现在维护保养过程当中。本来该半个月一保养的，没干；本来到 3 年左右，应该中修一次的，没修；到 10 年以上该大修一次的，也没修。运营了十七八年，晃里晃荡的，质量再好的电梯想一点儿事故没有也难。

还有一部分事故是人为引起的，就是有的时候电梯出了事之后，相关人员不会操控，所以每个人也应该有一些乘坐电梯的常识。

眼下电梯事故如此多发，我认为到了政府非管不可的地步。首先，必须得保证电梯出厂之后的维护始终在厂家手里。现在交给第三方公司这种维护保养的方式，已经带来了非常多的麻烦。由厂家来维护，能保证它的专业性。其次是监管到位。有的地方就设立了一个电梯维修的后台信息监管平台，每部电梯维护过后都会形成电子信息，发送到这个网站上来，才算过关。这种做法还挺不错。

当然我们每个人也应该做到好好地保护自己，比如出了事故的时候，还是要有些生活常识的。最后，我给大家编了一段文字，告诉大家应该怎样妥善处理电梯当中的一些安全问题：

搭乘自动扶梯时，身体不要倚靠在扶手上，务必站在黄色的安全边界内，防止被夹伤。扶梯的上下双方都有红色的紧急停止按钮，电梯遇到紧急情况，工作人员或者乘客都可以按动按钮，让电梯止动。乘坐直梯时，一定要注意，梯门打开时要先观察，后进入。进入轿厢后，应靠里侧，或者两边站立，不要靠在梯门上，以免发生意外。不要用手脚棍棒等物品，阻止关门。不要反复按开关门键，不要随意乱按楼层按钮，导致电梯在同一层停留过长。不要使用客梯搬运大件物品。如果发生坠梯，迅速将每一层的按钮都按下，并按下电梯内警铃报警。为保证颈椎免受伤害，在电梯急降过程中，最好保持膝盖呈弯曲的姿势，并用一只手握紧扶手，肺部与电梯内墙紧贴成一条直线。

养老金入市开闸

2015 年 6 月 29 日，人社部和财政部共同推出了《基本养老保险基金投资管理办法》，并向社会征求意见，其中最引人注目的一条，就是养老金可以投资股票基金。

也就是说，长久以来一直争议的养老金要不要“入市”的问题，现在有了一个明确的答复。有人说，这时候出台这样的措施，是政府在出手“救市”。然而有更多的专家认为，养老金入市和政府要不要救市没有什么关系，因为如果不解决养老金投资问题，现行的养老金制度将可能陷入不可持续的困境当中。

其实按照国务院原来制定的时间表，是 2015 年年底拿出一个养老金入市的办法，向社会征求意见，养老金入市要到 2016 年才具体执行。可是 2015 年才过去一半，就出台了意见稿，向社会广泛征求意见。这说明养老金真是到了非改革不可的程度。这一点也和 2015 年 6 月 10 日国务院工作会议强调的“要充分盘活财政的存量资金”这个思路是一脉相承的，那为什么这么着急，要把养老金入市的问题在不到半个月的时间里明晰下来呢？

我们说这和政府救市没有什么关系，主要是为了解决养老金自身面临的困境，养老金现在有点儿不够支付了。根据刚刚公布的数字，2014年养老金的整个儿结余是3.5万亿左右，这么大一笔钱怎么能不够支付呢？其实具体一分析就知道，我们现在养老金是现付现缴制度，你现在交上去的，其中一部分就得给退休的人发出去。也就是说这3.5万亿，从储备角度来讲，有相当一部分得马上支付或者作为一种预备资金，不能乱动。

现在中国逐步进入老龄化社会，原来可能六七个挣钱的人在养活一个退休的人，现在这比例将会逐渐降低到三个人以下养活一个退休的人。正在工作的人在减少，缴纳养老保险金的数量就会减少；而退休的人越来越多，我们支付的要越来越多——此消彼长，3.5万亿很快就支付空了。

这种情况现在有的省份已经出现了，其他很多省份也是盈余仅仅比支出略微高那么一点儿。养老保险金在支付上出现了很大的困境，再加上我们还要搞养老金并轨，所以养老金支付压力越来越大。

与此同时，养老金结余这块儿的保值增值出现了很大问题。从1998年对养老金严格监管以来，一直不许养老金参与投资，所以养老金只能是两种形式，一种是搁在银行里吃利息，另一种是买一些国债。这两方面的利息都不太高，都没有跑赢CPI和通货膨胀。

从2009年到2014年，每年养老金搁到银行里头获得的利率大致都是2.5%，全部低于当年的通货膨胀利率。所以有人估算了一下，仅仅是这5年，每一年养老保险金从通货膨胀的角度来看都亏出几百个亿！如果把这20年的都算上，养老保险金因为放在银行里净亏几千亿人民币。

那过去为什么不搞养老金投资？一是以前养老金原本就少，养老金出现大量结余是最近几年的事。养老金是个中短期基金，两三年就得滚动，现付出一部分，还得留出预备金。所以，真正用到投资上的就比较少。只有现在总盘子达到 3.5 万亿了，它的投资价值才会提升。

另外一点最突出，就是养老金“入市”，投资股票、投资基金，是有很大风险的。养老金是大家在职的时候交的钱，到退休时候有保障，说白了，是我们的“养老钱”“救命钱”，这个给弄亏了还了得？那么，政府为什么传递出一个明确清晰的信号，说养老金可以入市呢？其实我们把这政策分析一下，就会发现“养老金入市”没有那么大的风险。

第一，现在的政策条文里规定，养老金入市的比例不能超过总盘子的 30%。假如说这总盘是 3.5 万亿，那就不能超过 1.05 万亿——它的 30% 是上限。但其实不可能到 1 万亿，3.5 万亿总盘先得扣除现付的那部分和预留资金，剩下的也就 2 万亿左右，这 2 万亿的 30%，就变成几千个亿了。而且它现在的统筹是从各个地方往上缴到中央，地方还得截留一部分，真正用到中央大盘进行投资的，可能连 1 万亿都不到！有人估算，投入到股市上最多不过 3000 亿，再加上一开始要小心翼翼地试探，有可能先试探 5%、10%，可能也就 1000 亿左右拿到股市上，对于 3.5 万亿总盘来说，影响并不大，不会产生多大的风险。

第二，它强调的是《基本养老保险基金投资管理办法》，这个投资渠道不仅仅是股市。所谓投资理财有三种方式：第一种是储蓄类的，搁到银行；第二种是债券类的，比方说买国债、买地方债务、买企业的债券；第三种才是股权投资，比方说股票、基金，买一些股份，包括实业投资、股权投资，等等，它是分成好多类的。当然，养老金一部分还得继续搁在银行里头，因为马上要付或者预留资金，得在银行里保本。还有一部分稍微投资点儿股票、基金，中间大部分要搁到什么上呢？比方说国家重大项目、基础实业等。国家项目可能没有那么大的收益，但是“旱涝保收”，比较稳健。几大块儿一分割，就像“不把鸡蛋放在一个篮子里”，平均分配，风险肯定摊低了，所以没有大家想象的那样，好像养老金 3.5 万亿都扔到股市上。它是个均衡投资的过程，投资到股市当中的只是一部分而已。

第三，投资的过程中，首先它不是政府直接操盘，而是政府委托给一些管理公司操盘。现在有三种看法：一种是各个地方自己搞；一种是搁到全国社保基金理事会，由它们来操控；还有一种是成立新的管理公司。但成立新的管理公司，眼下不太可行，时间紧、任务重。要是由各个地方统筹，就会出现问题，因为现在我们本来都是省一级统筹养老金，将来是想实现各地养老金流通盘活，如果还由各省搞，那养老金全国统筹永远都实现不了。所以，现在很多人非常倾向于把它交给已经有成熟运作经验的全国社保基金理事会。这也是“优中选优”的一种方案——交给最靠谱的、稳健的投资公司来打理。有这么几条做保证，我相信养老金入市的风险不会有多大。

那万一要出风险，亏了怎么办？即使真亏了，也不存在养老金发不出来的问题——因为投资“亏了”，影响的是养老金的支付能力，不会影响最终支付结果。养老金发放的多少，跟股市的跌和涨，收益的多和少，没有直接必然联系，它是一个养老支付能力强和弱的问题。

所以，不用担心养老金入市会亏损。当然，如果养老金入市得以推行，它一定得由一个公开、公正、透明的机构来运作，必须得定期向社会公布，我们投资了什么，买了多少。既然是大家的钱，怎么运作，要向社会公众有一个明晰的交代。所以，这个过程当中必须采取一些稳健、透明的具体配套措施，才能把养老金入市完整运作下来。

养老金改革是许多国家都非常重视的一个问题，对于养老金投资，各个国家也有着自己的管理办法。美国的养老金体系主要由公共养老金和企业养老金两部分构成，在投资风格上，美国的公共养老金相对保守，主要投资国债等低风险品种，2000 年以来，始终保持 4% 左右的回报率。而对于企业养老金部分，美国政府则通过税收优惠政策鼓励其投资，以最为成功的“401K 计划”为例，员工可根据实际情况选择股票型、债券型等不同的投资方式，由企业将资金委托金融机构进行代客理财运作，风险自负。

德国的养老金体系，由法定养老保险、企业养老保险和私人养老保险三大支柱构成。德国养老金投资奉行相对谨慎的策略，《投资公司法》对于养老基金投资股票或其他金融衍生品的上限均有明确规定，而基础设施建设及房地产业等实体资产往往作为德国养老金投资的首选目标。

在芬兰，养老金投资必须保证“安全盈利”。投资业务不能只关注风险最小化或利益最大化，一定要兼顾这一对互相对立的目标，股票、债券、房地产和对冲基金等投资产品受到养老金管理者的青睐。此外，芬兰养老金也有 30% 投资在国内项目上，25% 投资在欧元区其他国家，45% 投资于欧元区外。这些年来，在芬兰本土的投资份额保持稳定，而欧元区以外的投资则在增加。值得注意的是，作为社会透明度名列世界前茅的国家之一，芬兰养老金的投资情况也会按时公布，养老金联盟每季度会公布相关数据并分析投资操作的条件、分配和回报。

所以，我们要理性地看待这次“养老金入市”的政策。原来，养老金只是能搁到银行里或者买国债，现在不光搁到银行里、买国债、买企业债券，还能够进行各种股权投资，投资股票、基金，等等，这个理念的转化至少是盘活了我们现在的财政存量资金。它既可能增强养老金支付能力，同时有稳健收益想法的大量资金入市，对中国股市的健康成长也有一定好处。所以，基于各个方面的原因，我个人认为“养老金入市”不会给养老金的支付带来多大的风险，我们应该对这样的政策充满信心。

‖民生把脉‖

卖房养老，你能接受吗

2015 年 6 月，北京大学著名教授钱理群先生把自己的房子卖掉，入住到了昌平区的一个养老社区当中。这件事情引起了很多人的争论，有的人觉得像这样一位有名气的教授学者，养老居然要把自己的房子卖了，着实有些令人心酸。还有一些人认为，他入住那个养老社区一个月得交两万多块钱，这说明钱理群先生挺有钱，其他的老人未必有这样的条件。这些纷争的背后折射出一个存在已久的话题——以房养老。

钱理群是北京大学资深教授、博士生导师，主要从事现代文学史研究，鲁迅、周作人研究与现代知识分子精神史研究，他的代表作有《与鲁迅相遇》《周作人传》等，被誉为 20 世纪 80 年代以来中国最具影响力的人文学者之一。由于对教育问题的持续关注，钱理群也被认为是当代中国批判知识分子的标志性人物。

对于钱先生这些成就，我本人还比较熟悉，他写的一些著作，尤其是像对周氏兄弟（鲁迅和周作人）的研究，另外还有对曹禺戏剧的研究，我都很认真地读过。正是基于对钱理群先生的敬仰、敬重，觉得这么一个有身份、有地位、了不起的学者，这么大年岁养老（钱先生 1939 年生人），居然还要卖掉自己房子，很多人觉得怎么这么惨，其实我觉得一点儿都不惨。

钱先生现在和老伴儿一块儿居住，他老伴儿前一段时间病了，病了以后就无法照料他个人的饮食起居。最重要的一点，钱先生没有子女，如果在自己的房子里养老，每天又要做饭，操持家务，还得互相照顾，这对于已经都七十多岁的老两口来说是“不能承受之重”。所以，他把房子卖了，进入昌平的养老社区，那块儿有管家，二十四小时随叫随到，一日三餐都有人照顾，房间有人打扫，完全不用操持家务这些事儿，两人可以说老省心了。除此之外，钱理群教授认为，这样做最大的好处，就是可以全力地来写自己想要写的东西。

钱先生住的这个房子一个月要交两万多块钱，包括房租和对他的照顾。这两万多块钱，钱先生和他老伴儿的退休金合在一起够了，所以为了保持一定的生活品质，就把房子卖了。而卖房子的钱足够支付这个费用了。房子、钱财，生不带来、死不带去，不提升生活质量干吗呢？钱先生这种选择我认为非常正确，他自己快乐，就是最正确的选择。

很多人觉得钱先生这种养老方式没法推广，一个月两万多，一般老人哪付得起？如果你是家在北京有房子的老人，我认为这不是问题；在其他城市，虽然房子没北京那么贵，但养老费用也没有北京这么贵——它是水涨船高的事儿。所以，有人说，我们没钱，这不具备推广意义，这话恐怕就不实事求是了。它更多地涉及一个观念问题。我们仔细把这个事情捋一遍就会发现，钱先生选择这种养老方式，非常重要的一点是他没有子女，而有儿有女的老人能不能做出这种选择恐怕一定程度上还得看儿女的。中国过去的观念是“养儿防老”，这是中国几千年来的养老模式，它一点点形成的思维是：我怎么着得给孩子留点儿财产，得让孩子将来过得更好，让这家族延续下去，这是现在绝大多数中国老年人的共同心态。

但这就存在一个两辈人之间的矛盾，甚至有一些挺孝顺的孩子，潜意识里也觉得老人这房子该是我的。如果孩子能够养得起老人，那老人当然愿意居家养老；但要是你的条件不行，养不起老人，或者压根儿就不愿意赡养老人，怎么办呢？我觉得老人手里这套房产是他养老的保障，他们完全可以卖掉房子，自己搬进养老社区里。反过来，作为孩子呢，拿不出那精力、物力去赡养老人，还不如让老人卖房养老呢。所以，现在有很多有儿有女的老人没法卖房子养老，恐怕和这种观念有直接关系。

即便儿女都愿意付出努力来养活老人，但问题是中国已经进入独生子女时代了，“四二一家庭”比比皆是，有的孩子是有那心没那力——孝顺这个事儿是论心不论事，有时候他力量达不到，有心无力。还有的孩子发展得很好，可能去国外了，鞭长莫及，使不上劲儿。由于中国这些年经济的快速发展，房地产值钱了，所以房产成了养老最可依赖的资产。以房养老，在中国未来一定是一个要执行的东西，当然这个形式多种多样。

以房养老第一种形式就是钱理群先生的例子。

第二种形式，现在在很多城市里也挺普遍。比方说老两口有一个身体不行，或者卧床不起，总得需要人伺候，两人的退休金加一块儿就这些，再请个保姆捉襟见肘，怎么办呢？比如说我家三室一厅，租给某个养老中心，养老中心在家里办一个家居式的小规模的养老院，自己两口子住一间房，那两间房还有两家老人搬过来养老，然后养老机构挣这些人的钱，服务的时候，给这三家的老人共同服务。

第三种方式就是我以前提过好多次的“倒按揭”。我们都知道，正向按揭就是买房子先交一笔首付，然后再每个月还这个按揭贷款。“倒按揭”的意思是，房子产权已经归你，到老了的时候，再把房子倒抵押给银行，银行根据房子的估值，每个月给你钱养老。倒按揭的好处是相当明显的。现在，很多人要孩子有点儿晚，有的三十多岁才要孩子，孩子二三十岁正在“爬坡”呢，你已经要养老了——他自顾不暇，哪有那么多钱和精力来赡养你呢？所以，这时候通过“倒按揭”，把房子倒着抵押出去，自己的资金问题也就解决了。而且，很重要的一点在于，如果这孩子这时候也在按揭买房子，你还能拿“倒按揭”这个钱去帮助他。假如说你不去帮他，不采用这种“倒按揭”，你过得紧紧巴巴，孩子想孝顺你也没有多大的能力，等到了你过世的时候，孩子这时候四十多岁，经济条件各方面都可以了，这时候你又给了他一套房子，充其量是锦上添花，如果你早点儿“倒按揭”，你还能帮帮他，那是“雪中送炭”。所以，我说“倒按揭”是非常符合中国社会目前这种特点的。

但是在现实生活当中，“倒按揭”这么有利于养老的事情，推广得并不好。自2014年7月1日起，中国保监会在北京、上海、广州、武汉开展住房反向抵押养老保险试点。2015年4月，第一款保险版以房养老产品正式推出，然而截止到2015年9月，仅有26户居民签约。上海民政部门做过的一项调查显示，高达90%的老人拟将房产留给子孙，愿意“倒按揭”的不到10%，而在2015年7月底，中国新闻网发起的以房养老意愿调查中，有57.1%的人不看好以房养老，多数人观念上难以认同。

有人说这么好的事做的人怎么不多呢？这其中最为重要的不是房子本身的问题，而在于养老院。从房子的特点来看，只要是在城市里边，三线以上城市居住，房子现在都能卖不少钱——当然要是在边远农村小县城可能例外。那个地方本身房价起不来，你卖它，可能也不够支付你养老金的。因为养老需要硬件的投入，和房价上涨之间不是必然地成百分之百正比关系，可能你在一个县城里养老需要的费用和北京比，比如说比例是一比三，但是房价有可能是一比九、一比十往上，所以县城的或者边远农村的房产没那么值钱。

但如果我们把视线放在城市里，三线以上城市最突出的是养老院的问题。你把房子抵押出去了，卖出去了，回头可能要搬进养老院，但是这个养老院太难选择了。

首先是养老院的床位太紧张。中国现在养老院的床位和需要养老的人口比例大概为1.59%，也就是说，现在一万个老人当中，也就能有159张养老院的这种床位。国际上一些发达国家都是5%～7%，一万人当中有500张床到700张床，比咱们高很多。

其次，高低两端发展得非常不均衡。比方说好的公立养老院，北京有那么一家，据说老人现在想进去，得排到一百年以后。现在的事实是，低端养老院的条件非常差，有的老人搬进去没几天就搬回来了——里头吃不是吃，住不是住，医疗各方面都保证不了。还有的民营高端养老院，条件虽然很好，但是价格非常贵，一般老年人根本承受不了，可以说高不成、低不就。

这中间的悬殊还不仅仅是经济原因造成的。养老很重要的是身边得有人，得有护工，得有大夫，可是现在中国大多数养老院的护工端茶倒水伺候个人行，真有点儿病灾的，帮不了太大的忙。再一个，帮助老年人康复的或者说其他文化娱乐活动能够满足老年人精神需求的，更是少之又少。所有这些问题加在一起，会造成很多老年人的顾虑。正是由于养老院的出口太窄，直接影响到“以房养老”的推行和实施。

我认为，钱理群先生卖房养老的方式，在将来很可能是个常态——毕竟房子生不带来、死不带去，要把这部分资金量盘活的话，中国老龄化社会的养老问题可能就会迎刃而解。要想做到这个，就要加大投入，建设公立养老院，同时用市场行为引导更多的社会资本进到这里。

我了解的一个情况，就属于“变废为宝”的典型。在天津下边有一个区叫宝坻区，位于北京和天津之间。这个地方原来盖了很多别墅房和商品房，可是周围没有一些很好的配套设施，有的卖不出去——很多人买了也不去住，大量的房子闲置。最近这两年，这些房子却成“香饽饽”了，为什么呢？地产商发现，把这个地方改成养老院最合适，周围青山绿水条件不错，离北京、天津也不远，方便子女来探视，结果“变废为宝”，把这一块儿当作一个养老地产来处理了，现在还挺火。所以，我们很需要这样一种思路，在政府引导之下，发展这种养老地产的经营。

再有一点就是，需要在政府引导下，大量地培养养老这方面的护工、医生、服务人员，只有这些人多了，才能保证老年人在敬老院里养老的质量有所提升。所以，我们在探讨钱理群先生卖房养老这个话题时，应该想到政府和个人应该从哪些方面做“以房养老”的准备工作，把这些准备工作做好了，钱理群先生这件事就有了非常强的示范意义。

当楼盘傍上名校

2015年7月25日，武汉某小区售楼部门口有几百位业主，举着横幅进行抗议。事情的起因是当初购房的时候开发商承诺，业主的孩子可以就近在小区里的幼儿园和小学入学。可是现在由于名额紧张，需要通过摇号的方式来决定哪家的孩子能够进入学校。业主们纷纷抱怨，当初买房子就是因为看上你这楼盘里边有一些名校，现在你却兑现不了。其实这种现象并不是个案，从几年前开始，全国很多大城市都出现了“楼盘傍上名校”这种销售模式。现在实践证明这种模式的弊端非常多。

这个销售模式是怎么来的呢？这得跟大伙儿从头说起。2014年教育部作了一个硬性规定，全国19个大城市，所有的小学、初中，也就是义务教育阶段必须就近入学，根据你的户籍划到哪个学片，你就得到这附近学校上学，不允许乱择校。这样跨地区择校实现不了了，原来还可以托关系，找人、花钱，缴很高的择校费，现在这条道在这19个大中城市都给堵死了，那我只能从户籍的角度考虑了，我买个学区房。咱都知道“天价学区房”，以前报道过极端现象，说北京西单文昌胡同里头有个10平方米的小房子，卖多少钱？340万，也就是34万/平方米，北京什么豪宅也没有它的单价贵。为什么？就是因为靠着实验二小，北京最好的小学之一。一般家庭哪有这财力呀？这条道儿也别想了。还有的琢磨在户籍上弄虚作假，但是现在随着管理越来越规范，也不好作假了。这些道儿陆续都被堵死了，这时候“名校加楼盘”这种销售模式就来了。你一琢磨，反正我也得买房子，如果这楼盘里头有哪个著名学校在这儿有分校，哪个幼儿园在这儿有分校，我捎带就把孩子入学问题解决了，何乐而不为？所以，很多人一看有这个学校，赶紧就买房。这种模式其实是主打教育的一种售楼模式，对很多家长来说非常有吸引力。

7月25日出事的这个武汉某小区就是这样。它把当地著名的小学——华师附小引进来办了个分校，又把著名的武汉育才幼儿园引进来，办了一个幼儿园分校，这对很多家长来说吸引力太大了！但是为什么这里边有很多的弊端呢？因为这个楼盘就是为了销售才把名校引进来的，所以它根本不必为学校将来的发展做一些长远打算。因为你要想让学校进来得有大前提，你开发商里面得拿出一部分土地当校舍，而这个校舍你还没法收学校的钱。我们也知道，这校舍面积越大，开发商建的楼相应就会越少，那哪个开发商愿意吃这亏？所以，他一定会尽可能地减少自己的损失，往往这学校建得并不像他吹嘘的容积那么大，能招那么多学生。所以，一开始你买期房的时候开发商说得天花乱坠，到后来买的人越来越多，入住人口越来越多，他的学校装不了那些人——这就出现了摇号。所以这些业主才来气：我买房时候你说肯定没问题，结果我进来之后得摇号，你这不骗我吗？这个楼盘开发商最后站出来说什么呢？我只是说你有资格进入我们这楼盘里的名校，没说你一定能进来。这个事儿，百分之百是开发商没有理的。但是如果业主打这官司，十之八九打不赢。为啥？因为我估计业主签这个购房合同的时候，基本上不会写开发商承诺你到我这儿来买房，我就一定让你入学。咱们那个购房合同就是个格式化合同，所以你真要打官司，十之八九还打不赢。

对于这样一种“楼盘加名校”的模式，你要记住，“从南京到北京，买的没有卖的精”。他最终的目的就是掏你兜里的钱，而不是着眼于教育。只有极少数楼盘可能会为打造整个楼盘的品牌形象，而把教育思路一以贯之。大多数开发商仅仅是从销售角度考虑问题的，所以说“楼盘傍上名校”这种模式的弊端非常大。

上面我说的弊端是，它最后规模没有那么大。还有一个更大的弊端是什么呢？这些名校在这儿建分校，可不像开个连锁店什么的，按原来的管理模式复制就行了。名校建分校最关键的问题是什么？你师资力量得强大！建分校时它能把这些老师给你拨过来吗？基本不可能的。所以它最多是硬件和管理模式上，跟原来那个名校一样，但是师资力量都得从社会招聘，哪有那么些好老师呀？所以它的教育水准会跟总校差距很大，你在这儿上学不等于就上了一个名不副实的名校吗！

那这种情况下，名校和楼盘之间合作的利益驱动在哪儿呢？首先，你让人家在这儿建个分校，得给人家冠名费。像有的分校，一年开发商得支付学校好几百万，贵的甚至上千万。所以，对这个学校来说有利益驱动。其次，它在这儿招生，和那个名校本身有时候都没有关系。比方说，那个名校是公办学校，可能学费很低，在这儿就不行了——它是按照民办学校的收费方式来的。那边可能一千多块钱的学费，到这儿就得八九千、一万。这个学费，可是相当了不得——跟割韭菜似的，一茬又一茬。这一拨上来一人八千，第二拨上来一人八千，年年都收。而且很多名校它本身想扩大办学规模，多挣钱，但是一般传统名校都在市中心地区，没有地方。正好这楼盘要把我引进来，双方一拍即合。而更多的消费者——买楼的人，以为孩子能够到名校上学，其实教学质量根本不怎么样，甚至能不能上学都两说。

前面我说，开发商不肯拿出那么大地块给学校做校舍，那能招收的学生就没那么多，到最后你买了也进不来，还得摇号。尤其是承诺你说，这期房是两三年、三四年以后的事，就更没准儿了。有时候开发商跑了，你个人跟一个强大的群体打官司，你打都打不赢。所以说，这种“楼盘傍名校”的方式现在来看弊端越来越大。咱们的相关监管部门应该双管齐下，既要监督开发商的承诺，他学校的规模是多少，能不能满足这个小区入住人子女入学的基本需求；同时也要监督名校，看它有没有能力在这儿建分校。

当然，眼下来看，“楼盘傍名校”这种方式还不是特别普遍。现在卖楼的时候打教育牌都怎么打？我就建在名校旁边，这回你踏实了吧？根据教育部规定的就近入学，你家小孩就能到这学校去上学，那你还怕啥？赶紧来买吧。这个靠谱不靠谱？告诉大家，也不靠谱！我前面说了，现在学区房价格本来就非常高，像 34 万 / 平方米这样的天价学区房，一般人也确实买不起，但有的人咬牙买，就为了孩子上学。为什么？孩子毕业后我这房子转手一倒，可能比当初挣得还多。你看 2015 年 5 月有个热播电视剧，叫《虎妈猫爸》，里面演“虎妈”毕胜男的是赵薇。电视剧里有这样的情节：说这个学区房又破又旧的，9 万 / 平方米。买不买？买。

于是，他们为了孩子，牺牲全家人的生活质量，把宽敞的新房子卖了，全部积蓄都砸上了，搬到破旧房子里。所以说，现在很多老小区原来无人问津的房子，只要是靠着好学校都给“炒”热了。

再者，天价学区房里头也有些名不副实的，为啥呢？比方这个楼盘盖到这儿了，你离着学校近也不等于你能进去。因为咱们学区划片是有规矩的，原来这个地方招生的计划要够了，它就不再新加入了——哪怕你这楼盘就建在学校旁边——“就近入学”不等于“最近入学”，得有个先来后到。

另外，一些期房的楼盘更加没谱。这体现在哪儿呢？因为这个学区划片几年就有调整，有时候一两年就有调整。现在给你划到这个名校片儿上了，过两年教育部门一划又给你划出去了，不见得你就是这儿的。现在有很多这样的问题，就是说买了天价学区房最后也不一定能进名校。所以，不要轻信开发商的承诺，你要及时到教育主管部门掌握信息，看花高价买的房子能不能保证孩子入学。

就眼下看，无论是“名校和楼盘相傍”的这种销售模式，还是天价学区房，都不能完全保证你的利益。即使是真能让你孩子入学了，花那么大的价钱，你想想，全家生活质量得牺牲多大！所以说，要解决这个问题，归根到底还得靠平衡教育资源。咱们现在为什么那么多人肯花这么大价钱，家长都操碎了心，费尽了脑筋把孩子往这儿弄，不就是因为这个好吗！

凭什么他住到这儿就上好学校了，我的孩子住在那儿就没上好学校呢？像北京有很多家长说，凭什么他的户口在海淀区，这孩子就能上好学校，我们在别的地方就不能上海淀区的好学校，这确实是一种地域不公平，但也没有办法。这个直接原因是什么呢？原来大伙儿八仙过海、各显神通，找关系什么的，那还不如索性就来个就近入学。但问题是这个也是不公平的，造成这种不公平现象就是因为学校的资源不均衡，好学校太好，次学校太次。

所以，你要解决这个问题，必须得靠教育资源配置均衡。可能我一说这个有的朋友就觉得老生常谈，说这个都讲了多少年了。是，但是到现在为止基本上没有实现。所谓好学校和次学校平衡起来，关键点并不在于说我们拿出投资给次的学校，让它的力量强大起来，这仅仅是一个方面。但教育不光是硬件投入，还需要好的教育资源——你没有那么多好的老师。好老师可不是几个月就能培养一茬的。

所以说，平衡教育资源的关键点不在于“平谷”，先把低谷平了，而后在于“削峰”——就是那些好的学校得牺牲自己的师资力量给这些一般的学校。就像我以前说日本，日本有个强制性的流动，比方说东京，它中心区好的学校老师，强制性地向四外流动，必须得到郊区去，甚至到更远的乡村教书。这样经过一二十年的流动，基本上日本的义务教育阶段所在的各个学校差不多，就不存在择校现象，也不存在我们说的学区房这种畸形现象了。

现在有的地方有这种流动机制，想让好学校把资源分配给次一点的学校，这在我们国家极难做到，为什么呢？首先，老师自己不愿意流动，我到差的地方可能我收入就没那么高了。其次，从教育部门来说，我这儿有个好学校，作为标杆，你要都抹平了，它没有典型了。所以，很多地方教育主管部门根本不愿意去平衡教育资源。作为名校本身也根本不希望去平衡教育资源——它不会从大的一盘棋角度考虑，它首先考虑自己那一亩三分地。从权力角度来说，本来我这孩子在这儿受最好的教育，一均衡，和别家的孩子一样了。有些了不得的有钱人他哪儿愿意呢。

说了这么多，难归难，只有均衡地配置教育资源，我们现在看到的“天价学区房”“楼盘傍名校”这些畸形的现象才能得到根本的改观。

价格放开谁受益

从 2014 年年底，在短短一个月之内，国家发改委会同有关部门先后印发了 8 个文件，放开 24 项商品和服务价格，并下放了一项定价权限。价格和老百姓的生活是息息相关的，这是价格改革领域的一个重大事件。在我们生活当中，对商品价格根本不敏感的富豪还属少数，绝大多数人对于价格的涨与落是非常敏感的。

过去一说价格放开就是要涨价，所以有一些人感到挺担心，什么小区的停车费也要上涨了，物业费也要涨了，火车票也要涨了，这涨价是不是得多掏钱了？

我们很多中老年朋友根据自己的童年、青少年的生活经历，觉得好像什么东西价格定完之后都是死的，比方说豆油多少钱一斤、大米多少钱一斤都是国家定好的。可是进入 20 世纪 90 年代以后，好像国家就不管定价了——这个也涨，那个也涨。

有人说市场经济条件下，价格就不该管，这是不对的。有些东西政府定价是强制性的，这集中在几类商品当中，比方说和国民经济命脉、人民群众密切相关的公用服务经费、公益事业的费用、一切带有垄断性质的自然资源的费用。

比如说水费、电费很难通过供求关系来调整。因为老百姓天天得用，这是关系到社会稳定的大事，不能由市场供求关系来定，必须政府定价，不允许随便乱涨价。

再有像火车票。必须使老百姓出行的权利得到保障，如果春运时候看人多就乱涨价，那得有多少弱势群体，尤其是农民工朋友没法回家过年？中国的回家过年是刚性的，有钱没钱回家过年，在这时候乱涨价，那不是乘人之危吗？

可是如果什么都管，就出现问题了。这有两个弊端，一个是有的领域原来是垄断的，后来形成竞争了，形成竞争以后必然有干得好的和干得不好的，如果这个时候还是国家强制定价，那时间长了干得好的就没有积极性了。所以，在充分竞争、供应充足的情况下，政府就不应该再有指导定价，否则就会造成某些领域服务质量根本提升不上来。

当然这并不意味着政府能放就放，除了刚才说的那些必须管的以外，政府的责任也不能推卸。因为政府在价格管理过程当中不光定价，还需要监管。比如说欺行霸市不行，形成垄断不行，形成结盟也不行。

再比方说农产品价格，这次把烟叶收购价放开了，看着这个事儿不是很大，但是“含金量”很高。这是中国农产品领域最后一个放开价格的，也就是从 2014 年价格放开以后，中国农产品领域再也没有政府定价的了。

20 世纪 80 年代，很多农产品的统购统销价格被取消。到 1992 年生猪收购价格被放开；后来到 1999 年，棉花的价格放开；2004 年粮食收购价格放开。有人说这粮食价格都放开了可不好，有句话叫“谷贱伤农”，今年要是粮食大丰收，粮食太便宜，农民收入就低了。其实政府的调控就体现在这儿，政府对很多粮食收购采用最低收购价，就是不能比这个价低，来保护农民种粮的积极性。

像稻子和麦子国家实行最低收购价，不论是丰年还是荒年，反正最低收购价不能低于这个价。像玉米等产品，国家实行的是收储制度，就是说每年种多了也不要紧，国家按照储备粮食收走，各地的中粮公司干的就是这个。

再有一些产品，像棉花、大豆国家会给补贴。因为 WTO 放开之后，美国的棉花、世界各地的大豆来了，国家为了保护农民的积极性，种一亩地给多少补贴。养猪这一块儿，国家有一个针对猪肉价格周期波动的可预控方案，就是这阵儿猪肉市场供应很充分，那么各地政府就限制养猪；这一阵儿出现空缺了，那就多养猪。由政府来组织，让风险出现在可控范围内。所以说，放开价格政府不是就不管了，政府还可以通过自己“有形的手”去梳理市场，加强监管。

所以说，价格改革，一方面是为了促进市场经济活力，另一方面也是为了保护老百姓的基本权益。这一次放开的 24 项商品与服务的价格其实就是把它交给了市场和社会。效果到底怎么样，我们具体分析一下。

烟叶的收购价格现在自由放开了，过去的烟叶收购价格政府设限价，是为了保护种烟叶农民的利益。那么现在放开烟叶收购价是不是烟就涨价了，这不太可能。因为烟叶的价格在整个烟价格里的比例占得很低，有时候甚至连10%都不到，更主要的是各种附加税——我们国家是以税控烟。所以，烟的价格不可能因为放开烟叶收购价就涨。

第二个大家比较关心的就是铁路，铁路这次放开的是散货的快运价格和铁路包裹的运输价格，这块儿为什么要放开呢？因为一说铁路运输就是有计划地批车皮，层层审批，程序非常麻烦，很不适应现在快速运输的时代要求。所以，非常有必要把这个价格放开，不着急的就价格低点儿，着急的就高点儿。

同时，还把社会资本控股的铁路运输价格放开了，就是说大宗商品的运输价格国家也不管了。因为个人、社会资本投资铁路毕竟是为了盈利，得自主定价。那要是乱定价怎么办？不会，要太高了也没人找他做买卖了。所以，只要市场竞争充分，就不怕欺行霸市，不怕随便拔高价格。

同时，社会资本控股的客运价格也放开了。假如我有钱，从哈尔滨到北京建了一条铁路线，原来哈尔滨到北京正常硬座，比方说原来是130多块钱，我定200元。但是定200元也有200元的道理，我比普通的硬座服务好，热水随时供应，还管饭，等等，这就引入了社会资本到铁路部门参与竞争——因为咱们现在铁路部门的亏损很严重，需要更多的社会资本投入进去。所以说，放开价格是为了保证市场竞争充分。

再有一个是民航部门，放开了101条航线的价格。比方说两个省挨着，从郑州到武汉，半个多小时就到了，时间很短。由于距离很近，跟飞机竞争的有高铁，也有客车，而且实际上由于铁路服务的质量提高，现在很多人短途都选择铁路。这个时候，如果飞机还死挺着价格，就会造成很大的资源浪费。原来的航线还在，结果一趟航班上不了几个人，油钱都不够，怎么办？只能降价了。

刚才说的这几个和老百姓的生活不如下面要说的关系密切，这次价格放开又放开了几个服务性行业的价格，包括房地产中介的价格、中介服务的价格、小区停车费的价格以及物业费的价格。

房产中介大家都知道，要买房子，尤其买二手房，得经过房产中介看房，谈好之后，除了交房子钱之外，还得给中介钱。以北京为例，普通商品房大概是 2%，如果是复杂交易可能收 2.5%，这房子假如 200 万，成交之后，大概得给中介 4 万块钱的中介费。有人说这不低，其实也高不到哪儿去。因为要没有中介，怎么能知道哪个房子要卖？怎么知道那个房子是不是新的？怎么会有人带你各处看房？所以，这个费用是必要的。

原来国家规定死了，就收这些钱，可是现在房地产中介竞争太充分了，这竞争一充分，原来他理直气壮地收钱，2.5% 是国家定的，这时另一家房产中介来了，只收 1.5%，你选择谁呢？所以自然便宜下来了。现在房产中介遍地都是，有的地方房子不好卖，价格相应地肯定要往下调；如果房子好卖，价格再抬上来，这是市场经济调整。

再有一个，小区停车费的价格放开。这个让很多人不舒服，因为在北京、上海这样的城市，小区的停车资源特别紧张，所以要是随便收不就没头儿了吗？另外，以后政府怎么管理各个小区收费服务不到位的情况，政府能有多少执法人员下去监管呢？

再有一个物业费要放开，我认为这个是非常必要的。现在北京有的地方还是按照 2005 年的规定，物业费 0.65 元 / 平方米。但是随着人工成本和其他固定成本的提升，按这种标准收的物业费已经不够用了。现在北京有不少小区，尤其老旧小区，物业费收不上来，逼得没办法，物业公司只能不干了。

物业公司不干受损害的只能是小区的居民，垃圾堆成山，各地方乱糟糟的。所以国家在这时候确实有必要把原来规定死的物业费放开。要不然这物业公司挣不着钱，也不参与服务了。当然，现在收物业费比较困难，比方说有一些三线城市，有很多是乡镇的农民到城市里买了商品房。农民有很多这样的思维：这房子是我家的，我怎么还得掏钱？再一个，业主有很多时候不理解物业公司，觉得物业公司提供服务不到位，那就不缴。你一不缴，物业公司就停止服务，结果缴物业费的跟着倒霉——那我也不缴，如此形成恶性循环。我觉得放开物业费很大的好处是逼着业主委员会完善。

说实在的，你到自己的小区就会发现，成立个业主委员会老费劲儿了！我有事，我来不了，别人家的事物业公司没给处理好，跟我有什么关系？回头到你这儿，你觉得人家怎么不帮我说话？哪有这么便宜的事？公益事业是要靠大家维护的。所以现在物业费放开，物业费合理不合理，涨价对不对，就需要一个强有力的业主委员会去跟物业公司进行交涉。这么一来会逼得业主委员会发展、完善、自主。

这一次，24项商品和服务价格的放开，总体来说体现了我们现在惩管结合的思路，就是一边管一边要放，价格改革一定是在摸索当中前进的。可能有很多中老年朋友觉得放开不好，放开就要涨价，原来稳稳当当的多好，可是稳当是稳当了，死水是养不了活鱼的。现在放开变活水了，可能会有些波澜，但是能养鱼了。这就是李克强总理经常提到的，要发挥市场在配置资源中的决定性作用。只有在动态当中把握价格，价格才能越来越合理，老百姓才能真正得到实惠。

又见宰客

2015年10月4日，南京的朱先生和四川的肖先生分别在青岛一家善德烧烤店用餐，结账时发现，一盘普通的虾要价高达38元一只，整盘收费1500多元。两次报警后，青岛警方均称不属于自己管，推给物价部门，而物价部门称假期不上班。在店主棍棒威胁和到场警察的“劝说”下，食客被迫支付了高昂费用。

我们通过这个事件可以看到，出事之后报警了，警察来说什么呢？警察说这属于商业上的价格纠纷，不归我们警察管。你赶紧给工商部门打电话！结果到工商部门、物价部门，那边说什么呢？节假日我们下班了，没人管这事。最后受害者没办法，只能掏出钱来——因为不给钱的话不让走，很可能被暴力侵害。你说咱出去旅游招谁惹谁了，再因为这个挨顿揍，多不值啊！所以这个事情最恶劣的影响在于，面对这种恶性宰客事件，消费者只能屈辱地承受损失，我觉得这是对旅游形象极大的抹黑。受天价虾事件影响，烧烤店周围的不少饭店生意惨淡，有些甚至已经停止营业。善德烧烤店附近几家啤酒屋的老板也都知道善德烧烤店宰客的事情，还曾经当面劝诫店老板，但他并不以为然。

那么有人说了，警察说他管不着，这是物价纠纷，买卖的事，你俩商量呗。其实这不对，为什么呢？你看，这种宰客行为的本质是什么呢？就是强迫消费者以不合理的价格接受他的商品或者服务。而且这种宰客行为不公平是一个大前提，还经常伴随着暴力。因为你不用暴力胁迫，谁也不傻，谁愿意“挨宰”呀？所以无论是主观、客观动机，还是行为性质，这都和敲诈勒索有不可分割的联系。而敲诈勒索在我们国家现行的法律体系里边是违背刑法的，轻也有治安管理处罚条例兜着。

刑法第 274 条规定，敲诈勒索公私财物，数额较大或者多次敲诈勒索的处三年以下有期徒刑、拘役或者管制，并处或者单处罚金。根据相关司法解释，敲诈勒索两千元以上的属于数额较大。据此，如果宰客行为数额超过了两千元，涉事派出所不仅要查处，且应将其作为刑事案件立案侦查。数额未超过两千元的，应依据治安管理处罚条例第 49 条规定处以拘留和罚款。

通过了解事件大家能发现，这个店的行为就是地地道道的敲诈勒索。这完全是公安部门管辖范围之内的事情。青岛的这个 38 元一只虾，它是一个较为常见的消费纠纷、消费欺诈，这是一种民事法律关系，警察不管谁管？普通消费纠纷的话，消费者可以向价格主管部门去投诉。所以，我说这个事情之所以负面影响能迅速地流传开，主要在于我们的相关执法部门对这样的事漠然处之。

我们说一到旅游季节，很多景区都会出现“宰客”现象。这里边两位被宰的先生，可能被宰狠了，跟媒体说了。还有更多“宰”得不算很重的，或者很重的，都选择了忍气吞声。有人就说“无商不奸”，做买卖的人良心大大的坏。其实吧，任何一个旅游城市，你就是管理得再好，也总会有个别奸商来干这样的事情。问题是出现了这样的事怎么处理，这才是我们关注的焦点。10月7日，也就是事发的第三天，青岛市对天价虾事件相关部门人员做出处分决定，青岛市市北区市场监管局主要负责人停职检查，并对该区物价、旅游等部门主要负责人诫勉谈话，善德烧烤店已经被处罚款9万元、停业整顿，并被吊销营业执照。目前该店已经关门停业。

事发之后，本来应该合理及时地处理，但一直等到这个事情酿成全社会影响了，全国人民都知道了，他们才开始处理，把这店关了，查处，然后罚钱。所以，这些事合到一起大家不难发现，无论是公安、工商、城管还是其他政府相关部门，处理这类事情如果不能合理及时，经互联网一扩散，那你当地旅游形象就极大程度地给败坏了。甚至这些年山东省花好几个亿打造的一个“好客山东”的活动，有可能因为青岛一个宰客事件，就把这“好客山东”的品牌给毁了。

我觉得这可不是一件小事。正是这样的风气，造成了很多无良商家敢气焰嚣张地宰人。很多游客维权无路，只能忍气吞声——反正是宰了也白宰，恶劣的风气就这么形成了。国外经济学里边有个“破窗理论”，就是说这一扇窗户被人搁石头子打碎了，也没人去管，过段时间这一排窗户都给打坏了。我们现在很多景区宰客行为就是因为相关部门的不作为，接下来大家都宰，那白宰谁不宰，都这么干。所以这给一个城市的影响往小了说是旅游形象，往大了说是投资环境，抹黑得太大了。

我讲我亲身经历的一个事吧！我在北京碰到过挺有钱的一个老板，我说你这么有钱，正好还搞农业系列开发，你到我们老家投资吧！大有发展前途。结果他咬牙切齿地说，他大概十年前到那吃饭，也是吃鱼什么的，让人给“宰”了，不值那些钱，结果花很高的价。他表示说这不合理，结果那店老板跟几个人拿着棍棒就在他旁边转悠，不给钱就别想走，没招了，给钱走吧，这把他给气的。当然，我们说这种情况在我们老家那是个别现象，可是就这么一条臭鱼腥了一锅汤。你想想，很多时候一种偏见是怎么形成的？就是这么形成的，你能说这种偏见一点儿道理都没有吗？就是当时你这种环境伤害了人。所以，我们有时候向各地方招商引资，说你到我们这儿投资吧！你人文环境糟糕到一定程度，人家凭什么来这儿投资？人家合理的权利都得不到保护。

高度强调投资环境，你没想到投资环境是什么？它包括人文环境，你这方面还没建好，梧桐树上净是虫子，你就想引来金凤凰？这事儿非常难。所以，我说这件事情值得我们全国所有的地方政府反思。费了挺大劲儿，维护自己的旅游形象，城市确实挺漂亮。可是出了这么个事儿之后，很多人就得琢磨琢磨，我干脆别到什么饭店吃饭了，宰我怎么办，我可没那么多钱。被这种消费心理影响，一个城市的旅游效应就会大打折扣。这可绝对不是一件小事。

我们刚才说的这些还只是表象，往深里说，为什么“宰客”会大量出现呢？

首先，这和什么有关？一年黄金周放假七天，大家一窝蜂地都出来了。大多数景区是一到假日人满为患，平常冷冷清清，景区相关的服务设施不可能都在这儿开着，淡季受不了。结果到旺季一来这么多人，原来的服务设施，包括餐饮各方面供不上，根本没法满足这么多游客。那好，这些固定的餐饮设施就成了稀缺资源，反正我这点儿根本不愁生意，我随便“宰”你。你要不在我这儿吃，你下山走去吧，走下去那挺远的。所以，现在咱为什么推广带薪休假、平衡旅游资源，其实目的就在于此。你一窝蜂地上去，在一定程度上就助长了“宰客”的歪风邪气。

其次，旅游业本来就是一个能富民、但是不一定能强市的行业。旅游这钱挣上来，政府仅仅能拿一部分，更多是老百姓得利，它不像搞这个重工业、化工行业什么的，那钱直接就进地税了。所以我说旅游的收益本质是老百姓占有的比较多，是富民比较好的一个行业。可是这些年很多旅游城市，把旅游风景区承包给这个开发商，承包给那个开发商，你得给人回报。风景区的很多收益被一些开发商拿走了！相应地，开旅店的、开餐馆的，这些当地老百姓并没有获得那么大的收益，他怎么办？他就想到宰客这条道，不宰白不宰。

所以，这么一个小小的宰客事件，它反映的是什么？一个城市综合治理能力不够，包括整体经营发展策略上一定程度的失衡。当然出现这问题，咱们就事论事的话，政府应该具备合理、及时地处理突发事件以及危机公关的能力。我们经常说一个人优秀，他为什么优秀？因为优秀是他的一种习惯，那么合理及时地处理突发事件也是一级地方政府的一种优秀习惯。现在这种习惯还没有真正形成，我们需要努力的地方还有很多。

便宜药怎么买不到

有一则消息曾经引起了大家的广泛关注。这个消息的标题是“全国甲亢患者面临断药危机”。它说的是，全国有1000多万甲亢患者，他们最常用、最好使的药是一种国产小白瓶，叫甲巯咪唑片，也叫他巴唑，但是这种药现在药厂停产了。

这1000多万甲亢患者，如果没了这种药，就容易诱发甲亢心脏病，有生命危险。那为什么这么好使又廉价的药物，药厂要把它停产了呢？我想这个现象挺有代表意义。因为这些年来我们发现，只要哪种药便宜，很快你在医院和药房里就看不到它了。

举个简单的例子，原先俗称叫镇痛片的阿司匹林，才3分钱一片，可是这些年见不到了。再比方说，我们小时候常吃的那个消炎药——四环素，隔了一些年，没了，换成阿莫西林了，价比原先高好几倍，甚至十几倍。我们刚刚适应了阿莫西林，阿莫西林又没了，现在都变成头孢类的消炎药了。

我想，很多朋友，尤其是中老年朋友，会发现在你记忆当中，陪伴我们那么多年的一些很便宜的、几毛钱甚至几分钱的药，在我们生活当中陆陆续续都看不到了。而替代它的药比它的价格高出几倍、十几倍，甚至上百倍，那为什么这些便宜的药就消失了呢？这得从生产环节和销售环节给大家解释清楚。

首先，从生产环节来讲，任何一个厂家都得挣钱，生产这些廉价药，它不仅不挣钱还得亏本。拿我们开篇提到的那个他巴唑，它为什么停产了呢？一瓶价格一块八，也就是 100 片一块八，企业一算这个账，卖一瓶就亏一瓶。原来的原料是企业自己生产的，还勉强能维持。后来生产这药的原料，因为涉及环保问题，企业不能生产了，就得从外面进原料，这样一来它的价格飞涨。涨起来之后呢，你卖一块八一瓶，卖一瓶亏一瓶，没有办法，只能停产。

制药厂就说，这药比较理想的价格，应该是 8 块钱一瓶。其实我们知道，8 块钱一瓶的价格在现在的市场上依然算很便宜的。原来那个实在是维持不下去了，让人无利可图，你说人家图个啥？不仅白忙活，自个儿还得亏，所以这是生产环节的原因。

销售环节更是如此，越便宜的药，越没人愿意卖，为什么呢？我替厂家卖这个药，我总得挣点儿吧，医院里头加价 15%，这是正常的加价率。比如说 100 块钱的药，医院要加价，加到 115 元，那要一块钱的药，医院能加多少？加到一块一毛五，一毛五和 15 块钱，你说医院选择哪个？他当然愿意卖贵点儿的药。这个道理很简单。我原先做杂志，一本杂志我卖 5 块钱，有的销售商就说你卖得太便宜了，应该涨价。后来涨到 7 块钱，是不是涨这 2 块钱消费者受不了，还真不是！涨这 2 块钱以后，摆摊这些人更有积极性了。假如原先 5 块钱，我给他 10% 的利润，他们卖一本挣 5 毛钱，涨到 7 块钱，他卖一本挣 7 毛，一本能多挣 2 毛，他当然有积极性了。

所以说，我们这个定价是给流通环节定的，在保证自己利润的前提下，定价越高，流通环节拿到的利润越高，他卖你这个东西的积极性就越高。医院也是，咱们中国的医院是国家给公立医院拨款，可是如果各大公立医院完全靠国家拨款过日子，有的只能活半个月，好点儿的能活一两个月。几乎所有的公立医院，都有一个现象，以药来养医。

一般来说，大城市的三甲医院，药品收入也得占50%~60%；一般的医院，得占百分之六七十；乡镇医院，有的100%就靠卖药维持运营。从这点来说，生产药品的厂家和最后卖药的医院，包括药房，如果卖便宜药的话，它根本就活不了。这样逼着廉价药、便宜药只能退市，你就看不着了。这个是最基本的问题。

还有更加关键的问题是什么？

第一个，在药品从厂家到医院的过程中，出现了好多猫腻。从2001年开始，我们国家规定各个医院买药不能医院自个儿说了算，采购得由省一级的医药采购管理办公室来管。就像我们企业都清楚的那个招标制度，我向各个生产药的企业或者代理药的公司招标，然后出最便宜价的我就选你。

可是这个招标制度非常不透明，结果就被医药商和医院玩弄于股掌之中，怎么玩儿呢？因为招标定的价格就是医院的最高零售价，这一盒药卖120块钱，医院最高也只能卖120块钱，那么如果不把这个中标的价格给抬高，医院没有利润，医药代表没有利润，医药公司也没利润了。所以几方联合，背后把这个中标价格往死了抬。明明这个厂家生产这药，比方说5块钱，到他这儿就抬高到25块钱，甚至50块钱、100块钱，因为只有这样，才能留出来利润空间。中标价格比较高的，采购进来的药，我给医院回扣多少，给你回扣多少，给他多少，才能出来这个利润。

所以，表面上看，咱们现在这个中标价格是最低的，其实是经过抬了一手的。就好像哪个商家在喊“打折了，打折了”，其实是把原来的商品翻个番，再给你打折。那有什么用呢？这个招标制度虽然出发点是好的，可是实际操作过程当中，非常不透明，监管无力。所以也造成这个药越廉价越上不来，反而是贵的好卖，或者把廉价的变成贵的，才能进到医院。

第二个，就是这个药品从生产一直到医院，里面环节太多。一个环节扒一层皮，十多个环节下来，你算算最后药得贵到什么程度？你看药品从厂家生产出来，先给一个全国总代理卖，然后全国总代理给省一级代理，省一级代理给地一级代理，地一级代理再批发给医药公司，医药公司再去和相关部门打招呼——我说的就是那个招标制度。通过这个招标，再把药价给抬上来。医药代表跟医院直接联系，医院给大夫开这药，这才能最后“变现”。

这还不是所有的程序，光进医院这块儿，医药代表跟医院商量，一般就要“拿下”两个人：一个是院长，再一个是药剂室主任。院长同意进这药，药剂室主任报个计划，由医院的药事委员会再审批，审批了由采购员再跑去采购，完了回来到仓库保管员这儿入库。最后，再到院里财务那里去报账。就这么些环节，我可以不客气地说，每个环节都“雁过拔毛”。你算算经过十多个环节，这药价能不涨吗？它肯定得涨上来。

除此以外，还有加价的15%，当然有人说，进入基本药物目录的不加价啊！越是不加价，医院越不愿意卖——我没有利润干吗白忙活啊？所以我们看，进入基本药物目录的，国家规定限制最高零售价多少的，越是这样的药，医院越不进，或者生产厂家压根儿就不生产。

有专家在全国12个城市搞过抽样调查，发现基本药物目录里500多种药缺了342种，就因为它太便宜。国家限制价格，让生产方和销售方觉得没有利润，那好，索性就把它弄走，不要它了。所以，这廉价药、便宜药，越是便宜越买不着，就从此退市了。有人说，有一些药是不能替代的，其实有的完全可以替代。

再举个例子，我有一次有炎症到医院去治疗，这医院的院长跟我是朋友，他说老梁你这病好治，用最简单的青霉素就行，结果开药的大夫和护士就跟我说：“哎呀，梁老师，我们都多少年没开这药了。”我说为什么，他们说这药便宜啊！你看青霉素一支针剂七毛钱，我打六支四块二——我用来打吊瓶的那个铁架子，用一回还两块钱呢！这么便宜，它哪有利润呢？所以医院也不愿意开。

那这些廉价药能不能被替代呢？像消炎药就能被替代，比青霉素高级的消炎药有的是，几千块钱一支的都有。但是用这些高档的抗生素药物有一个问题，我现在用青霉素好使，却直接把青霉素换掉用更高档的抗生素，将来这个细菌要升级了怎么办？因为这种细菌有耐药性，这是一个问题。

另外一个问题，这些廉价药如果退市了用什么替代？有些廉价药其实没有退市。厂家有一个办法，把便宜药“改头换面”，重新包装。第一种情况，你比方说我这个药，国家限价限得便宜嘛，我不生产了。但是我把这个药换成别的包装，加点儿别的成分，成本和原先差不多，摇身一变就换成别的药了，不在原来基本药物目录里边，那我就能涨价了。有好多的药都是通过这个方式改头换面的，就像赵本山小品里说的：“你换个马甲我就不认识你了？”咱作为老百姓来讲，真就是这药换个马甲就不认识了。

再有第二种情况，现在好多化学制剂方面的药物，都是从外国引进的技术，有的超过知识产权保护期了，那好，全国各厂家都生产，恶性竞争。有些厂家就琢磨歪主意了，原先的药呢，我换包装，比如片剂改成针剂，盒装改瓶装，还有的加精装什么的，这样一来改头换面，价格又高了。所以，那些便宜药咱不是买不到了，而是它改头换面，变得更贵了。你说最后谁吃亏，不就是咱们消费者吃亏吗？咱们患者没办法，药贵了，你为治病也得买。

国家为了让老百姓能吃上便宜药，先后多次降低药品价格，涉及上万种药品。可是你发现你降哪个的价格，药厂就把它停产了。销售商就不销售了，然后再换另一种药。所以，要从根本上解决这个问题，使我们老百姓真正享受到限价药的好处，还是要重视如何调动医院和药店的积极性。假如医院或者药店，它开限价药或者卖限价药达到一定比例，是不是可以考虑给它减免一定税收？或者，是否可以通过财政补贴的方式，给予限价药一定的补贴，鼓励医院开更多的限价药，药店卖更多的限价药？

实施国家基本药物制度，是我们国家深化医药卫生体制改革的重要内容。为避免廉价药物短缺的事情发生，卫生计生委正在联合相关部门研究保障这些药品生产供应使用的政策。这个政策不久就会出台，力保老百姓能够买到价格低、疗效好的药。

焦点热议

奇葩证明该刹车了

在我们生活当中，老百姓办事，尤其是到某一个机构去办事，经常会碰到让你开一个证明材料的情况。比方说身份证丢了，开一个证明身份的材料，比方说证明亲属关系的材料，证明婚姻关系的材料，等等。那么，这些证明我们到哪儿去开呢？大家首先会想到到公安局、到派出所去开。有困难，找警察嘛！但是，2015 年公安部治安管理局在它的官方微博上明确发布，取消开具 18 项证明，包括我刚才说的身份、亲属关系、婚姻关系证明。如果公安部门开不了这些证明，那我们得到哪儿去开呢？为什么公安部门有的证明说没有必要开呢？我们先把这个公安部治安管理局的官方微博内容看一下，看看哪 18 项证明公安部门认为没有必要开，或者它没有权限开。

2015 年 8 月 22 日，公安部治安管理局官方微博发声，细数了十八项不该由公安机关出具证明的情况，并指出该找哪个部门办理。十八项内容具体包括：1. 居民身份证从 15 位升至 18 位后，原号码不变，需要证明是同一人的。2. 因非公安机关原因，将姓名填错，如银行存单、保险单、学校、单位等档案中，姓名同音不同字，需要证明是同一人的。3. 居民身份证丢失或损坏需要乘机、取款、报名、考试等，需出具居民身份证明的。4. 持有居民身份证和户口本等合法证件，要求派出所出具身份信息证明的。5. 偿还能力证明。6. 生存、健在、死亡证明。7. 亲属关系证明。8. 婚姻状况证明。9. 居民身份证丢失证明。10. 家庭收入状况证明。11. 实际居住地证明。12. 人员失踪证明。13. 保险事故证明。14. 违法犯罪记录证明。15. 各类证件、印章的丢失证明。16. 非组织行为索取现实表现证明。17. 房产情况证明。18. 本人持招工调查表，让派出所出具现实表现证明的。

在微博中公安部对这十八项证明给予了具体解释，其中偿还能力、生存、死亡、亲属关系、婚姻状况、房产情况等证明，属于公安机关无权开具的证明，需要去公证机关、卫生防疫部门或民政部门直接办理。而类似身份证号码升位后，证明是同一人的，以及其他几种身份证明，原本就是无须开具的。

看完这个资料，你可能就明白了，有一些证明公安部门认为是完全没有必要开的，像身份证丢了，它在网上都有记录，只需要给你补一个就可以了。还有的公安部门根本没权力开，比方说证明婚姻关系状况，那是民政部门该干的事儿。还有的是什么呢？它根本不能对个人开的，像有些违法犯罪记录之类的，这是属于国家秘密类的，也是个人隐私类的，要开得是单位拿着介绍信和相关的一些证明来找公安部门——这些证明一律不能向个人开。

所以，我们以前认为的这事儿就得找派出所，那事儿就得找公安局，其实仔细琢磨琢磨，不完全是那么回事儿。而且你要是仔细研究我们现有的法规政策的话，会发现，这些内容其实在原有的规章制度里都有。为什么公安部在它的官方微博里，要这样明确地提出18类证明我开不了，不应该我开，那是让近几年层出不穷的奇葩证明给逼的。

比方说，让你开一个证明，啥证明？证明你妈是你妈。你听这个都觉得好奇，什么叫“证明你妈是你妈”？这是 2015 年 4 月发生的一件真事，在北京的陈先生一家三口，要出国旅游。这个出境的旅行社给他们填材料的时候要求填紧急联络人。陈先生一想，那就是直系亲属呗，就填我妈。那好，你填上你妈妈的名字，你就得证明你妈是你妈，不能是别人。有人说，那就回去拿户口本不就完了吗？问题是陈先生一家三口户口本上面没有他母亲的名字——他母亲正在江西住呢，而且他母亲在他父亲那户口上面，陈先生一家早都迁出来了，所以这不能证明。

那唯一的证明是什么呢？得找到他父母所住地方的街道办事处，或者派出所开个证明去。陈先生一想要开这个证明，自己得从北京飞回江西老家，然后再飞回来。这一趟成本大了去了！所以这一个“你妈是你妈”的证明，就把这陈先生给难住了。最后怎么解决的呢？很有意思，给旅行社交 60 块钱，就不用再出“你妈是你妈”的证明材料了，你说这叫什么事儿？

不光这个事情，还有一些层出不穷的各种奇葩证明。比方说这个老年人要办一个老年证了，就得站在他面前办——你得证明你身体健康，你没死。你自己怎么证明自己没死呢？我站在这儿还不够吗？还有的需要什么证明你未婚——那你怎么证明你未婚时候未婚呢？逻辑上绕来绕去，都不知道怎么弄才好。

最近这种奇葩证明很多，所以公安部治安管理局出台了这么一个声明。而且这也是一些基层干警的苦恼。有很多人到派出所去开这证明、那证明。派出所人一看，这也不归我们开啊！再一个根本也没必要开啊！可能人家那边办事机构要求你必须开这个，你不开这个就办不了事儿。所以对于派出所民警来说，你说不开吧，老百姓都来了，而且可能还导致老百姓办不了事儿；开了吧，有时候这也不是公安部门该管的啊！或者没必要开。而且有的派出所也没办法给开这样的证明，弄得派出所的工作人员很窝火。

我就知道这样一件事，有个女士想买房子，而房地产商居然让她开没有犯罪记录的证明。她找到了派出所，派出所怎么给你开？这不是对个人的东西。就像这样的“奇葩证明”最近几年特别多。我认为这个奇葩证明有这么几种类型，大家得区别对待。

第一类是“假奇葩证明”。你看着挺麻烦，为了这一个证明我得跑多少趟腿？但是非常有必要。比方说，你要在居民区里做生意，那你一定得在居民区里面至少找那么十几户、几十户人家，给你在每张纸上签字，说不扰民，你才能开。有的朋友在这个居民区里创业，自己做点儿小生意，一看要求开这个证明，哎哟，头都大了！这不麻烦死了？但这非常有必要。因为如果周围的邻居不同意你开的话，那就有问题啊！所以，这一类不是奇葩证明，而是非常必要的——你想做生意，就得避免扰民。所以，这一类不在奇葩证明当中，是“伪奇葩证明”，假的。

第二类呢，是这个证明有必要开，但是它是针对特定人群的，而不是针对广义的所有的人的。所以，对广义的所有的人要求开就不合理了。比方说，没有犯罪记录的证明，这个对于律师职业资格考核、教师职业资格考核都是非常必要的。你当律师、当教师的确实不能有犯罪记录。

那么对于普通人，前面我提到的买房子的情况——有犯罪记录的就不能买房子了吗？因为蹲过监狱出来，所以你连住的地方都不能有了？这是完全不合理的。所以说很多证明，绝大多数是针对特定人群的，不是针对所有人群的。

第三类是什么呢？第三类的“奇葩证明”是也有必要开，但是它用不着麻烦人民群众专门去开——相关部门通过现代化的信息网络或者联网，或者是相关部门主动查询，就能解决问题。像刚才咱们说的“证明你妈是你妈”这个。这有没有必要呢？有必要。首先，他出境旅游，万一有点儿事呢？有紧急意外我们通知谁呢？我起码得留个底儿啊，因为出境游可能有风险。其次，你要去一些发达国家，比如美国，万一你是非法移民呢？我这儿有个紧急联络人呢，其实也有一种“担保”的意思。所以，这个组织境外旅游的旅行社让你开个证明，也是有必要的。可这个证明其实用不着陈先生再跑回江西，你这边旅行社打一个电话给当地的派出所，通过电子网发个邮件什么的，问题就解决了。

可是，你看这么点儿小事，尤其是相关机构能干的事儿，非要老百姓自己跑腿去，人为增加这种成本——可能你会发现现在很多部门就是不联网。有事你去开证明去吧，你找去吧！其实，政府相关部门互相一联网，这事儿就解决了。那它为啥不联网呢？说实在的，还是利益问题。如果都联网了，各个部门之间的信息就会完全暴露，所以我说这是第三类的奇葩证明。

第四类是纯粹的奇葩证明，压根儿就不应该有这个。你要开这个证明，往往就意味着利益寻租，就是说我能从这上面挣着钱来——你折腾来折腾去，最后我跟你说不用开也可以，你不得给我点儿态度吗？上面咱们说的旅行社那事儿多可气！要求你“证明你妈是你妈”，最后嫌麻烦，那好，你交 60 块钱吧，交 60 块钱就不用证明了。你说这不就是“权力寻租”吗？

所以说，真正让老百姓感到痛恨的奇葩证明，是要区别对待的，你不能嫌麻烦。我们看，老百姓办事的时候，这个程序越简化，对老百姓越有利，越有利于提高社会效率。现在很多地方政府搞一站式服务中心，包括工商、税务登记这类的，你在一个大厅里面转一圈就办了。原来可能得跑一两个月，跑二三十趟的，现在一两趟就解决了。这绝对是为民服务的好事。

自古及今都是一个道理，凡是能够简化程序的时代，老百姓都会觉得是好的时代。大刀阔斧的改革过程，其实就是“删繁就简”的过程，权力真正下放，相关部门审批的权力缩小了，给老百姓自主的空间加大了，这就是一个好的时代。没必要做的这些程序完全要去掉。而有的部门打着“我这是对你负责”的旗号，要这要那，其实你要真对老百姓负责，能通过部门简化程序办的，就不要让老百姓通过很烦琐的方式来办，这才叫为人民服务。

当然我们也要客观地认识这些问题，我们现在很多人，跟政府机构打交道，一办事遇到点儿障碍就怨天尤人，不分青红皂白在网上开骂。我认为这是不对的，你得区别对待。像我刚才说的，有的人在网上就骂，我做点儿生意还要开这个“不扰民证明”，麻烦死我了。其实这个是完全必要的！你得研究政策法规，你要干什么你就得琢磨什么。像到银行取钱去了，银行说要密码——儿女谁也不知道密码，银行说那得本人来！如果老人没了，密码就他记着。人家当然得问你孩子记不记得密码？如果记不清楚，那么你一定要有一个证明，证明你们的父子关系啊！而且，光证明两辈人关系还不行。你是不是合法继承人啊？老人遗嘱在哪儿，这都要弄清楚。如果银行这些都没弄清楚，把钱就给你了。你要冒充老头儿的儿子女儿来呢？居民的财产就会出现很大的安全问题。银行这么干，是保证你的财产安全，是非常有必要的。可能有的人着急把自己父母那钱领出来，领不出来，就觉得是银行在设置障碍，来气了，就骂银行。我觉得这完全没有必要，而且这种事情即使你真碰到，咱也应该依照国家的政策法规来办——冤有头，债有主，“谁的理，谁的非，谁的黑锅谁得背”。你不应该盲目地在这儿泄愤，这样其实根本无助于问题的解决，反而容易把问题弄得僵化，把自己的心态搞坏。这不是积极解决问题，而是消极地面对问题，这样的心态大家不要有。

电商进村儿了

在互联网时代，人们有很多生活习惯已经被互联网深刻地改变了。比如说买东西，原来很多人习惯到实体店去买东西，现在更多的人，尤其是年轻人，基本上都是在网上购物。由此，一些电商赚了钱，像京东、阿里巴巴的淘宝等。但是，这些电商并没有满足于占领从一线城市到四线城市的市场，现在他们眼前又面临一个商机——达到 1800 多个亿的蓝海社区，那就是中国广袤的农村。

所以，最近两年“电商下乡”这四个字成为实践“互联网 +”的新的热点。京东、淘宝这些大的电商，新的动作不断。例如京东对外宣布，要建 500 个村级的代理站，在中国的乡村找到 10 万个村级的代理人，通过代理站把京东购物普及到中国的乡村。与此形成鲜明回应的是淘宝网，淘宝网提出了一个“千县万村”的概念，就是要拿出 100 个亿，在中国建 1000 个县级的服务中心，建立 10 万个村级的代理站。双方口号都是针锋相对的。有人说，中国很多山村比较分散，建代理站就像原来的供销社似的，想普及到偏远的农村很困难。但是，人家这两家可不是把这话就停留在口号上，现在已经开始真打实凿地干了！而且最典型的是，从 2014 年年底到现在，这两家已经先后到农村投放广告了。

说在农村怎么投放广告？过去大家可能还有印象，路边的墙上往往都是口号，比方计划生育的口号，禁止暴力，什么偷税漏税怎么处罚，等等，就这一类的口号。到后来，市场经济来到的时候，墙体上开始有各种各样的广告了，进而取代了口号。比如，卖摩托车的，卖农具的，卖化肥的，卖种子的，卖衣服、卖口服液的，等等，总之和农村百姓生活比较接近的，都在农村墙上做广告。

当然，广告的价格非常低廉，有时候几百块钱包一两年，然后商家过来自己把那墙刷完了——一般都是红底白字很显眼，有的时候是白底黑字，各种各样的形式都有。但是最近这两年来你会发现，农村的墙体广告，尤其是跟高速路接近的这些农村围墙的广告，现在被电商占据了！“发家致富靠勤劳、勤俭持家靠京东”，这是京东的口号；还有“要想过得好，赶紧上淘宝”，这是淘宝的口号；还有“老乡见老乡，购物上当当”，这是当当网的广告；还有“要找销路，快上百度”，这是百度的广告。反正这些广告现在在农村铺天盖地。对于农村人来讲，在农村的墙上做广告，直观，而且通俗易懂，跟他们的生活贴得比较近，可以说投资少、见效快——现在高速路边上的农村围墙，广告投放一年的话，大概也就是 4000 块钱，这已经就是相当不错的价格了。

可是在城里就会发现，比如北京的地铁，一块儿跟农村墙差不多大的地铁广告，大概一个月就得 4 万块钱，在城里地铁一个月投 4 万，能在农村的一面墙上投 10 年。而且这 10 年还要想想它被受众接受的可能性得有多大。在地铁里一个月一换，坐地铁直接就过去了，不一定看得太清楚。所以，从这个投资的性价比上来讲，在农村投放墙体广告是非常划算的。现在电商下乡，农村的墙体广告跟着兴旺发达起来，这个事情大家也都知道，销售过程当中是广告先行的，所有的渠道都搭好了，广告一出去就意味着大规模的营销开始了。

所以，这些大的电商通过农村墙体广告进行“垄断式”的推广，就意味着“电商下乡”已经紧锣密鼓地开始了。为什么这些大的电商盯上了农村这市场？因为事实上现在我们看到，虽然电商在城里边兴旺发达，像一线城市、二线城市、三线城市，甚至四线城市，电商发展得都很好，年轻人在家里网购的特别多。但是事实上，现在的城市里头电商竞销已经基本上饱和了，差不多市场就那么大了——由于互联网基本上普及了，喜欢网上购物的人基本上都被开发出来了，所以几个电商再想在城市里边互相厮杀，像京东、淘宝那么竞争，意义已经不大了，而农村“广阔天地，大有作为”。

现在农村网购的现象没有城市那么普及，每年网购有淡季和旺季。它的旺季是什么带动的呢？是返乡回来的民工带动的，比如很多农民工在城里一年要待10多个月，回家一个多月，赶上年前年后回来。他在城里，这些“80后”“90后”的农民工网购都习惯了，他回家之后一样采用这个方式。所以，这个时候就把农村很多不会网购的人带动起来了！

而且，网购还解决了两个显要的现实问题：

第一个是假冒伪劣的问题，因为我们现在这个商品往基层推，有一个“最后一公里”的问题，比方推到县城，再到乡镇一级、农村一级，往往要到县城进行批发代理，这个环节中容易滋生假冒伪劣产品。网购在一定程度上能够管住这种假冒伪劣，它起码不像农村有些实体店那样卖假东西卖得那么多。这是第一个问题。

第二，它也能把你的东西卖出去。像现在有很多农村地区，由于公路或者各方面原因，比如说没有钱打广告，自己的产品——像有机蔬菜，像一些经济作物，像一些土特产、工艺品，等等，没有渠道卖出去。电商下乡过程中，把东西卖进来的同时，它也能够以这个网站平台作为代理，把你的东西卖出去。所以，电商们不仅让农民尝试在网上买东西，还发动农民在网上卖东西，一些特色农产品在电商网站上经常供不应求。这对现在搞活农村经济来说，吸引力是非常大的。

所以，现在估算地说有1800个亿的商机，未来看还不止这些，这个就好比什么呢？有两个人，其中有一个犹太人，鞋厂老板派他们当推销员。第一个人到一个海岛上去推销鞋子，结果他回来说没戏，那海岛上人人都光着脚，不穿鞋，我把鞋卖给谁？而那个犹太人推销员回来说，太有戏了，那个海岛是一个“蓝海”！说怎么呢？人人都不穿鞋，这咱们才能有机会一下推销更多的鞋。你看这就是不同的思维方式。现在“电商下乡”在一定意义上来讲，就是犹太人的那种思维方式，就是它潜在的商机是很大的，但是这个市场现在没建立起来，恰恰是开拓市场的最好时机。2016年春节，那个所谓抢红包大战，有很多农村的消费者跟着抢了，他们意识到这东西有意思。现在很多地方的农村网购已经如火如荼地开展起来了，所以现在京东、淘宝下这么大力气在这些地方铺代理站、销售网点，这是非常恰当的举措——就是一定要领先，谁先把这片市场抢下来，谁将来就有更大的回旋余地，因为中国的农村市场实在太大了！

虽然现在农村互联网的基础设施建设跟上了，但是有个最要命的问题，就是网购最关键的问题——物流问题怎么解决。一般来说，供销社建到比较大的乡镇，再到村一级下不去了，因为道路交通成本太高了！中国有很多山村，经常这村子没多少人，但是村与村之间，和乡镇之间距离太远。像20世纪60年代那种送货郎，靠“打起鼓来敲起锣，推着小车去送货”那种凭着人力的方式干的话，人力成本高得吓人！所以说，眼下摆在电商面前的第一个大障碍，就是物流怎么解决。

做过快递的都知道，如果是快递员每个村都跑的话，那基本上这公司就得喝西北风——路途太远，成本太高！所以，眼下京东和淘宝还有其他电商，在农村所谓建立代理点，也大致都是离乡镇、离核心城市比较近的，像西部广袤的偏远地区，现在恐怕他们的力量还达不到。所以说物流问题怎么解决？这个物流问题恐怕绝不是说几家电商就能够联起手来解决的。现在咱们尽管国家提倡说村村通、公路通、电信通，包括网络通，但目前为止这个公路上的村村通在很多西部地区是很难做到的。所以说，横亘在电商面前的第一个困难就是物流问题。

第二个困难是农村现在的购买力问题。我们不能按照过年的时候，返乡农民工网购的旺盛需求来估算平常农村的购买力。因为农村现在有大量的年轻人，有消费欲望的、有购买力的年轻人，都出去打工了——有的把孩子都带走了。农村现在空巢老人非常多，这些人的购买力没有那么强，也没有那么多钱，而且这些人生活节奏比较慢，他们也没有必要非得在网上购物——他的生活相对来说比较平稳，时间对于他们来说不是什么太高成本，优哉游哉地到购物市场里边去买东西，就当赶集了，他没有现在城里年轻人时间上那种紧迫性。所以，从这点来看，农村这方面的购买力能不能上来是很难说的，因为他没有那么大的急迫性，而且本身手里头钱还不是很多。

第三，这些老年人，包括一些留守儿童，他们对网上购物这个程序还存在问题。因为网上购物对于年轻人来说，看起来很容易，但是对于老年人来说是很费劲儿的一件事，他能不能快速学会并熟练掌握，这是个问题。即使掌握这些了，在支付手段上也有问题。现在城里人用银行卡很普遍了，农村不是这情况。因为四大国有银行一般县一级都有，到乡镇网点有的就少了，再到村一级有的根本就没有网点！有情况好一点儿的，村一级还是农村信用社，还有借助邮政储蓄的，就是拿着折子取款或者直接用现金，这是最常见的——银行卡现在在农村根本就不普及。银行卡不普及接下来带来问题了，网购的支付手段你怎么解决？很多农民手里没有支付宝，也没有微信支付，他没有这种网络支付手段，没有支付手段是非常要命的，网购很难去实现。

所以，前面说这三个硬件：一个是物流，一个是购买力，一个是支付手段，这三者目前在中国农村来看，好多地方都不具备这样的条件。

有人说可以先搞活经济，你先把东西帮他卖出去，在此过程中一点点儿普及。这也有两个障碍。

第一个障碍就是农产品要卖出去，在网上大家买农产品是买什么？一般来说，人们都想买有机食品，也相信从网上买到有机食品比在市场上把握更大。可是问题是，中国的农村使用化肥、农药都多少年了，农民一旦从事有机食品生产，条件好的地方还行，条件一般的地方根本就不挣钱，甚至还亏钱。所以，现在你让农民种有机食品，他们几乎都不会愿意去干——成本太大。而且像这种产品，外面的人愿不愿意通过网络购买？这是一个非常严重的问题。

第二个障碍是现在农村已经形成了一些销售渠道，比如农民生产出来的东西，都有小商贩来收，然后再往上给二道贩子，一级一级地往城里走，它已经形成了一个销售渠道。如果现在网络大量地进入这块儿，用网购来取代这个，那这些人的利益怎么保障？可能这个中间环节就有很多人的利益受损，而这些人一定会极力阻挠这个事情。而且这个销售渠道往往还和政府挂钩，现在很多地方政府都建立了电商平台，甚至通过自己的政务网站帮助农民往外卖东西，地方政府也不一定愿意这些大的电商把它原有的“业务”都给垄断了。所以，想把农民的东西借助网络平台卖出去，还需要通过大量扎实的“基础设施”建设一点点去渗透。

眼下来看，京东、淘宝这些大的电商下乡，它面临物流、购买力、支付手段的障碍；在把产品卖出去、活跃地方经济的同时，往往也面临市场适应度、地方政府配合度等问题。

所以，眼下这些大电商下乡，其实道理就如同我们抢红包的时候，支付宝、微信一个劲儿地给消费者补贴钱是一样的。眼下他们抢占农村市场，我估计都不会想到马上就能盈利。他们就是先要营造支付场景，先要营造消费场面，先要把客户占住，先要使客户端这一块儿都成为自己的用户。所以，这是现在电商下乡布局最重要的。就是说，不管未来怎么样，要先把这块地占着，只要“占住”就意味着无限商机——只要占住这块地方，甚至不用去挣钱，就会有大的投资商采用天使投资、A轮融资这种方式出钱。所以说，现在占据市场有的时候比在市场赚钱还要重要，这也是“互联网+”思维给中国人的一种体验。

另外一点，我们也看到，未来农村电商的发展，毫无疑问，绝不仅仅是线上的事，线下的工作得做得非常扎实——克服上面所说的五个困难，都需要线下铺点铺得到位。所以，互联网代表着线上，实体店代表着线下——线上线下谁更有前景这个问题在过去我们一直在争论。甚至在2012年中国经济年度人物颁奖典礼现场，万达集团董事长王健林与阿里巴巴集团董事会主席马云针尖对麦芒地打赌。王健林称：“电商再厉害，但像洗澡、捏脚、掏耳朵这些业务，电商是取代不了的。我跟马云先生赌一把：2020年，也就是8年后，如果电商在中国零售市场占50%，我给他一个亿，如果没到他还我一个亿。”甚至现在小米的雷军和格力的董明珠也在打赌，就未来线上线下谁占上风，是线上一统天下，还是线下一统天下。双方都争到这种程度了。

可是这种争论几年时间不到，就演化成上了线上线下的无限融合。最近有个经典的案例大家应该知道，阿里掏钱出来成了苏宁的大股东——阿里巴巴跟苏宁电器合作了。尽管原来苏宁也有网上购买电器的平台，可是跟阿里的这个规格那不能相提并论，苏宁还是主要以做线下实体店为主，但这两家一结合就看出来，线上线下的界限已经模糊了，大家已经不再争论线上有优势还是线下有优势，因为只要是卖东西，线上是快捷的，效率非常高，往往支付什么的都没问题，而线下的体验往往是线上支付购物的一个扎实基础，同时也是线上活的广告。

所以，现在这些大电商都明白这个道理：线上的未来在线下，而线下的未来在线上，双方是牢不可分的，是完全可以高度融合的。当很多互联网的创业者还在坚持互联网的优势时，真正顶尖的互联网巨头已经充分关注到，互联网跟现实世界是密不可分的，这个思维是现在“互联网+”得以实践的非常扎实的一个基础。眼下，电商下乡既体现了线上，又体现了线下，尤其是现在刚毕业的大学生，有很多人本钱不足的，完全可以考虑利用“电商下乡”这片“蓝海”，完成自己的创业积累。所以说，这个机会不光是几大电商的，也是中国成千上万创业者必须珍惜的一个实实在在的好机会。

警惕微商变传销

眼下“微商”是一个非常时髦的词，“微商”是什么呢？说白了，就是在微信朋友圈和微博上做生意的人。微商不仅仅是大众创业、万众创新，也是互联网思维“接地气”的一种表现。可是最近，随着媒体的大量披露和报道，微商的口碑直线下降。这是因为在微商里一片繁华景象背后，总有传销的鬼影在晃动。

有的人觉得微商和传销，这两个概念是八竿子打不着的，但是这些年我们看到，由于政府加大了对传销的打击力度，传销的形式也开始千变万化。有的人开始借助网络的掩护——“悄悄地进村，打枪的不要”，所以很多人在互联网上也上了传销的当。那么，微商和传销是怎么结合到一块儿的呢？咱们曾经看过报道，说卖面膜的微商，这个面膜也不是什么国际大品牌，成本就几块钱，到你手里价格可能翻了不少番了。而且，很多都是假冒伪劣产品，面膜里面含有什么荧光剂、防腐剂等，对健康非常不利。

但现在“与时俱进”的这种所谓微商传销方式，已经不再关注这个了——它关注的不是什么人买了这个东西，买了多少，它关注的是有多少人在卖这个东西。央视曾经曝光说，河北有位严女士，朋友告诉她可以用这个微信的朋友圈做生意，就是卖面膜。你从我这儿拿一盒，120 元一盒，卖 198 元，一盒挣 78 元钱。这个严女士一算，在我的朋友圈，我一天卖 10 盒，一天能挣 780 元，挺好的事儿啊！

可拿到手之后，她发现虽然她的朋友不少，但是总数也不多。微信朋友圈上限是5000人，但是有几个人的微信朋友圈里能有5000人？而且这些人里头又能有多少人适合买面膜呢？所以筛来筛去，两个多月下来，这严女士也没卖出多少去，总共利润就六七百块钱，算上压的货底子，里外赔了2000块钱。

严女士说我这要挣钱，怎么没挣着啊！这时候，带她进这个圈子的朋友告诉她，你不能这么干，你得找代理——你找一个代理把这50盒全拿走，120元进的，150元批发给他。这一次拿走了，你一盒挣30元，50盒一下就挣1500元，然后再从我这儿进货。

这时候严女士说，我怎么能让别人相信代理这东西能挣钱呢？朋友告诉她，你就说你靠这个挣着大钱了——光说还不行，你得在微信里头天天发我今天定出多少单，谁通过微信对话来要我这个货，等等，然后说我今天挣了多少，明天挣了多少。

当时这些朋友还告诉她，你别一开始就说你挣了好几万，你先说今天挣了100块，明天挣了200块，最后这个月到月底发现累计挣了好几千——下个月就上万了。你得一点点让别人相信你卖这个货能挣钱，这才有人能到你这儿来批发，来做代理。

严女士说，那得真有人跟我对话啊！不用。为啥？现在网络作弊软件多的是，有微信对话生成器、订单生成器、转账生成器等，可以给你做个假页面。为了制造“生意火爆”的假象，增加产品的可信度，个别微商不仅利用微信对话生成器“自说自唱”地杜撰微信聊天记录和转账记录，还会使用另一款手机支付截图生成器的软件来伪造一笔又一笔的支付宝交易记录。然后，再将这些自制的网页晒到朋友圈，让圈里的人信以为真，从而增加产品销量，获得不菲的收入。

有不少人一看，我这朋友干这个挣不少钱，看来这真是个好门路，那我从她那儿代理得了。这一弄就上当了。拿来之后，效果也是一样——仍然卖不出去。这一卖不出去，马上有这个“上线”再忽悠她，说你再找代理，让代理卖。咱们有的朋友可能上过传销的当，至少对传销有所了解，那我们以前了解的传销是不是这样呢？

我这儿有个货，比方说是保健品，你从我儿这拿货，拿货之后你找下线，然后下线再找下线，你这儿挣的就比他们多，层层提成。说到这儿，很多朋友想，怪不得我看微信朋友圈，一开始还是宣传这个产品，说面膜多好使，化妆品多管用，食品怎么保健。现在你再打开微信朋友圈，而是变成了一句话——快跟我一起发财吧！

怎样才能让有意向的代理成为真正的代理呢？我告诉你办法，微信里说看到你们这些代理在成长，在挣钱，我心里真高兴啊！有时候这些东西跟心灵鸡汤混到一块儿，分不开。

这就是我刚才说的，原来是关心这个东西有多少人在买，现在这种“传销式”的微商经营，已经变成了关心有多少人在卖。因为有多少人在卖，它就能提多少“人头费”，而提“人头费”是什么？是传销的典型特征。

有人说，开始微商干得也不错啊！利用朋友圈中熟人有信誉度的优势，卖点儿东西，挣点儿钱，怎么现在变成这个样子了呢？首先一点，就是你的微信朋友圈人再多，数量也是有数的，它跟广大消费者根本不能比。那么你把这些人都推销完了，你还找谁去？

而且你会发现，这些人用完了之后，你再想拉一些陌生人进来特别难。人家陌生人跟你没有信任度，人家肯定问你，买你的产品有什么好处？这个是不是质优价廉呢？你就得跟每一个陌生人在微信里对话一番，对话完了他也不一定买，买可能就买那么一盒两盒的，这时间成本太高了。时间成本太高，那我还不如让他直接看我销售量是多少，我业绩多少，你看有这么多人买，我还能假吗？所以当微信朋友圈这些人脉资源都用尽了之后，很自然就想到这么一条道儿。

再有一点也非常重要，一开始咱们用微信的时候，大伙儿觉得新鲜，很多人不管微信上有什么都愿意打开看。但是现在大家对微信这种新鲜度消失了。与此同时，很多人想用微信做生意，就开始拼命往上打广告，狂刷屏。结果，你的很多朋友都对这个行为厌倦了，一看刷屏就把你屏蔽了。所以，你根本找不到合适的消费者，最后连朋友圈里头都没有人愿意消费了。

利用熟人关系挣不着钱了，咋办？那你只能去忽悠那些想挣钱的人。如果你朋友圈中有1000个人，这里头想赚钱想做微商的有200个人，其他是800个人。卖东西的会发现，早晚那800个人会不理你的，那你得忽悠那200个想挣钱的——你看，我干这个挣钱了，你们跟我一块儿干吧！他们没有科学的营销手段，所以进到你这里来，本能地就按照你指导的方式接着来，成为你的下线、下下线，让你挣钱。

所以说，微商这种存在形式，有着一种天然的漏洞，容易被传销给染上病毒。前不久发生的那个案例就是，所谓什么"亚洲催眠大师"陈志华，到处宣讲微信营销课程，并以推销微信服务为名，要求参与者缴纳一定的费用成为其微信代理商。比如说，下边这个代理缴59800元，然后你去给我拉人头，拉来听我课，然后我给你多少提成，我能让你"108天买奔驰、6个月买房、一年开劳斯莱斯"。结果，警察一调查，发现这种"拉人头"的形式是典型的传销。后来，法院判了他8年有期徒刑，并处罚金人民币10万元。

现在微商里头，有不少跟传销能挂上钩。那么，很多人说，我经常在微信朋友圈里买些东西，怎么识别他是不是忽悠我呢？我的朋友说想带着我一块儿赚钱，他到底是不是搞传销啊？如果是传销，他不是把我带进去了吗？如果这不是传销，我现在还想挣钱呢！下面我给大伙儿说说，怎么识别"微信传销"。

其实，"微信传销"跟传统的传销基本道理都是一样的。

第一点，你看它有没有"入门费"？传销往往让你们先交一笔钱，然后你再去拉下线。这个微商传销，它是通过一种变相方式，就是做我的一级代理、二级代理，一级代理你得拿多少货，你拿得多，这单价就低——其实你拿货这价格是啥呢？不就是入门费吗？如果哪个微商经销过程当中，要你这种"入门费"，那他就涉嫌传销。

第二点，卖这个东西，它实际价格和东西之间是不是等值，是不是贵得离谱儿。因为现在微商想搞传销的话，它的基本方式就是把产品价格定得死贵，跟基础价格拉开空当，再在这个空当之间进行分级代理，然后一级给一级留一个空间。所以，它一定得把价格定得虚高，跟产品的实际之间存在很大的距离。比方说，一片面膜进价几块钱，翻手卖三四十，甚至上百。

第三点，这个“代理商”进来后，它这个团体关不关注产品的流通。微商也是商人，商人关注什么？怎么把货卖出去。要关注货物跟消费者最终的关系。如果这个经营者根本不关心消费者拿没拿到这个货，多少钱拿到的，用户体验怎么样，要求什么样的售后服务，而只关心我这个货有没有流通起来，它可能就是传销。

第四点非常重要，它是不是分等级的销售。就是一级代理、二级代理、三级代理，等等。正常的话，我把货品给你代理了，你多卖多得——你有能耐你多挣钱！可是“传销式”的微商不是这样，你前面代理那个，再拉下线，你挣的一定比下线多。它通过这种方式鼓励你早加入，拉更多的下线。如果它有这种“分级销售”——前面挣的一定比后边多，形成金字塔式，不论你多么努力，后边的也不可能挣钱超过前面的，这基本上就是传销的模式。

第五点，它是不是使用虚假的手段，甚至使用诈骗的手段来进行推广。比如，他给你发过来假的账单、微信对话，还有什么虚假订单，等等，正经做生意的，用假的干吗？如果这广告是虚假的，你还能相信它的产品吗？

所以，你别看微商怎么忽悠你，听其言，观其行。你看看他这些手段，拿这五点能不能套上。而且，为什么我们说微商传销影响非常恶劣呢？你想，如果你跟一个朋友进来了，你一发现这是传销，这时候人有两种反应：第一个是我不能干这害人的事，不干了。不干是不干了，你前面这投入的不打水漂了吗？你说可惜不可惜？这个钱就算被这些骗子骗去了，这是第一种，忍气吞声。第二种，我这钱也不是大风刮来的，这投入进去多可惜啊！得了，我按他说的再找下线吧——我得把这钱捞回来！于是，你迅速由一个“受害者”变成了“害人者”。前一种是你损失了自己的钱财，后一种你变成害人者，后患无穷——有的甚至去害人了，也没能收回成本。

传销对社会的危害，不仅使人与人之间的信任度完全丧失，还容易诱发人与人之间的恶性争斗，最终产生报复性的暴力事件。我们原有的禁止传销条例里边有若干规定，包括对传销场所怎样，但是我们也知道，微商传销不需要场所，即使把这个微信号给销了，它回头还能申请一个。所以，跟微信的后台联系好，从网络监控出发，落实到现实当中，这才能把微商传销的行为管住。

同时，我们禁止传销的条例，也应该与时俱进地加入互联网时代的相关问题，制定互联网传销的相关制止办法。只有立体化管起来之后，才能真正遏制住微商传销。而且，微商本来是“互联网 +”思维，是与时俱进的，对于小本创业的人来说，会有很大方便。它甚至比淘宝的门槛还低，成为万众期待的一个“蓝海”事业。

可是，如果监管不到位，让传销坏了微商的名头，那么大家就失去了一个创业的通道。有的时候不加监管，任由微商和传销结合，“互联网 +”的时代就有可能衍生出大量的泡沫，而当这个泡沫破灭，我们再谈大众创业、万众创新，恐怕就是一句空话了。所以说，对微商传销这块儿的打击，绝对不是小事，它关系到我们现在增长结构以及大众创业过程当中的安全性问题。

大妈们怎么了

2015 年 3 月 30 日，温州法院审理了一起特殊的涉毒案件。之所以说它特殊，是因为这起案件的犯罪嫌疑人（吸毒人群）是一群平均年龄超过 50 岁的大妈。大妈成了毒妈，背后有一个庞大的面临精神危机的妇女群体，这一群体通过这一事件引起了社会的广泛关注。

现在社会涉毒案件并不少见，一说到涉毒人员，很多人会先想到演艺界的明星、腰缠万贯的商人，有人还会想到那些追求精神刺激极度空虚无聊的中青年男性。但是说到中老年女性，就是大妈这个群体涉嫌吸毒，在新闻中算是非常少见的。

我们通过新闻报道了解到，这一群人衣食无忧，有的非常富裕，开着奔驰宝马，闲着没事，老姐妹几个到卡拉 OK 唱歌，结果在 KTV 里边接触到了毒品。很快这些人就形成了一个“娱乐群体”，把吸毒用一个隐秘的代名词“开运动会”代替。谁要组织到哪儿玩，就是今天“开运动会”了，作为暗号到那里集体吸毒。而且，这个群体的人数并不少。

有人说中老年妇女空虚，这和跳广场舞一样。但是这次吸毒的涉案人员和跳广场舞的中国大妈还有一些区别。有一些家庭比较富裕的妇女，五十出头了，出去跳广场舞，她有两个感觉：一是这样抛头露面多没意思；第二个，她有点儿小清高。可往往越是这样，她的生活范围就越窄，所以，跟几个姐妹就容易凑到一块儿，形成共同爱好，而这个爱好极有可能是一种不良嗜好。这就如同我们生活当中很多中老年妇女一开始是打麻将娱乐，最后却走上赌博的道路是一个道理。她们精神非常空虚，没事可干，最后只能通过追求一点儿生活刺激来打发时间。对这些妇女，我们有个专门的称呼叫“临界妇女”，这个词汇是 2006 年《中老年妇女生活质量报告》里边提出来的。

“临界妇女”是什么概念？准确来说就是 50 岁到 70 岁的妇女。她们跟更年期的女性还不一样——更年期女性 40 多岁，临界妇女往往是指在生活当中失去重心的人，这个“失去重心”指的是什么呢？我把它总结为“三脱离”：脱离婚姻、脱离工作、脱离教育子女。

我们首先说“脱离工作”。大家也都知道中国妇女 55 岁退休，男的 60 岁退休。有很多原来的工厂或者其他单位的女职工，50 岁就退了。有的单位甚至为了能够腾出大量的位置让年轻人补充进来，鼓励女同志提前退休。所以，这些妇女到这个年龄退休，已经脱离工作了。

咱们看看《康熙王朝》里边那明珠，都已经被皇上给处分，关进监狱了，还在那儿点灯熬油地工作呢！我说这不完全是为了“取悦圣上”，整天万事缠身，一闲下来谁也受不了！很多老年朋友都会有这种体会，突然间脱离工作，没事可干了，心理落差一下子很大！这是一方面。

可是你脱离工作了，你的伴侣还没有脱离工作——因为中国的男性50多岁还是年富力强的好时候，所以还在工作。这“一闲”对“一忙”，夫妻之间的交流就会非常少。所以，伴侣跟她之间缺乏交流，以至于处在精神危机下的女同志加大了自己的心理负担。所以，婚姻生活不能成为一个踏实的港湾，这叫“脱离婚姻”。

第三个，“脱离教育子女”。到了这个年龄，一般她的孩子要么上大学，要么出国留学，要么成家了，就是说她已经不需要再把生活重心搁到孩子身上了——你想搁到孩子身上，孩子还不愿意：你老管我干吗？我要独立。而且尤其要命的是，这个岁数的中年妇女，往往就一个孩子，如果孩子多，今天我看看你家，明天我看看他家，这还罢了。就这一个孩子，他也不想跟你在一块儿长期待着，人家有人家的工作和事情，原来整天围着孩子转，现在孩子不在你旁边了，所以和脱离工作的区别不大。

有人说，那不有孙子、外孙子吗？不是那么回事儿。第一个是现在很多人本身要孩子就晚，刚五十出头、不到六十的妇女往往还没有“第三代”，你上哪儿带孩子去？再者，即使有孙子、孙女，现在很多家庭都是“421家庭”，人家上头有爸爸妈妈、爷爷奶奶、姥姥姥爷，就你疼这孩子？你最多也就是其中之一，不可能天天带着孩子。还有的家长对隔辈人带孩子排斥。所以说，三脱离——脱离工作，脱离婚姻，脱离教育子女，一下子使这些人掉到一个巨大的真空当中，没事干了。

没事干不可怕，可怕的是她在精神世界里毫无寄托。我们也知道，现在五十多岁、六十多岁的这些妇女，读书读得不多，精神世界本来就不那么充实。这个时候一下又失去了重心，她的生活不可能仅仅依赖电视或者看书来打发，这种生活状态简单单调，搁谁也受不了。所以，她必然要在生活当中寻求更丰富的内容，比如跳跳广场舞——现在中国大妈爱跳广场舞，就和我总结的这“三脱离”有直接关系。但是我们说的这些涉毒大妈，她们和跳广场舞的还有区别。而且，有些女的在这个年龄容易上当受骗，比如这个基金、那个股票，甚至是传销——因为她掌握家里财政大权，能拿出钱来。

另外，这些人和我父母那一辈还不一样。我父母那一辈意识形态比较单调，生活上又一直不充实，得不断为物质世界奋斗，等到奋斗差不多了，那岁数已经七老八十了。

五六十岁的中国大妈不是这样，她精神世界空虚的同时又赶上了物质极大丰富的年代：她在即将步入中年的时候，中国改革开放，她可能成为先富起来的那部分人，或者至少她老公是先富起来的那部分人，她一下有钱了。人在物质上达到了满足，可精神上不满足的时候，就往往容易做出一些匪夷所思的事情来。尤其她们经历了中国社会由计划经济向市场经济、由原来单一的价值取向向复杂的多元价值取向转变的这些年，各种思潮纷至沓来，但她们原来的精神世界是不具备极高分辨能力的，甚至法制意识都比较淡薄，所以造成这些人基本价值判断的缺失。

所以说，她们走到这一地步是历史的复杂原因造成的。我们说一个人物质匮乏，那可能是他个人不努力，或者运气不好。但是这一群体精神匮乏，那一定与时代的发展密切相关。而且我们分析，这些人的身上有特别鲜明的一些特征，比如不会玩儿。因为在她们年轻的时候，有一些情调的人都被认为是小资情调、走资派，是被排斥的。在那种思维方式的控制之下，这些人不会玩儿，没有浪漫，甚至根本就没有休闲的概念。所以到今天突然间物质丰富了，咋玩儿呢？她们不会了。

而且，由于过去那个年代带来的影响太深，包括跳广场舞的大妈们都崇尚集体运动。那些涉毒的大妈，管到 KTV 吸毒叫“开运动会”——还是过去集体的概念。一个人不会玩儿，可是身边有老姐妹带着，就觉得找着集体、找着归属感了。从思维源头上来说，这和跳广场舞的大妈没区别。

就像一句广告词说的，集体活动固然有好处，可是一旦是坏习惯，就像“得了灰指甲，一个传染俩”，这种恶习很迅速就能蔓延开。

所以，要一个人两个人去吸毒，那是个性化现象；要有这么一群人去干这事儿，那就是值得分析的现象了。而且，这个岁数的女同志不是说没什么活力，在家待着就行了。五十出头的时候，她的精力还很旺盛，她要寻找社会的支点，寻找存在感——这个时候如果不加以恰当引导，就有可能成为社会的一大隐患。我们现在很多“80后”“90后”的母亲一辈就恰恰处在这个年龄。我们经常会说，天天给你拿回钱来了，你也不缺啥，你这一天干啥，作什么呢？不是那么回事儿！你说这话，说明你根本就不关心你的母亲。我们每个年轻人都知道，如果自己的精神世界不快乐，那再有钱也没啥意思，那为什么你不能把这个搁到自己的父辈母辈身上想一想呢？

问题症结在哪儿呢？中老年人也有精神追求。过去我们之所以漠视这个，是因为我们的家庭都过得很苦，上有老下有少，奔着过日子还奔不过来，当然无暇顾及自己短暂的精神享受了。可现在我们有大把的空闲时间，物质也丰富了，这个事情就变得非常急迫。我认为做子女的，不能有了自己的“小世界”就忘记了自己的母亲，要经常给予她关怀，甚至引导她跟年轻人在一块儿活动，比如旅游什么的，至少把她引导到激昂向上的正能量氛围当中。

很多人认为“正能量”就是“高大上”，其实这是一种不全面的理解。正能量包括什么？简单来说就是积极的人生态度。就说我今天在家没事儿干，我干脆躺在床上抽烟吧！你作为子女要劝说她出去溜达溜达，锻炼锻炼，这就是正能量。不一定非得说去做公益性的事，做善事。

我们可以对照一下西方一些发达国家的情况——他们几乎不存在这种“临界妇女”的精神危机，为什么？人家在年轻时就没依赖过什么，和丈夫之间也不存在说你忙自己的事业、我在家就待着。等子女到18岁独立了，也没有过分依赖父母。所以，她们在人格上和思维方式上是高度独立的。

同时，还有一点，西方处在这种“临界状态”的妇女活力很强，有大把的事儿可干，人家甚至可以投资或者从事公益慈善。我就认识几个这个年龄段的英国妇女，还有住在澳大利亚的一些外国朋友。她们一天到晚风风火火的，今天帮助孩子，明天到敬老院看望老人，后天到社会上搞清洁卫生，做环保，积极投入到这些活动当中。这种公益性组织最适合“临界妇女”这个群体——她们本身“闲”，而且经济上也不愁，愿意把大把的爱心献到公益事业里，这是最好的。你让那些还处在奋斗当中的，或者身体各方面不行的、已经完全进入老年状态的人去做公益，是有点儿勉为其难。

所以，一个社会产生一些问题有它的历史原因，要解决这些问题也得需要全社会努力，它不是个人家庭的事，也不能仅靠国家政策、利益的疏导。只有这个事情处理好了，才有助于我们社会和谐。现在处在精神危机下的“临界妇女”这个群体，急切需要在精神上和物质生活上达到一种稳定的和谐。她们要真有事儿干，有正能量的事儿干，有有益身心的事儿干，才能过上幸福的晚年生活。忙人经常说，你看把我忙的，有这么点儿闲工夫真不容易！往往说这话的人不是抱怨自己忙，而恰恰是在向你“晒幸福”。

为啥登记不动产

不动产统一登记制度已经启动。这个消息让很多人欢欣鼓舞，有人说不动产统一登记是好事儿，它可以使房价马上下来，用不着什么宏观调控了。还有的人说，不动产登记会使那些“房叔”“房姐”无所遁形，那些掌握多套房产的官员就跑不了了，它会成为反腐的有力武器。那么这个不动产统一登记制度是怎么回事儿？它有那么神吗？

首先，咱们得解释一下，不动产统一登记制度，这里面有两个概念，一个是不动产，一个是统一登记。什么是不动产呢？大多数朋友就会说房屋，这是不动产。其实你理解得比较窄，这个房屋只是不动产当中的一部分。

根据法律的解释，不动产是指依自然性质或法律规定，不可移动的财产，如土地、房屋、探矿权、采矿权等土地定着物，与土地尚未脱离的土地生成物，因自然或人力附着于土地，并且不能分离的其他物。

不动产不仅是房屋，像土地、田地、林地、滩涂等，甚至还包括坟地——你可能觉得晦气，但是坟地确实是属于不动产，所以不动产的范围是非常大的。那么，“统一登记”是什么概念？以往我们说谁手里有多少不动产，你不好统计，为什么呢？各个部门都能管得着——你看商品房，它是住建部在登记；耕地，要在农业部门登记；林地，在林业部登记。也就是说，多个部委在管这个“登记”，而且彼此之间信息不联网。所以，“统一登记”的概念就是，你名下到底有多少不动产，要进行统一的联网登记。那么，这个事儿现在谁来牵头抓呢？是国土资源部，由国土资源部牵头，然后联系其他各部委，建立一个统一的不动产登记网络来实现登记统一，所以叫统一登记。

有人说费这么大劲儿，这不动产统一登记的目的到底是什么呢？我们说，直接的目的，不是前面说的反腐，是抑制房价。不动产统一登记制度，首先是落实市场经济下《物权法》的一种实施措施。市场经济有两个基石，一个是产权，一个是契约。你必须得明晰产权，如果产权不明晰，那么市场经济好多东西都无从谈起。那“明晰产权”是干吗呢？首先我得知道，哪些东西是你的。你就拿商品房来说，住房有的是商品房，有的是保障房，有的是单位给分的，有的是公家的，有的是私人的。现在要统一对这些产权做一下不动产统一登记：第一个目的是要保护每个产权人的合法权益；第二个目的是防止交易过程中出现诈骗行为。

比如说，咱俩做生意，我入股，但我的钱没这么多，我这儿有一套别墅入股，我在农村还包了一块地，有块林地是我的，以这个入股。那么光听你说，我可能不敢信，说我拿个证，那证还有假造的，那怎么办？建立不动产统一登记制度后，我只需要到相关部门去，根据我们合作的契约，经过你允许，我查一下你名下的不动产有哪些，我一看确实有那林地，行了，我能相信你了。再比方说，在城市里有朋友租房子，有的那二房东就愣说这房子是他的，给你看三证，你都不敢保证这是真的。假如说要有不动产统一登记制度，我可以申请来看一看这房子到底是不是这二房东的——你得配合我。这个过程当中，咱们就能防止被对方欺骗。所以，不动产登记制度，有两个最大的直接目的：一个是保护产权人合法权益，一个是防止交易中的欺诈行为。我们以前一说到法律，就想到那就是要收拾谁，要惩治谁。不是，法律首先是保护所有人，第二个才是为了保护所有人的权益去惩治一部分违法者。

大家对不动产登记制度的关注点，还真不在我刚才说的这两点上，而是我们前面提到的——一个反腐，一个房价。咱们就这两个问题具体分析一下。

首先一个不动产统一登记，会不会给反腐带来方便呢？确实能带来方便。因为你有了这统一登记，全国各地联网了，马上就能知道这个人名下有多少财产，这个对于反腐败来说，是有直接好处的。可是问题就在于，他不会等着你查到他这儿，你这边要登记了，那头他趁早把房子卖出去了，或者我用亲戚朋友的名字登记，或者我不用房子的形式藏富，而是变成黄金、股票什么的——他就会转移到别的上去。所以，你指望通过不动产统一登记制度，就把腐败问题遏制住，这是不可能的。

所以，反腐靠的是什么？把权力装在制度笼子里，得有人监督它。这是最关键的问题，而不在于建立一个登记制度。但是我认为，不动产统一登记制度对反腐败最大的推动，是它可以直接取代官员财产公示制度。20 世纪 80 年代就有人提出来要搞官员财产公示，可是到现在为止，都没有推进得了。为什么呢？中国绝大多数公务员，他的主要财产形式就是那几套房子，你要让他把财产公示出来有很大阻力：一个是一部分人财不外露的思想；第二个是这钱、这房子都不是通过好道儿得来的，他当然不愿意公示，所以这个事情迟迟推进不了。那么，眼下我们可以绕开官员财产公示制度，用不动产统一登记形式推进。大伙儿都得登记，你官员有什么例外？也就是说，不动产统一登记制度，让长期以来未能推行的官员财产公示制度，一下子阳光化了。

而且原先的官员财产公示制度，由一个相关部门掌握，不向大众公示，这是不对的。官员他掌握的是公权力，我们怎么样能保证他更好地为人民服务呢？我们要监督他。所以，官员的财产是不具备隐私权的，你必须向全社会公布——如果你这个财产来历不明，你就得说清楚。

有人说，我就想知道老梁到底有多少房子，所以你到相关部门去查查老梁有多少房子，那对不起，不动产统一登记制度不会支持你这个要求，这是我的个人隐私。除非什么情况呢？你跟我做生意，你感觉我骗你了，咱俩出现直接利益冲突了。这样你请示相关的执法部门，在执法部门的配合之下，你可以查我名下有多少套房产。比方说我欠你钱，我没钱还了，结果通过执法部门配合，你发现我名下有好几套房子，那我欠你的钱，得用房子抵债。只有在这个时候，不动产统一登记才能用于个人对个人之间的这种隐私调查。

可是官员财产公示和这个不一样，官员参与不动产统一登记过程中，他个人的财产状况是要向社会公开的。但是这里面有一个界线，就看今后怎么制定。比方说掌握着公权力的核心部门官员，或者说达到一定级别的官员，他必须进行财产公示。那么其他的普通公务员，是不是也要进行财产公示呢？这个还处于探讨阶段。

为了推进这个制度，阻力很大的时候，我们曾经想过“只做增量，不做存量”。什么意思呢？就是现有的这些官员，这个财产先不公示了。但是呢，你从底下往上升的，比方说我原来是处长，现在要升副厅级，那得把财产公示一下。这是不得已采用的办法，希望能通过这个减少阻力，把官员财产公示制度推进。可是这回一搞不动产统一登记，用不着这样办了，全社会都得登记。那你怎么能跑出这个范围之外呢？所以不动产统一登记制度，不会对反腐的推动起决定性作用，但是却可以通过对官员财产公示制度的透明化来解决监督过程当中的一些问题。

第二，有人说，不动产统一登记制度一出来，那房价马上就降了。

可不可能呢？在我看来可能性不大。官员手里那点儿二手房是不可能对整个房地产市场产生决定性影响的。房价涨与跌和土地供应有关，和刚性需求有关，跟这个贪污腐败关系不是很大。它跟炒房可能也有关系——跟炒房的关系，都远远比跟这个腐败的关系大得多。

那为什么有人说一出台不动产统一登记制度，有可能房价一下子就跌下来了呢？是因为他看到了下面几步，就是不动产统一登记制度确立以后，有可能征收房产税，房地产税很快就开始推行了。原来我们几个城市搞房产税征收试点很不成功。因为不知道每个人名下有多少套房子，也没有实现联网，统一登记更谈不上，所以这个房产税收得就别别扭扭的。你统一联网了，信息畅通了，你有多少房子我都知道了，那好，我这房产税征收得就很顺利了。这一征收，持有很多套房子的炒房人，在持有环节的成本大大提高了！算了，我别炒了，我都卖了吧。这样投机炒房的水分挤出来，是不是房地产就回归理性，价格就降下来了呢？

所以很多业内人士认为，这个不动产统一登记制度，一定会促成房产税、房地产税出台，增加房屋持有环节的成本，会把这个泡沫挤掉，房价就降下来了，会不会这样呢？以我的理解，不动产统一登记制度是给它创造了条件，但是不等于就要征这个税。如同我们买了一个篮球，不等于你天天到运动场打去，你还可能搁家里头玩儿呢，它是这个道理，那么房产税是什么呢？房产税是以房屋为征税对象，按房屋的计税余值，或租金收入为计税依据，向产权所有人征收的一种财产税。

不动产统一登记制度实施后，每个人名下的房产情况被清晰地记录在案，同一权属拥有人名下，在不同城市的房产可一并查询。异地购房的资金流向、程度走势将可统一监控。个人在各地限购政策中，逃过一劫的异地炒房，不再是漏网之鱼。而摸清房产底数，将会为房产税遗产税的开征奠定基础。那么这样说来，就可以区别不同人的房屋拥有数量，进行不同的宏观调控。应该说，这样一个政策出台之后，会对整个房产税的合理实施起到比较积极的促进作用。

不动产登记中最为核心的全国个人住房信息系统联网工作，其实早在2010年就已经启动，但是进展并不顺利。住建部先于2011年要求次年6月底完成60个城市的联网工作。又于2012年要求，在2013年6月底前完成500个城市的住房信息联网，然而联网大限已至，500个城市的住房信息联网并未完成。2014年3月，时任住房与城乡建设部副部长齐骥在介绍全国住房信息联网工作进展时指出，当时全国40个房地产重点监测城市的住房信息，已与住建部联网。

没有全国联网是没有意义的，是没有办法征房产税的。那么，联了网，如果你的登记制度不健全，也是有漏洞的，这个房产税征收也是缺失的。是否在全国范围内开征房产税，我们说不仅仅取决于登记制度，恐怕更多取决于我们整个房地产市场走向，取决于整个政策走势，以及我们的宏观经济。

因此如果房产税、房地产税不能够征收，就不能把市场环节这种投机炒房、大量囤房的现象消除，对房价的影响就会非常有限。所以，对于不动产统一登记制度出台，我还是那个观点，就是要维护产权所有人的合法权益，防止交易过程当中出现大量的欺诈现象，这是主要目的；至于对反腐的推进，它作用有限；而对降房价的作用，更是微乎其微。但即使是这样，这也是在制度层面上一个挺大的推进了。你看现在不动产统一登记的试点都选择在二线城市。为啥选二线城市呢？二线城市这些产权相对明晰，像商品房这样的也挺多，情况也不是很复杂。所以登记过程当中阻力小，推进起来可能更加容易一些。用二线城市做试点也说明了政府要推进不动产统一登记制度的决心。

咱们实事求是地说，好多政策都是好的，可是执行过程中，往往会出现偏差，我们也只能是对它未来的执行过程抱以期待。所以，它最终到底能起到多大的效果呢？我们拭目以待。

老梁说天下

LAOLIANG SHUO TIANXIA

娱论：

不忘初心
方得始终

当红导演

我是歌手

人气女星

奶爸男星

当红导演

王家卫的致富之路

说起王家卫，很多人都会想起他拍的片子——往近了讲是《一代宗师》，往远了说是《重庆森林》《阿飞正传》《2046》《花样年华》，等等。很多人说他是一个文艺片导演，只求电影的文艺情怀，不怎么考虑商业票房。这话表面上看也没错！因为王家卫有自己的影业公司，这个公司到现在为止成立了 24 年，总共就拍了 15 部片子，产量很低。

而且这 15 部片子，其中只有两部在香港本土获得了千万以上的票房，剩下的也就是几百万票房，没挣多少钱——不赔就不错了。可是这家公司，现在却跻身于香港影业公司的前十名，干得是风生水起。所以，王家卫骨子里是个成功的商人，只不过他赚钱的手段和我们看到的那些商业片导演不一样。

王家卫入行是靠编剧。当时他在黄百鸣的公司里边做编剧，因为写剧本越写越拖沓，被黄百鸣给开除了。开除了之后，他投到另一个影视大鳄的公司里边，这个人叫邓光荣。熟悉香港电影的朋友都知道，在 20 世纪 80 年代中后期，邓光荣创建的影之杰影片公司很有名。邓光荣确实也是圈里的一个“大哥”，而且他还是“肥肥”沈殿霞的干哥哥。

邓光荣1987年开创影之杰公司，要拍警匪片、黑帮题材。因为那个时候香港这类电影风生水起，典型的像吴宇森的《英雄本色》，大卖特卖。所以，他要拍一个这类的片子，起名叫《江湖龙虎斗》，当时这个剧本由王家卫来写。

王家卫那阵子一点儿名气都没有，邓光荣一看这本子构思不错，就开始重视王家卫。可是这一下坏了，王家卫说一个月以后交，结果俩月交不出来，半年还交不出来，总这么拖。王家卫说自己写剧本没灵感——如果让我当导演就有灵感了！邓光荣一想，这小子胆子挺大，就让你当导演吧。就这么着，王家卫自编自导，拍了一部很有名的片子叫《旺角卡门》。这部片子当时在香港卖了1000多万港币，这在当时是非常了不起的成绩。

这给了邓光荣很大信心。接下来王家卫说，还有一个自己写的本子，就是《阿飞正传》。邓光荣当时头脑一热，几乎把全部家当都押上了，投了4000万港币，这在当时绝对是大制作。结果王家卫一拍拍了很长时间，而且使胶卷跟不要钱似的，一条又一条，使得都没数了。

本来《阿飞正传》是打算拍上下集的，上集的主角是张国荣，下集的主角是梁朝伟，可是光上集就投进去3900万港币，总共投4000万，上集3900万就没了，没办法，就不分上下集了。《阿飞正传》结尾有一个两三分钟长的镜头，梁朝伟对着镜子梳头，这个故事讲的是张国荣的事，怎么结尾他蹦出来了，其实这是下集的开头，下集没了，只能混到一块儿了。所以《阿飞正传》里头有些莫名其妙的剪辑，都和原来的上下集结构有关。

结果，这部片子上市后正好碰上周星驰的《赌侠》，当文艺片撞上这种商业片，立即被打得稀里哗啦。《赌侠》票房高涨，这边《阿飞正传》的票房就几百万！最后放映12天，勉强有900万的票房——投了4000万，票房才900万，老板亏出去3000多万！所以，当时把邓光荣急得上医院打吊瓶去了。虽然不至于倾家荡产，但这一下子影之杰公司元气大伤，又过了一两年就倒闭了。

王家卫把邓光荣"坑"成这样，可转眼到香港金像奖评奖，内行都看好《阿飞正传》。这部片子一下得了金像奖当年最佳影片、最佳导演、最佳男主角、最佳摄影与最佳美术指导五项大奖。也就是说，王家卫把老板的钱赔光了，但他个人名声起来了。后来，他为了能够掌握对电影的控制权，就跟刘镇伟合伙成立了公司。刘镇伟大家熟悉，电影《大话西游》的导演。当年王家卫没饭吃的时候，圈里都说王家卫写稿子太慢，不敢用他，刘镇伟却说他有才，极力推荐。这哥儿俩关系很好，所以合伙成立了泽东影业公司。

泽东影业公司拍片子这么少，靠什么挣钱呢？泽东影业公司之所以能够成为现在香港排名前十的影业公司，肯定有它独特的赚钱之道。

王家卫的头一招是"骗"一些投资商，也叫"卖片花"。剧本都没有，拿一张海报，上边有林青霞、张曼玉、周润发、周星驰、梁朝伟等，老板一看行，拍板给你投两千万，你先拍。那个时候正赶上这么个好时候，他拿这个玩意儿忽悠人，这就是所谓的"卖片花"。

他当初拍《重庆森林》的时候，拿着林青霞、金城武、梁朝伟这些人一通忽悠。可是老板有要求，你得拍警匪片、动作片。20 世纪 90 年代初，香港电影有个特点——"警匪"加"动作"再加"林青霞"，保准挣钱。那时候林青霞正火，老板当然给拿钱。结果真拍出个《重庆森林》，但里头根本没有警匪、动作，基本就是个爱情片。所谓跟"警匪""动作"挂边，就是林青霞演一个跑路的女杀手，梁朝伟演个失恋的警察，这算哪门子警匪片、动作片？老板最后一看没招了，木已成舟了——钱已经让王家卫花得一干二净了。

他用这个方法拍了不少片子。当然这个方式也不能持久，老这么搞，时间长了别人也就不再投资你了。所以，他还有第二招——文艺片和商业片齐头并进，不行就拍商业片补文艺片——拆了东墙补西墙。

后来，警匪片一点点过气了，金庸的武侠片又火了——当时金庸的武侠小说好多都被搬上了银幕，这个时候王家卫也琢磨，能不能用这个题材"忽悠"投资商。

1994年贺岁档，王家卫跟投资商说拍东邪、西毒、南帝、北丐，投资商说可以，准许他到内地取景。香港地方很小，大场面很难拍。我们现在看1983版《射雕英雄传》，“华山论剑”的华山是啥？就是几颗石头、几个草、几根竹子往那儿一搭，非常简陋！但是，到内地取景需要的投入不小。这时王家卫信心十足，他想不落俗套，拍个东邪、西毒、南帝、北丐年轻时候的事。这时候他又找了梁朝伟、张曼玉、林青霞，还有张国荣来演，片名就为《东邪西毒》。

最后，这个片子出来大家看到，跟武侠都不怎么沾边儿，就是反映人的感情，一般人还不一定看得懂。1994年贺岁档上映，1993年年初让他去拍，时间是来得及的。可是架不住他能琢磨，今天拍两条不行，明天拍两条还不行——他就给演员一张纸，上面就两句台词，让演员自由发挥，因为他自己也不知道拍啥。

就这么磨叽来磨叽去，眼看剩两个月要过年了，老板天天催，这时候王家卫向刘镇伟求救。刘镇伟一看这演员不都是现成的吗，张国荣、梁朝伟，还有梁家辉、张学友也都在这儿，咱们一个月以内赶紧拍个喜剧贺岁片，于是就用原班人马拍了一部电影。刘镇伟用了28天连写剧本带拍完，这个片子就是《东城西就》。

很多朋友都看过这个片子，里面东邪西毒都操着各地方的方言，极度搞笑，结果这个片子成为1994年贺岁档的一匹大黑马，到现在还很经典。

再看王家卫如何选演员。他选演员有个标准就是长得漂亮，比如张国荣、林青霞。他选这种颜值高的演员大有门道：如果这种文艺片卖不上座，他就开发另一条道路——拍广告。就拿《花样年华》来说，当时制作方给的钱挺少，正好有个房地产商找上门来，说我看你片子里俊男靓女不错，让他俩给我拍广告吧。梁朝伟和张曼玉就去拍广告了，而且拿的酬金比电影的都高。

所以，王家卫另一条生财之道，就是动用他旗下的这些明星给宝马、迪奥等这些大品牌拍广告，他从中挣了不少钱。现在泽东影业公司一大支柱产业就是广告，它已经成为香港顶级的广告制作公司了——因为影业跟广告本身就是分不开的，这是王家卫的另类生存之道。

那么王家卫为什么会成为一个慢工出细活儿的大师呢？而且其他导演根本没法模仿他——模仿他，就是死路一条。王家卫为什么慢？他是因为不会拍电影才慢——在拍《阿飞正传》的时候，用了将近 60 万英尺的胶片，会拍电影的导演哪个会用这么多胶片？他拍戏的时候经常是演员都来了，比方说上午 10 点开戏，等到 12 点王家卫都没来——他就坐在咖啡馆里琢磨拍啥呢！到了现场他也就拿张纸，纸上就三四句台词。

这幕戏要求多长呢？得撑 20 分钟，四句词 20 分钟，我们怎么拍？随便来，他也不管。很多人崇拜王家卫的高深莫测，说他能逼着演员发挥潜能。什么逼着演员发挥潜能？是他自己都不知道拍什么！可是一点点磨，他也形成了一种独特的风格。

所以，我们今天看王家卫的这种电影风格，其实是浪费了很多资源才形成的。哪家电影公司按这个路子走，非赔钱不可——包括他自己的电影公司光靠他的文艺片也是不行的！现在看，《2046》《花样年华》《重庆森林》等这些片子就几百万港币的收益。《一代宗师》票房高，可别忘了《一代宗师》是在内地才获得了挺高的票房。

所以，王家卫现在走的这条道，别的导演无法复制，因为你没有他那么好的运气、那么好的机会。当然这些还不足以涵盖王家卫成功的主要原因。还有一点我们必须得承认，王家卫是一个真正热爱电影的人。他挣钱不是用来很奢华地享受，而是把这些钱基本上又都投到电影当中了。他有了钱，可以为一个镜头无限制地花费，只要有钱都往上砸——他为了电影这块儿，什么都舍得出去！而他本人的精气神，也多数都消耗在电影制作的过程当中了。

所以说，不说王家卫是个文艺大师，是个商人，但他最起码是一个顶级的“电影发烧友”，是一个真正愿意把自己的精力用在电影事业当中的、绝对忠诚于电影事业的粉丝。大师也好，商人也好，粉丝也好，王家卫归根结底是一个天生为电影而生的人。

从山西走出的硬汉张纪中

大家都知道，张纪中是北京人。他虽然是北京人，但是却和山西有着非常密切的联系。因为张纪中是老三届，1968 年到山西插队，后来就留在山西了，还进了山西话剧团，然后进了山西电视台当导演。他在山西电视台起步，一点一点拍 20 世纪 90 年代初那版《三国演义》，后来进入中央电视台，才成为全国知名度极高的导演和制片人。所以说，张纪中怎么也得算半个山西人。

张纪中拍金庸剧有一个别人都没有的特点。大家看别人的剧，总得看差不多了再骂，看张纪中剧，一听说张纪中拍的，骂！也不管什么，先骂——一边看一边骂，越看越骂，越骂越看，往往骂得越狠的人看得越津津有味。还有一些人呢，坐在那儿一听说是张纪中拍的电视剧，还不知道怎么回事儿呢，先骂两句再说，然后再看，这是张纪中剧的一个特点。而且奇怪就奇怪在这儿，越骂收视率越高，越骂这大胡子赚钱赚得越多。你看骂人这口水太多了吧，不仅张纪中没被淹死，反而“水涨船高”，把他这个“小船”给托起来了。

张纪中拍的这些电视剧，最开始挨骂是从《笑傲江湖》开始的。他选李亚鹏演令狐冲，结果可犯了众怒！大家认为这个“令狐冲”呆头呆脑，傻不拉叽的，太不靠谱。所以一骂，大伙儿都想看看这令狐冲演得多傻。所以，在 2001 年央视播《笑傲江湖》的时候，收视率就非常高！到后来呢，《射雕英雄传》《神雕侠侣》又是骂声一片，可是这个骂声带来的都是收视率节节攀升。张纪中到底有什么样的本事能经住这样的骂，并且成就自己的一番事业呢？他有两个特点：第一个，这个人的脾气特别犟，就是我们经常说的这个人硬气，你爱说啥说啥，我根本不在乎；第二个呢，他属于愈挫愈勇型的——你给我压力，我就把要把它转化成动力，你不是说我这个不行吗？我就这么干！我得和你较劲儿，让你服输为止！所以，他有这么两样脾气，才能顶住这样的压力，才能从中获益。

张纪中挨骂最早源自谁呢？用李亚鹏。张纪中最开始没有让李亚鹏演。那阵儿张纪中是制片，黄健中是导演，最开始确定演令狐冲的是谁呢？邵兵。

邵兵以前是练皮划艇的，运动员出身，肌肉很有型，很有阳刚之气，人长得也方方正正的。要论气质，那肯定是更适合演令狐冲。可这个剧拍了大概半个月，突然间张纪中跟黄健中商量——咱们换角儿吧，把邵兵拿下。黄健中一听受不了，这可不行！他说张导，你算没算，咱们开机十来天，总共费用 100 多万了，你这时候换角儿，这 100 多万打水漂了。话说那是 2001 年，那阵儿 100 多万它是个钱呐！在影视圈里边，换角儿损失太大了。张纪中说，不行！不可将就，不能再跟他合作了！没办法，谁控制钱听谁的，张纪中果断换人。

把邵兵换下去，你换个大家认可的也行啊！没有。张纪中说用李亚鹏吧。他一说用李亚鹏，剧组所有的人这脑袋跟拨浪鼓似的，不行不行，他能演令狐冲吗？其实如果这些人说，用李亚鹏也行，挺好的，但是你看，李亚鹏有这样一些毛病，一、二、三如何如何。要这么说，没准儿张纪中还接受了。你一说绝对不行，怎么能用他呢？张纪中说，我明白还是你明白？激起了他心里头这股犟劲儿，我非用他不可！就这么着，真就用了李亚鹏！结果李亚鹏真把令狐冲演绎成了“弱智版令狐冲”。

用李亚鹏这个争议很早就传开了——影视圈没有不透风的墙，记者听说了，赶紧写呀，评论说李亚鹏怎么能演令狐冲？这不是胡闹吗？所以《笑傲江湖》上映之前，所有人都抱着看笑话的心态。最后，反而使《笑傲江湖》的收视率奇高。张纪中后来拿这个说事儿，说电视剧是遗憾的艺术，你真想拍出经典很难，咱要的就是收视率。所以，很多人说，这老头儿误打误撞撞上了。

可没想到，接着拍《射雕英雄传》的时候，他还用李亚鹏。这个是所有人都没有想到的——令狐冲演失败了，再演郭靖？有人说，那对，令狐冲他给演弱智了，郭靖本来就不怎么聪明，这算本色出演。咱实事求是地分析这个角色，郭靖是笨点儿，稍微迟钝点儿，但是郭靖绝不傻，大关节把握得很准，他虽然笨点儿，但慢慢琢磨，他能琢磨明白过来。但你看李亚鹏演绎的这郭靖呢，就一直没怎么明白过来。所以，有人开玩笑，管张纪中版的《射雕英雄传》叫《二傻子复仇记》。但是，张纪中还坚持：我就用李亚鹏，你不是说不行吗？我跟你死犟到底——其实这恰恰是张纪中聪明的地方！所有人都说李亚鹏演不了郭靖，那我就用他，你肯定会好奇：这得演成什么样啊？咱们有句话："看热闹的不怕事儿大，看出殡的不怕殡大"，越热闹越好！不少人有看笑话的心态。2003年正好那会儿闹"非典"，大家没事儿在家里头看李亚鹏，结果《射雕英雄传》的收视率比当年的《笑傲江湖》还高。

所以你看，张纪中用的这些招法是有韬略的，不要以为这个大胡子厚着脸皮往这儿一站——谁骂我不在乎，唾面自干，不是那么回事儿。你看他挨两句骂，那钱包迅速就鼓起来了，他有他的算盘。要说张纪中只是出于经营各方面来考虑来算计这个的，那就小瞧张纪中的艺术能力了。咱们现在知道有个有名的电视剧导演，叫康洪雷，导演过《激情燃烧的岁月》。这个康洪雷呢，在张纪中手底下干了8年，后来自个儿想当导演，张纪中就支持他。康洪雷选来选去选了个本子，就是《激情燃烧的岁月》。可是这个本子有个问题——那是2002年前后的事儿，那会儿这个战争题材电视剧老早就不吃香了！咱们现在说《军歌嘹亮》《亮剑》《狼毒花》《血色浪漫》什么的，好像战争题材又回来了，那都是让《激情燃烧的岁月》给带的。

所以，康洪雷拿到这个本子想到外面找投资。投资方一看，什么破玩意儿，又不是热门题材，没有投资方愿意投。这个时候康洪雷没招了，跟张纪中商量。张纪中一看这本子，说这个挺好，就跟作者商量，把拍摄权给买断了。买断了之后不得找投资方吗？最后，张纪中说我给你找，我力挺你。张纪中人脉广，很快就有投资方来了。来了之后，张纪中就说，你可以投资，但导演必须用康洪雷！结果人家投资方就说了，得你当导演我们才投资，康洪雷是无名之辈，投资他我们亏了呢？必须换导演。张纪中说我宁可换投资方，也不能换这导演，非他莫属。投资方一看没办法，那就换投资方吧！人家不干了，撤了。就这么一而再、再而三，最后，西安有一家影视公司勉勉强强把这个接过来，开拍了。

为什么张纪中甘心冒这么大风险，硬要推康洪雷呢？康洪雷跟张纪中聊过天，他在影视圈摸爬滚打20年，这20年间，吃了不少苦，遭了不少罪，有4年甚至一分钱没拿着——没有工资。他在电视台什么都干过，这些年摸爬滚打很艰辛，混到今天不容易，就等待着这样一个出名的机会，一个给他施展才华的机会。更重要的是，张纪中了解他的才华。因此，他力挺康洪雷做导演。所以，说实在的，不少观众朋友看我们的节目，这个道具、场景、观众、主持人什么的挺好，你没注意到镜头背后，那个导播、摄像付出了多大的辛苦！而且，这个行业里头有不少人隐忍多年，就是为了能有一个施展才华的机会。

张纪中呢，是地地道道的北京生、北京长的孩子，他小的时候本来有机会做个舞蹈家。他上小学的时候，有人挑了他，说这孩子身体条件挺好的，长得也挺清秀——你别看他现在一脸大胡子，小时候挺精神，老师就给他挑到了舞蹈班，一考考了第一，可以进这个舞蹈班了——但政审没合格。因为那个特殊年代政审很严，张纪中他爸爸在新中国成立前是资本家，而且当过什么国民党的伪县长，就这么给刷下来了。刷下来之后，张纪中正好赶上1968年知识青年上山下乡——我们现在通常管他们叫“老三届”——1967年、1968年、1969年这几届都得下乡！怎么到1970年就不下乡了？城里一招工招不上来了，年轻人都到农村去了，就停了。所以，倒霉就倒霉在那“老三届”上了。张纪中正好赶上知识青年上山下乡，1968年到山西插队去了。

不少人到那儿壮志消磨，基本上这精气神就都没了，但是张纪中不甘心。后来，他进了山西话剧团当演员，可是我们说那个时候他已经二十大几了，将近三十了，错过了一个演员能够提升的黄金时期，所以当话剧团演员没几年，他就进了山西电视台当导演。后来，赶上20世纪90年代拍《三国演义》，他拿下了一部分拍摄权，就这么着张纪中一步一步地从那儿走出来了。

张艺谋和他的一根筋

说起张艺谋，其实我感觉他给我们带来的感动不在于他的那些武侠巨片，像什么《英雄》《十面埋伏》，而在于他之前拍的不少文艺片，比如《秋菊打官司》《一个也不能少》等。这些片子都有一个共同的特点，它不是关注什么大人物，而是把目光投向底层的小人物，这些小人物都有那么一股一根筋的劲儿。有人说有什么样的导演，就有什么样的片子，那么张艺谋在生活中是不是也是这样一根筋的人物呢？这个咱得从他发迹的时候说起。

以前张艺谋是干吗的？不是导演，是学摄像的。在学校上课的时候，他就是个沉默寡言的人物，而且同学都反映说他想要干成什么事也不吱声，就一往无前地往前蹚，有点儿类似《士兵突击》里的许三多。他最开始干摄像的时候还给陈凯歌打过工呢！陈凯歌1986年拍《黄土地》的时候，张艺谋就是其中的摄像。那么，后来哪部电影让他成名了呢？《红高粱》。拍《红高粱》的时候，张艺谋就典型地体现了他的“一根筋”思维。《红高粱》是什么样子？大家想想，一望无际火红的高粱，满山遍野火红的色彩，画面中一些西北汉子颠着花轿……

可以说《红高粱》一出来，就给中国电影在国际影坛上确定了一种地位。好多老外一看这场面被震撼了，这个美啊，这个冲击力太强了！决定这个片子成败的一个关键就是这片高粱地。《红高粱》原名叫《红高粱家族》，是山东作家莫言的作品。张艺谋当初要把这个拍成电影的时候，他想到必须得有这么一片高粱地——还得是野高粱，不是人工栽培的、长得溜齐的那种。可是这个高粱地没处弄去！他拍摄的那个年代是1986年、1987年，那个时候有人烟的地儿都被人们利用起来了，基本上北方长高粱地的地方他都走遍了，没有合适的。这个时候，张艺谋就突发奇想，没有合适的地方，我自个儿不能种吗？这玩意儿庄稼不收年年种，一年以后就差不多了！我种高粱怎么样？大伙儿琢磨一下，拍电影和种高粱这两个事儿根本不挨着。所以，当时张艺谋提出来后，整个剧组人员都说，你这是昏了头，你以前就干摄像，没干过导演，也没经验，你这样干不了导演的！好多人说，你是纯一根筋，想什么是什么，这哪儿行？张艺谋不管，说在他想象当中的视觉效果离不了这火红的高粱。

张艺谋坚持种高粱的这种兴头儿，感动了作家莫言，他把张艺谋带到自己的老家——山东高密。高密县胶河两岸正好有几百亩荒地，莫言建议张艺谋就把高粱种在胶河两岸的荒地上。随后，张艺谋和莫言两人跑遍附近的村落，一家一家做工作，一家一家发动群众，终于把这大片火红的高粱种起来了。高粱种起来了，张艺谋的电影自然也就“开花结果”了。

所以，我们回头想想，《红高粱》的成功其实跟这片高粱地是密切相关的，就跟我们以前说到张艺谋在乌克兰那边种花、在九寨沟取景是一个道理。张艺谋就有这种不达目的绝不罢休的劲头儿——我想了这一个点子，我就要为这个点子付出许多，彻底把它实现了。结果，这一幕取得了丰厚的回报。1988 年 2 月 23 号，《红高粱》在柏林电影节上公映，当时就获得了柏林电影节 11 个评委全票通过，荣获柏林电影节最高奖项金熊奖。这也是我们国产电影在国际上拿到的第一个大奖！也就是说，这个片子奠定了张艺谋“中国导演第一人”的地位。

大伙儿琢磨琢磨，他要不是这么“一根筋”，可能这片子就“歇菜”或者“流产”了。张艺谋的“一根筋”可不仅仅就停留在拍这么一部《红高粱》上，后来他拍的好多片子都有这个想法。你比方说最典型的“一根筋电影”《秋菊打官司》，里面的秋菊就是“一根筋”的人。这情节很简单，故事发生在陕北一个小农村，秋菊的丈夫叫万庆来。这万庆来是个嘴欠的人，跟村长闹着玩儿，说你看你这不是老爷们儿还是怎么的，你家全女孩，不会生男孩。村长一来气，一脚就出去了，正踢中了万庆来的命根子，然后到医院去，医生让回家养着。这一踢，他媳妇秋菊不干了：你凭什么踢我男人，还踢那个地方，不要命了吗？我得告你去，你得给我个说法！所以，当时秋菊有个名言：“踢了就踢了，就是要个说法。”

非要讨个说法，村里告不赢我到乡里，乡里告不赢到镇里，镇里告不赢就到县里，她就这么一路告上去了。所以，这个农村妇女秋菊就是“一根筋”的人。那么，为什么说张艺谋在这里也“一根筋”呢？那阵子巩俐刚演完《红高粱》——演完《红高粱》之后，巩俐就火了。所有人都说巩俐长得很洋气，很现代，是个漂亮的女郎。《秋菊打官司》中，这个秋菊是个陕北的农村妇女，还怀孕，大肚子，这能让巩俐演吗？张艺谋说非巩俐不可！好多人就琢磨，说张艺谋等于是借着这个事儿，把自己私人感情都给掺里头了，为啥呢？那时候张艺谋和巩俐谈恋爱，演完《红高粱》两人就好上了，张艺谋走哪儿巩俐跟哪儿，只要张艺谋琢磨的片子就得巩俐演女一号。所以，有些人说你就是喜欢巩俐，你就是想让她演——这角色不适合她，农村老娘们儿巩俐能演吗？张艺谋说你们都想错了，巩俐最大的优势是模仿，她绝对有这种表演能力，你们得信我的。所以，张艺谋“一根筋”似的力排众议，就让巩俐演：第一件事，到陕北农村体验生活；第二个跟我学陕北话，学孕妇走路——八字脚似的，往前迈着，抚着肚子。结果怎么样？巩俐最后出演的时候，很多观众都傻了，这是巩俐吗？

到现在为止，我个人认为秋菊确实是巩俐演得最好的角色。也就是说，张艺谋的坚持不仅给自己赢得了“中国导演第一人”的声誉，而且还给巩俐奠定了“国际影后”的位置。张艺谋这“一根筋”给他个人带来了很丰硕的成果。而且这个“一根筋”坚持了这么些年，包括有人说《英雄》这题材不对，崇拜秦王有问题；那拍《十面埋伏》，有人说武侠片你还拍这个没意思了；那好，拍《满城尽带黄金甲》——反正你越说我越拍，这就是张艺谋的犟劲儿。这种犟劲儿还给他带来了更高的盛誉，那就是担任 2008 年北京奥运会开幕式的导演。

当初，张艺谋当这个奥运会开幕式的导演之后，有人就提出疑义，你看张艺谋拍《英雄》《十面埋伏》《满城尽带黄金甲》，就知道玩儿大场面，还不得把奥运会开幕式弄得像团体操啊！好多人都说，张艺谋能当奥运会导演吗？可问题是你说张艺谋不合格，那么你选一个合格的，再把中国这些能当导演的，捋一捋看谁适合？大伙儿发现好像还得张艺谋。

当时，张艺谋当上这个导演之后，想到的第一件事情就是在北京开奥运会必然得突出中国传统文化。怎么突出？尤其一开场，怎么让这个开幕式显得“惊天地、泣鬼神”？很多人说，那还用说吗，用打击乐，敲鼓，你看运动会一开始都这个。张艺谋说这个不好，这个鼓用得太多了，以往的片子里头敲鼓，申奥宣传片也是敲鼓，到雅典奥运会最后那段表演也有敲鼓。

很多人都说，那不敲鼓，你能敲啥？咱们打击乐就那几样，鼓、锣、罄、钹这些东西，没别的了，你总不能让2008个战士敲着木鱼上来吧！难道你张艺谋用多了，我们为了迁就你另开张？好多人不理解，张艺谋非常耐心地把以往的资料拿出来，说大伙儿看看是不是咱们把鼓都用尽了？你们现在谁能够给我想到别的敲鼓方法，2008个战士都倒立这么敲？那肯定不行！所以，咱得研究出来另外一种方式。咱们好好想一想打击乐里面还有什么。

寻找新乐器的过程并不是个愉快的过程。因为奥运开幕式要体现出绝对的中华文明，所以欢迎仪式上所呈现的，必须是在中国古代客观存在的。从中国的仓库里拿出一个大家都没见过的玩意儿在那儿敲，觉得好像文化上又没法说。为了找到这种乐器，张艺谋和他的团队翻遍古今典籍，终于他们找到了缶这种打击乐器。

什么是缶呢？咱得解释，这个缶是中国古代人饮酒的时候盛酒的一个器具。比方说咱这桌摆着，古装片大家看过，喝酒的时候，每人一个桌，“主公，您先请”就是有点儿类似这个桌子。这缶放在哪儿呢？椅子旁边，伺候的下人把酒倒在这里边，然后用一个长勺子把这酒舀出来，倒到你这个樽里。所以说，这是一种三条腿的、跟鼎类似的喝酒器具。那么什么叫“击缶而歌”呢？这个缶有酒的时候装酒，喝酒喝得差不多了，把酒喝干了，把缶拿起来，用那铜勺，就能敲。击缶而歌，就有慷慨、复仇、快意恩仇等多重含义，反正是直抒胸臆。这一点，也符合强大了的中国要向世界发出自己强有力声音的形象。所以，奥运会开幕式击缶而歌等于是长了中华民族的志气。

有人说这缶怎么打击都失传了，没人会了，几千年前就失传了。张艺谋说失传才好呢，因为失传了，没人知道怎么打了，所以我怎么打都对！要没失传我打完了有人挑刺：你看打错了吧！手形不对吧！所以，关键是要打出这个气势来。

为了增强击缶而歌的气势，张艺谋别出心裁地设计了用击缶进行倒计时的环节。就是用人来做，全体打一个阵势——要不然人家说你把这两千人搁这儿干吗。果然，他的这个设想达到了石破天惊的震撼效果。

我们回过头来看一看这个开幕式，张艺谋通过自己的“一根筋”精神，给奥运开幕式留下一个气势雄伟的开头。里面的内容，张艺谋也是事无巨细都关照到了，包括活字印刷、竹简、丝绸、巍巍宫殿，包括地球的创意，他可以说都是亲力亲为。所以，最终我们看到北京奥运会的这个开幕式基本体现了中华民族的大国风范。

让姜文飞一会儿

要说 2010 年国内有部最火的电影是什么？我相信大家跟我会有同感，就是姜文自导自演的《让子弹飞》。大家一定好奇，作为导演的姜文，到底是一种什么样的状态呢？

姜文是个着实令制片人头疼的导演。姜文接片子，接得比较苛刻，看不上的本子，他肯定不接；即使看上了，他还要做一些大幅度的改编。如果提前跟编剧商量好了，还罢了——他还不是，有的时候剧本已经出来了，他还要在这个基础上一遍又一遍地改。

可是拍电影本身就是个烧钱的行当，每改一遍，都可能毁掉原先那些构想，就会另花很多钱。所以，有不少人把姜文对电影的改编，称为

“丧心病狂式”的改编——有时候他想一出是一出，你不知道他要把电影导向何方。

从拍《阳光灿烂的日子》开始到现在，姜文始终坚持这种导演的思路。比方说，《让子弹飞》为什么叫《让子弹飞》？有细心的读者会发现，我们这节的标题叫《让姜文飞一会儿》，这两个意思其实是一样的。看过这个片子的都知道，一开场马拉着一列火车往前，上边有县长、县长夫人，还有师爷——师爷是冯小刚演的。这群人在车里又吃又乐，这时候姜文演的张麻子，在半山坡上朝着火车开枪。他身边的人说“没打中”，张麻子答道“让子弹飞一会儿”。

什么意思呢？就是说子弹你可以看到从枪膛里头打出去了，但是没有人知道我到底要把子弹打向什么地方。这个寓意和“让姜文飞”的概念是一样的，就是说我们每个人看到姜文拍片子了，他也找了一些大腕来，什么周润发、葛优，可是在开始阶段，甚至他内部的人，包括编剧和制片人都不知道姜文要把这个片子导向何方。所以，我们这节的标题叫《让姜文飞一会儿》，其实也在告诉大家，姜文拍片子“神鬼莫测”——当时可能觉得他拍得挺糟糕，但是一旦这个东西被大家认可了，那就是了不得的，《让子弹飞》就是其中的典型。

电影是个产业化链条，这个产品除了质量以外很关键的就是数量。你说某某某的品牌、产品如何如何好，可几年就生产一件，那也挣不着钱，所以它还得有一定数量。可姜文呢？还是四五年拍一部片子——相反，现在有的导演，一年都可以拍四五部片子，甚至恨不得一年拍八九部片子。

姜文这种生产速度明显跟现在的电影工业不符合，姜文的理念也因此跟现在一些导演的理念相差很大。比方说，姜文曾经公开批评过冯小刚，说你虽然片子挣钱，不少人也爱看，可是电影是什么呢？电影不是饮料，不是水——电影是酒啊！酒是粮食精，这是精华啊！咱们做的是二锅头、五粮液、茅台，可能二锅头卖得便宜点儿，茅台卖得贵一点儿，但毕竟这都是酒。可你冯小刚呢？你做的这个呢？连葡萄酒都不是，你把葡萄榨成汁装箱就卖了。

所以姜文就认为，冯小刚这么拍片子是不对的，这说明你没有文化积淀，没有把文化当作一种文化事业来干。冯小刚从心里也认可姜文这种看法，因为姜文是把电影当作一个神圣的事业来处理的，是高高在上、毕生的一个追求。我们很多做电影的也想这么干，但条件不允许啊！它有公司老板，有投资商，而且演员也得养家糊口，导演也得挣钱啊——我也得过好日子啊！所以，电影在冯小刚这里是养家糊口、扬名立万的一个工具——他必须得兼顾商业利益。说到这里，可能有人觉得姜文了不起！并不见得，他们各有各的道儿。如果市场上都是姜文这种“为艺术而艺术的”，可能电影走向大众就会出现一些问题。但也正因为姜文有这种对艺术非常执着的理念，才可能拍出令人意想不到的精品。

有人说《让子弹飞》里含有各种各样的隐喻，其实《让子弹飞》在我看来就是一场大的行为艺术秀。它一定是高于生活的，但是姜文想到了一点，就是我这个大型的艺术秀，要让你们都看，都叫好，但前提是把你们都得先拉到电影院里边——有句话说得好，人都跑了，你教育谁去？那么，怎么样让这些人进电影院？首先，姜文本身就有号召力，但是他觉得这不够，我一定要玩儿一把大的。

请谁？咱们都知道葛优、周润发，这两位腕儿大得吓人！这三人凑一块儿，别的不想，闭着眼睛说姜文、周润发、葛优，三大影帝在一块儿飙戏，想想都让你感到神往！所以，这个就成了《让子弹飞》最大的一个卖点。那么，怎么请这两位？要说姜文是大腕儿，有号召力。可人家周润发、葛优也是大腕儿，人家也有号召力啊，能不能听你的呢？这一点姜文还是有一定技巧的。

比方说请葛优。姜文号准了葛优的脉：葛优这几年——就拿 2010 年来说，拍了 3 部合作片，《赵氏孤儿》《非诚勿扰 2》《让子弹飞》。葛优自己的评价是《非诚勿扰 2》最轻松，本色演出就够了；《让子弹飞》呢？跟着姜文跑；《赵氏孤儿》呢，是个新角色，不好把握，所以最费劲儿。葛优现在是极力想突破以前那种角色，就是一贯的那种小人物，幽默，蔫儿坏，还有点儿同情心，但很善良的那种。

总是这么演，葛优也腻，作为一个真正的影帝，演技派，他当然希望突破自个儿。所以，姜文根据整个《让子弹飞》里的角色设置，给了葛优很大空间。开始把本子给葛优的时候就告诉他，你可以挑角色，葛优当时就在这个角色里头挑中了黄四郎这个恶霸。

给葛优这种权力的时候，葛优还没彻底决定是否进组。等决定彻底进组了，姜文就跟他商量，不行啊！葛大爷，你得琢磨琢磨，发哥也来了，他也要演黄四郎。问题是师爷和黄四郎这两个角色，你都能演，可是发哥只能演黄四郎，演不了那师爷。你能耐大，就演个师爷吧！其实他是把葛优给“诓”了一道！葛优说那行，我服从大局！葛大爷好说话，就这样把师爷的角色给葛优了。

至于请发哥呢，要稍微费点儿事。一个是发哥本身腕儿够大，再一个他在香港。不过，他以前跟姜文见过几面，也聊过电影，所以，姜文采用很正式的方式，给发哥发了一封类似“情书”的邀请函：

香江匆晤，所谈甚欢。新片故事，随信奉上。脚本即将出炉，故事锤炼数载，人物之妙，惊古烁今。发哥盛名，中外有识；为艺厚道，技盖群雄。此角色必助发哥携已获之辉煌，跨更高之巅峰。早春二月，岭南草长；杂花生树，群鸥竞飞。适此惠风和畅之日，诚邀阁下共成美事。书不尽言，晤面详之。

这个“情书”写得很有意思，乍一听是半文半白，但也可以说是不伦不类，里边模仿的是中国古人写的一些文章，像《与陈伯之书》、曹操的《观沧海》啊等——反正我认为写得不怎么样。周润发接到这个，一看这玩意儿，有文化啊！因为有文化的东西在演艺圈不常见，这个虽然写得不怎么样，但还挺用心。这时候发哥就想，以这种传统文化的形式，给我发邀请函，可以说非常重视，希望我能参演。就这样，两个大腕儿在姜文的感召力、剧本的感召力下聚到一块儿，形成了 2011 年贺岁档当中最为鼎盛的一幕。

当然，这三个大腕儿凑到一块儿，要各演各的也就没意思了。各演各的，我们看《英雄本色》，我们看《非诚勿扰》，我们再看姜文以前的《芙蓉镇》就够了。关键把这三大腕儿凑一块儿要干吗？要飙戏啊。这三个人在一起飙戏，一直以来是大家的一个梦想，为什么？这个演员有个特点，你看文无第一，武无第二，说的就是这个意思。面子上“哎哟，姜大腕儿您演得好！哎呀，葛爷您可是中国第一宝！哎哟，发哥你是世界影帝”，但心里头他不服气，他较劲儿，意思是我就不如你？所以，每个人心里头都会较点儿劲儿。

演戏的时候就好比打擂台，是骡子是马拉出来遛遛，你说你行，他说他行，那你俩来个对手戏看看。如果人家反应比你快，而且整个节奏感还有气场都比你强，你当然就得甘拜下风。这三人的对手戏，其实不光是我们观众期待，就连剧组的人也拭目以待。据《让子弹飞》的剧组讲，这三人一块儿排戏，刚开始进入片场的时候，所有的演职人员和片场的人，都有一种宗教仪式般的肃穆感，就期待着“月圆之夜，紫禁之巅；一剑袭来，天外飞仙”——就好像叶无城和西门吹雪来一场大战一样。

大家都知道里边“鸿门宴”这一幕戏，黄四郎在自己的碉堡里，请了马县长和师爷一起来，三人在一块商讨事儿。在这幕戏中，这三个人剑拔弩张，而且有很多经典的台词就是在这种情况下碰撞出来的。有的时候我新想了句经典台词，我说出来了，你俩能不能跟上？这个东西特别考验人。当时，周润发拍的过程当中想了句经典台词，这几个人说话的时候，他说：“哎哟，汤师爷高，马县长硬。”那边的姜文跟葛优两个人同时想到了，一起恭维黄老爷“又高又硬”。这不是剧本写的，而是现场碰撞出来的。

这部戏有什么特点？你看葛优在三个人当中，气场恐怕是最弱的。我们知道发哥的气派，而姜文呢，一直是“戏霸”，气场绝对强大。姜文跟周润发是三个人飙戏里的发起者。两个人各像一团火一样，在一块儿碰撞，火花四溅，可是这有火就得有烟，谁是这个烟呢？葛优就是这个烟，这两团火碰撞了，稍微往下落一点，这烟就冒出来了。到最后两堆火全熄了，火看不着了，片场弥漫的都是烟。所以，葛优的演技就体现在这里，见缝插针，你的气场虽强，但也掩不住我，就像水一样在巍巍山峰之间自由穿梭，山是挡不住它的。这三个人的飙戏，更像是一种刚柔互补，很是令观众赏心悦目。

我是歌手

新时代男神李健

我们这一节给大家说的是一位近几年非常火的歌手，他的名字叫李健。说起这两个字，很多朋友说我知道，是不是《我是歌手》里边出来的？这是新人啊，长得挺帅的。其实李健不是新人，老歌迷都知道，人家已经出道十三四年了！可是在这十三四年当中，李健在歌迷心目当中就是一个沉默、忧郁、不太吱声、有几分落寞、有点儿诗人气质的大男孩。可是现在李健通过《我是歌手》展示出来的形象，是幽默，挺有个性，谈吐挺好玩儿，而且人长得还特别帅气，具有浓厚的浪漫主义诗人气质。还有人给他起外号，说他是“中国版的都教授”，和那个《来自星星的你》里的都敏俊挺像的。怎么这么短时间之内李健能在媒体上完成如此大的跨越？咱们这一节就给大伙儿说说我这个同乡李健是怎么完成蜕变的。

李健参加《我是歌手》后，一下子被大众所熟知。在这之前，他的音乐迷只有很小的一部分人。在《我是歌手》这个平台上，什么人容易出名呢？越是大嗓门，越是炫技，越容易在这样的比赛当中脱颖而出，给大家留下深刻印象，可是李健和他们完全不一样。李健主唱的音乐属于民谣性质——浅吟低唱、慢慢吟唱这类的，而且声音温润、低婉，给人的感觉就是在一个喧嚣的都市里头能让你心里特别静。他是这种风格。

那么，李健这个风格是不是因为上《我是歌手》就有改变呢？没有，他当年的代表作是《贝加尔湖畔》，有人听完了之后甚至有这样一种冲动——多么想驰骋万里，骑着马来到贝加尔湖看一看星空。这首歌它不是那种反映激烈感情的。其实李健这些年歌的风格没有作任何改变，他的歌被大家所熟知的，是 2008 年春晚的时候王菲唱的一首《传奇》。

就那首“想你时你在脑海”，这个歌就是李健写的。李健 2003 年就把这歌写出来了，但没唱红，结果王菲把这歌翻唱出来了。王菲还是李健的粉丝，经常自费买李健的专辑送给朋友，说你们听听，我们这儿有个很有才华的音乐人。《传奇》这歌现在名气很大，但是你聚精会神仔细体会一下，它和李健的其他歌风格是一致的，都是那种委婉抒情的小调，属于民谣性质的，娓娓道来。

所以，李健的音乐风格这些年没有什么变化，那怎么在《我是歌手》上火了呢？其实更多的老百姓喜欢李健，是喜欢李健身上带着的那种韩剧明星范儿。为什么给他起名叫“中国版都教授”？“都教授”有几个特点：一个长得年轻漂亮，金秀贤，20 岁的样貌，20 岁的身材，年轻漂亮；再者，有一定阅历，为啥？人家来自外星，400 多岁，啥不知道；另外还有学问，整个人就跟个图书馆似的；最后，他还很专一，这 400 来年就喜欢那么一个半疯不傻的千颂伊。所以，这些事儿往李健身上套都能套上。

首先，李健是 1974 年生人——我是 1972 年的，李健比我小两岁，想不到吧？人这个长相没地儿说理去。他是 1974 年生人，你看长相，英俊潇洒，长相好。再者，他注意个人生活习惯，经常锻炼，40 多岁了也没有啤酒肚，身材没走形，保持得很好；人家还是清华大学电子工程系毕业的高才生，清华的，一听就有学问有文化。另外，他本人非常愿意看韩剧，他曾经看一个韩国电影看得很入迷，这电影名叫《假如爱有天意》，他就把这里边这个同名主题歌《假如爱有天意》挪过来了，然后给它填上新词，词是他写的——李健确实有诗人的气质，很喜欢写诗，所以他写的歌词本身非常漂亮。

原来，李健的铁杆歌迷，都觉得他是忧郁的、沧桑的、寂寞的、小众的、清新的，可是他出了名之后，广泛接受媒体采访，很多人发现不是那么回事儿。以前见李健很“闷”，一接触发现他接受媒体采访时还挺幽默。比方说，他平时总使一个老款的功能型手机，所以没有微信。

记者：健哥没有微信？

李健：对，但人比较有威信，所以就不用那个微信了。

这种幽默的联想说明他平常常开玩笑，一定不是一个很“闷”的人——只不过他在音乐里表现的形态是如此沉静，让大家以为他是个挺“闷”的人。其实李健作为东北人，我的同乡，骨子里或多或少都有幽默的细胞。

李健：你露腿啊？不冷啊？我都穿厚秋裤呢！

记者：你还穿秋裤。我的男神怎么可以穿秋裤？

李健：秋裤男神呗！

一个很蔫儿的人，偶然会闪露出来那种调侃的味道，这是东北人幽默细胞的一个体现。有人说，李健这么个小清新的男人，小时候特别爱打架，你能想到吗？这东北孩子，再加上我们从小生长的环境，那打架是家常便饭——打架时一般人还打不过他，为啥？李健练过。李健的父亲是黑龙江京剧院唱武生的，打小他爸让他又是下腰又是压腿什么的，李健跟着练了两年。当然，后来他爸觉得他不适合走这条道。所以说，他从小有武生底子，身手比一般人灵活多了，打架挺占便宜。他后来有首歌叫《松花江》，把小时候的一种状态暴露出来了，其实这是他追忆家乡的一首歌。

李健还有一点儿大家更加欣赏——他有文化。很多歌手连书都没念过多少，更别说上重点大学了。李健不一样，李健是清华大学的高才生，电子工程系，是个“理工男”。很多人想象不到，李健是被保送到清华大学的。靠什么保送上去呢？一个重要原因是他会唱歌。他原本会吹口琴，吉他弹得特棒，可是他一看招生简章，完了！这几样他的强项都不算，怎么办呢？他家里人说这还担心啥啊，咱天天就在这圈儿里泡着，学唱歌还不容易？就让李健跟一些黑龙江音乐界的人学唱歌，李健学了 4 个月，把民族唱法甚至一部分美声都学了。

结果，清华大学负责招生的老师一看，这小子歌唱得好，原本打算给他加 50 分。等后来人家下来一调查，说凭李健当时在哈尔滨市第三中学的成绩，考清华也没问题！你要给他加分，弄不好其他学校也来招生加分，再把这人才弄走了呢，干脆保送吧！反正他成绩也这么好，你不给他加分他也能考上，咱干脆提前录取。我们知道清华、北大等高校提前向各个地方招生，学名管这叫“掐尖儿”，就是提前把优等生招上来。所以，为了抓住人才，李健就被保送上了清华大学电子工程系。

他 1992 年上大学，1992 年到 1996 年这几年，正是北京高校里流行校园民谣的时候，有代表性的是《同桌的你》《睡在我上铺的兄弟》《在没有烟抽的日子》等，这些歌火的同时，一下子把北京高校的音乐氛围带起来了，很多高校就搞“校园歌手大赛”等各种各样的歌唱比赛。这李健吉他一弹，很多人一看，北京高校好像找不出第二把这么好的吉他，弹得真好！所有参赛的歌手都要找伴奏，因为那会儿要么是磁带伴奏带，要么就是现场伴奏。当时还没有现在录音棚条件这么好，磁带伴奏受限制太大。而且不是每一首歌都有伴奏带，所以能现场弹吉他的成宝贝了。在一次比赛里，李健先后给九组歌手伴奏，累都要累死了！后来，大伙儿说你歌唱得也不错，你还给他们伴奏，自个儿弹唱多好！于是，他就开始和缪杰两个人合作——缪杰后来是水木年华的一个主力。他俩合作参加校园歌手比赛，多次得了一等奖。所以，这么稀里糊涂的，李健的大学生活就结束了。

毕业以后，李健有个“高大上”的工作，对外说起来挺好听，是什么呢？国家广电总局工程师。他不是学电子工程的吗，被分配到广电总局担任工程师，但干了两年他就辞职了。他辞职的时候还有一个契机：他的好朋友卢庚戌有机会签约一家唱片公司，人家说光你自己不行，得找个组合，弄点儿有特点的。他就找到李健，李健很高兴，说咱俩合作吧！他俩搞个组合，起个什么名呢？叫水木年华。

这两个人的组合发展挺快，非常受欢迎，还成了最佳新人。因为大学生创作的这种东西和别人不一样，很清新，而且里头很多东西民谣范儿很重，还有点儿叛逆，所以他俩很快就得了年度最佳新人奖，然后开始各处上媒体。那阵儿你看李健，经常穿得土儿吧唧的，唱歌时一紧张还跑调……可是这个组合也没挺多长时间，一年左右两人就分了，什么原因分了呢？艺术观点不一样。

李健曾经说过，音乐对他来讲是不能分享的。在创作层面上，包括乐器，比如说他不喜欢某些乐器，就不允许它出现在自己的音乐里面，但这个乐器可能是小卢喜欢的，这就是矛盾。组合一定得有妥协，乐队也是这样。乐队总有一个灵魂人物，所有人都要服从他，组合也是如此，但是他跟小卢都是对音乐有主张的人，就很难在一起。

就这么着，两人分开了。分开之后，李健开始自己搞音乐创作。2003年，他出了一张专辑，这个专辑里边的歌就是以理想、人生、和平、追求、明天、淡淡的爱情为主题，包括《风吹麦浪》《夜晚静谧的月光》等，基本都是这种诗情画意的——李健本人也有这种诗人气质。所以，自那以后，他每隔两年出个专辑。但是他坚守的东西非常顽固，唱片公司叫他做点儿改变，他不改。他自己特别固执，宁可不挣钱，也不愿意接受媒体采访，也不愿意跑场子挣钱——他自己还有点儿文化人的自尊，觉得这些事儿太低级，我不干。

所以，有的时候，真正“高大上”的音乐，不是大众能欣赏得了的，它一定是小众的。李健当时坚守的一种东西其实是介乎大众和小众之间，但是对于刚刚开始形成规模的中国内地流行音乐来说，接受他的东西还是有点儿费劲儿。所以，他这些年始终就没有出大名，一直到参加《我是歌手》的时候，这名气才算真正地打响。所以，今天李健出名，其实是偶然中也有必然。用句通俗的话来说，就是他也“攒”够本儿了。现在李健的音乐跟十几年前比成熟多了，李健也意识到自己年轻的时候非常偏激，完全拒绝大众不是一条好路，而且好多大众坚守的东西、追求的东西同样很美，比小众音乐在一定程度上来讲更具包容性。所以，他现在的音乐跟当年比，已经有很多剔透的成分了，更能为大家所接受了。

现在有很多歌手很“着急”，一出道就想着说：我赶紧得成名啊！成名你要靠啥？你的实力没到呢，你就得结交人脉啊，如果整天钻窟窿盗洞的，就干这些事儿，这些事情多了，就会污染你的创作，本来你可能很有潜力，但让这些东西耽误了——你把精力放到那上边去了，结果你是短时间出点儿小名，缺乏后劲儿。像李健，从来不贪图这些东西——我就自己爱音乐，一点点来，等攒到一定程度的时候，别人不接受你都不可能。

我们经常说大器晚成，往往大器晚成的人，人家有早成名的可能，但是要么是阴差阳错，要么是自己主动追求，把这个东西放弃掉了，而这种“放弃”对他来说往往受益一生。所以说，出名是一个循序渐进的过程，到什么山唱什么歌，该什么样就什么样，不能过早地强求。物质利益和一些名誉上的东西不是你伸手硬够就能够得着的，你即使得到了，早晚也会给你“报应”回去——把你的缺陷暴露出来后，你的后劲儿就会严重不足。李健的成名道路，在我看来是很稳健的一条道。而且，李健今后也不会改变他的创作初衷，他只可能越来越火，不可能是大家一看，原来李健就这点儿东西。所以说，出名的早与晚是个节奏问题。

韩磊的萌叔新形象

很多中老年观众都很喜欢韩磊，因为韩磊唱过很多影视剧歌曲——他总共给 700 多部电视剧配唱了主题曲，到现在为止这个纪录无人打破。

像我们这个年龄最早听的韩磊的歌，是 1994 年他出的专辑的代表作，叫《走四方》，这个歌旋律很简单，“走四方，路迢迢水长长……”这个歌当时脍炙人口，传唱一时。后来，韩磊陆续开始就唱“大歌”了。什么叫大歌？你看《汉武大帝》的主题曲，《康熙王朝》的主题曲，尤其是那个代表作《向天再借五百年》，气势磅礴，所以有人说韩磊那是“帝王之声”。

搁现在看，韩磊已经是成名了，算是顶级的歌手——和我们熟悉的那英、王菲什么的，基本都是一个层次的歌手了，应该是现在绝大多数活跃歌手的老前辈。你看韩磊有时候出现在公众视野当中，形象是一个蒙古族的汉子，敦敦实实的，说话挺有范儿，又不是很张扬——他岁数在那儿，都是“大叔级”的人物了。可谁也没有想到，韩磊参加了湖南卫视《我是歌手》。这出来唱不要紧，居然在里边连蹦带跳的，很多歌跟他以前唱法完全不一样，甚至有人给他起了个外号叫“萌叔”，觉得他特可爱。这和他原来那稳稳当当劲儿不一样。

有人说，这成名的歌手跑到这儿跟小辈的歌手像什么邓紫棋、张杰、周笔畅等同台演出，就是最后得了总冠军又能怎么样？有人就猜了，说这韩磊缺钱呗，想再捞一把，是不是这样？不是。韩磊好多年前来北京的时候就开始自个儿做生意，他做过古董生意，后来又办过高科技开发公司，可以说韩磊肯定不差钱。那不差钱，他来参加这个干吗？他想打破一下自个儿的风格。因为，这些年韩磊极少在综艺节目里出现，要么是给电视剧唱主题曲，要么上晚会——他连续好多年参加春晚，唱的都是帝王将相、金戈铁马、大气磅礴的那种歌曲，像电视剧《汉武大帝》的插曲《最后的倾诉》，就是韩磊的一个代表作。

有人说，要想改变风格，那他自己唱呗，没人拦着他！但问题是，请他的人，不可能请韩磊来给唱首《甜蜜蜜》吧——话说那样也不“甜”吧？所以说，请他去都是想听他自己的歌。大伙儿别忘了，乐坛有一个现象，我问过好多歌手朋友，他们有时候唱自己的成名作都能唱吐了，往哪儿走，人家都要他唱这个。你像黑豹乐队走到哪儿都得来首《无地自容》——人家观众听你这歌不光是欣赏音乐，还怀旧呢——一听《无地自容》就想起 1993 年、1994 年那时候的事儿了。

所以说，韩磊没多少机会玩儿新的。他这一次上《我是歌手》，就带着浓厚的尝试味道，而且一上来就唱了一首咱以前没听过的《掀起你的盖头来》。他在场上跳着舞蹈，还模仿大鹏展翅，那眼神飞的——眼珠子再大点儿就飞出来了！谁也没有想到他是这种表现，在台上玩儿得那么 High。

于是，很多老朋友给他打电话，说韩磊你干吗？你原先稳稳当当的多好啊，这影响多不好！再说你是跟比你晚一辈、两辈的歌手同台 PK，你要不唱你拿手的，让人给弄下去了，你老脸往哪儿搁？韩磊说我不管，我就是来玩儿的，我怕什么？也就是说，韩磊是真的想在这一亩三分地实现自己的一种梦想。

当然，一开始他也放不开，咱们看镜头给到韩磊的时候，他经常坐着，不苟言笑，板着脸，看着跟领导似的。只有别人问他一两句话时，他才点头答应——一开始的时候其他歌手都有点儿怕他。你看《我是歌手》里边，像邓紫棋、张杰这些人年岁都不大，突然来这么个“大叔级”人物往这儿一坐，还跟他不熟悉，大伙儿心里能不紧张吗？

媒体记者采访韩磊说，这些人你熟吗？韩磊说，“我就认识韦唯，别的谁也不认识”，这话被媒体炒作成了“瞧不起人”。但这个不是假话，因为韩磊这些年不怎么出来，所以这些新生代歌手多数他都不认识。韦唯是比他成名还早的歌手。一说韦唯，大伙儿都知道，20 世纪 80 年代末的那首《爱的奉献》，1990 年亚运会主题曲《亚洲雄风》，都是韦唯的代表作。她是跟刘欢他们一拨儿的，比韩磊还要早，所以韩磊当然认识她了。所以，韩磊不是狂妄，那是真心实意说我确实不认识他们。

但在这个舞台上，韩磊很快就跟这些人打成了一片。你看后来他又送周笔畅帽子，又给邓紫棋马头琴，又跟张杰开玩笑。到后来再看，镜头给到休息室的时候，韩磊就放开了，经常自个儿还玩儿一段舞蹈，玩儿一段和蒙古有关的东西。韩磊在这个舞台也完全放开了，一直到最后还获得了《我是歌手》第二季的总冠军。而且，在这个舞台上，他尝试了多种不同的唱法，包括翻唱崔健的《花房姑娘》，这等于是韩磊的“摇滚处子秀”。其实，只要是蒙古歌手，骨子里往往都有摇滚的基因，我看过很多蒙古族歌手都能唱摇滚。所以，你看韩磊演绎的《花房姑娘》，和崔健那个是一样的风格。

韩磊能够在《我是歌手》这个大舞台上 PK 掉了像张宇、彭佳慧这些都成名已久的歌手，以及那些新生代力量，最后夺了总冠军，他的实力是毋庸置疑的。我相信看了《我是歌手》的观众朋友，都觉得他就是总冠军。那韩磊这种唱功是怎么来的呢？咱得从头儿说说韩磊这个人。

韩磊是蒙古族的，他蒙古族名字叫森布尔，森布尔什么意思？“冲上云霄”，很有男子汉气概的这么一个名字。韩磊是中央音乐学院科班出身，可他开始不是搞声乐，是搞器乐的。他的专业是长号。长号咱们都见过，压到嘴唇上边吹。你看韩磊现在的胡子挺特殊——他比原先强，原先他不长胡子，为什么？吹长号的人长期磨的，根本长不出胡子来。他在中央音乐学院的时候，景岗山是他师哥，汪峰是他师弟——汪峰是拉提琴的，后来这不都转行了嘛！当时，韩磊代表过中央音乐学院的青少年组团到欧洲演奏过，所以他那阵算“吹”出亚洲，“吹”到世界上去了！那他后来为什么搞声乐了呢？

他毕业后，回到内蒙古歌舞剧团工作。那阵儿市场化不明显，没有多少演出，而地方政府又不找他们干多少活儿，所以韩磊的收入很微薄，结果成了“毕业即失业”。韩磊一看，我在内蒙古窝着也没出息，出去闯闯吧，于是就来到北京了。韩磊算是 20 世纪 90 年代初的“北漂”。来到北京后，正好有一些演唱机会，他就参加了一些演唱会，很快得到了一些评委的认可。评委们说，你唱得还真行，蒙古族歌手，一唱歌大气磅礴，听起来很震撼。而且难得的是，韩磊他不仅能唱蒙古族原生态的歌，比如《父亲的草原母亲的河》《鸿雁》等，他还能唱流行歌曲。上学时，他的长号老师说你这是不务正业，但韩磊没管这个，还坚持自己的路。熬到 1994 年、1995 年算是出头儿了——他出了个专辑《走四方》，一下子唱火了。所以，当年《走四方》成了韩磊的成名曲。

但是那个时代，说实在的，一个人有了成名曲不等于接着就星途坦荡了，当时绝大多数歌手一辈子就一首歌，唱火了就再没有创作的活力了。韩磊不是，韩磊想在音乐这条道路上持续地走下去。当时我印象非常深，《我爱我家》这个电视剧里边插播了大量韩磊唱的插曲，他唱了有四五首歌——那阵儿都是甲丁等人给韩磊创作的，当时他尝试了很多种不同的风格。现在有的电视里经常重播《我爱我家》，你就会看到里头很多插曲是韩磊自己出镜唱的。他经过多次尝试后，固定到了这种大气磅礴型的歌曲上。所以到后来，凡是那种帝王将相的、有历史感的、厚重沧桑的，往往都请韩磊唱。

韩磊在《走四方》之后最出名的，就是《康熙王朝》里的《向天再借五百年》，那他是怎么唱上这首歌的呢？机会很偶然——这个歌原来不是写给《康熙王朝》的。有个电视剧叫《大英雄郑成功》，是反映郑成功收复台湾的，后来因为种种原因没播出来。这首《向天再借五百年》是歌颂郑成功的，不是歌颂康熙的。可这词很像，“沿着江山起起伏伏温柔的曲线……”你想搁到康熙身上，那康熙掌握的地界，远非郑成功所能比，所以“我站在风口浪尖，紧握住日月旋转”，这个气派放在康熙身上更恰当了。就这么着，《康熙王朝》的剧组发现这歌儿太好了，我们得用。

谁来唱呢？导演组琢磨来琢磨去，片头这首《向天再借五百年》非得找韩磊不可，因为那阵儿他们听了韩磊《汉武大帝》的主题曲《等待》，说只有他能唱出这个气魄来。于是，他们就赶紧联系韩磊。韩磊这时候在辽宁演出呢，按照正常来说，他肯定得说等我演出完了回去，咱们再见面。结果，当时把这曲子和词发给了韩磊，韩磊一看，什么演出不演出，我先回去谈这首歌去——凭着音乐人的敏感，他觉得这歌自己唱非火不可，于是就赶紧回来了。

当时来到录音棚，不能马上录，因为一些歌唱家他要找状态。韩磊说，我有个好办法，给我买酒去——当然你不能买二锅头，喝完了就醉得不像样了！来红酒！韩磊在那儿一边琢磨一边喝，一会儿工夫一瓶下去了。啪，把瓶子一撂，韩磊站起来了！他说，再给我买一瓶，就又买了一瓶。这瓶喝得差不多的时候，韩磊感觉状态来了，进了录音棚，一遍就把这首歌录完了。我们现在听到的这个主题曲是韩磊喝了两瓶红酒，在后半夜凌晨的时候，一遍录下来的。"做人一地肝胆，做人何惧艰险，豪情不变年复一年"，这歌词本来跟韩磊这个蒙古大汉的心情、为人等各个方面也是高度吻合的，所以当时一遍就成功了。

可是，总配电视剧这些歌，他也腻，所以他来到《我是歌手》这个舞台，要展示自己不为人知的另一面。因为表面上看他是蒙古大汉，生活当中他还是个好男人。2007 年，他和有着"蒙古族之花"之称的其其格结婚了，然后有了一儿一女。没事儿的时候，韩磊在家也做饭、带孩子，是个慈父。

韩磊到了《我是歌手》这舞台，等于他又"火"了一把，而且这个"火"在我们看来，不是炒作那种"火"——人家是真有这个能耐，扎扎实实地起来的——现场一看这唱功，太了不起了。所以，你看最后进入决赛以后，几乎所有跟他竞争的歌手，没有人想到我要把韩磊 PK 掉，也就是说韩磊是凭借自己实力获得冠军的，这个冠军实至名归。

当然，不光说唱功，他在编曲上体现出来的功力也让人佩服。你看，他在《我是歌手》拿了总冠军的那首歌，其实是把《鸿雁》《走四方》《向天再借五百年》等诸多的歌融到了一块儿，他为什么这样呢？《鸿雁》是蒙古族歌曲，一开始"鸿雁往南飞"，比喻什么呢？蒙古族的歌手离开家乡闯荡；然后接下来《走四方》，北漂的艰辛生活，我开始成离乡的游子了；然后到现在他能做到什么？只要唱这类歌我就是"君临天下"，我希望在舞台上延续我的歌手生涯——“我真的还想再活五百年”，所以这个歌儿一出来，别人一听就服了，也就没法儿跟他挑战了。

公益女汉子韩红

近年来，我们发现韩红在电视荧幕上很活跃，一会儿给这个选秀比赛当导师，一会儿直接当选手上台唱歌，还在《我是歌手》节目中获得了第三季的总冠军。

有人问韩红说，你已经是中国音乐界“天后级”的人物了，怎么还当选手在台上唱？韩红说，我缺钱呢，我得接广告，还得接节目多挣点儿钱。但是，韩红这么大腕儿还缺钱吗？

她还真“缺钱”！但是她缺钱不是因为生活奢侈，挥霍无度，她的钱是用来收养孤儿，搞公益事业、慈善事业的。很多人都听过韩红那首很有名的《天亮了》，这首歌就是韩红做公益慈善事业的起点。

1999年10月3日，在贵州马岭风景区，36名乘客在上山的缆车中出了事故，14名乘客遇难。其中，有一个事迹非常感人：有一对年轻的小两口用自己的双手，把两岁半的女儿托了起来，孩子得救了，两人命也没了。韩红听到这个情节后很受感动，所以她就写了这首《天亮了》。这个歌写出来之后很受欢迎，韩红就想做慈善事业，尽自己所能帮助那些需要帮助的人。后来，韩红还成立了一个叫“韩红救灾后援团”的组织。

韩红在慈善事业这方面很玩儿命。我们知道，2010年甘肃舟曲发生了泥石流事件，当时灾区情况很危急，韩红带领的救援团队早晨4点钟就从兰州出发，开始往舟曲走。走了两个多小时的时候，她坐的那辆吉普车一下子撞到了隔离墩上，“啪”就侧翻了，直接栽到沟里去了。

韩红当时在救灾吉普车最里边的位置，很多同行的人说完了，这下子她肯定得受伤。结果，没想到的是，车里的人把天窗打开后，韩红自己爬出来了，说我没啥事儿。大伙一看，韩红半边身子都肿了，肋骨也疼得厉害，于是让她赶紧回去治病。韩红说不行，我带着这么多物资，那边灾区人还等着，我能挺住！接着又驾车往舟曲去。到舟曲地方救灾的医疗队一检查，万幸，只是轻微脑震荡。

这说明，她为了慈善事业是真肯玩儿命，她为什么这么干呢？她又不缺名利，想过安稳日子很容易！这跟韩红小时候的经历直接相关。

韩红是1971年生人，生在藏区，有一半的藏族血统。她父亲是汉族，北京人，那时候在成都军区说相声。她母亲是藏族人，叫雍西，是藏族有名的女高音歌唱家，就是“北京的金山上光芒照四方……”这首歌的原唱。

这个歌是根据当地一个祝酒歌改编的。后来，参加北京文艺会演的时候规定，哪个民族的歌曲由哪个民族的人演唱，这首歌就找到了当时很年轻的雍西，也就是韩红的妈妈。所以，《北京的金山上》这首大家耳熟能详的歌曲原唱就是韩红她妈妈。韩红后来也唱过这首歌。

韩红6岁的时候，她爸爸就得病去世了，家里的担子都搁到了雍西一个人肩上，她得挣钱养家啊！所以经常出去演出，就把孩子上学的事儿都托付给了老师。

9岁那年，她妈妈再婚了，韩红跟继父处不到一块儿，总吵架——其实她吵架的方式也是提醒她妈，得注意她的感受。后来，妈妈把韩红送到北京她奶奶身边。这个事儿韩红当时也挺抵触。但是，这9年她不白过，韩红后来很多歌，像《喜马拉雅》《家乡》《天路》都有藏族歌曲的影子。那一段生活给她的音乐带来了非常丰厚的给养，也让韩红受用一生。

韩红来到北京奶奶身边生活，虽然奶奶也不宽裕，但是对韩红非常好。当时韩红上学，这时候韩红有读小学的经验——反正这些小朋友知道我家庭状况得笑话我：怎么都没有爹妈！索性我也不交朋友不合群，谁要敢对我说个“不”字，就动手打他。韩红小时候就胳膊粗、力气大，所以她当时总动手。

但韩红有天赋，打小就愿意唱歌——她母亲的好嗓子遗传给了她，所以她经常在学校唱歌。有一回，她在校园里边就开嗓唱了，把旁边一女生吓了一跳，两人起了争执，她把这个女生一顿暴打。那个女生家长不干了，到学校来告状。最后学校没办法，让她退学了。

这一退学，她奶奶犯愁了，怎么办呢？不能在家待着啊，好在韩红愿意唱歌，不行就走这条道吧。就把韩红她叔叔找来了，她叔叔说你得参加各种比赛，结果比赛后几乎每个接触的老师都觉得她唱得不错。后来，一次很偶然的机会，她被部队文工团挑上了。

韩红很高兴，以为自己能唱歌了，结果文工团领导让她去当通信兵。当了通信兵后，韩红心里头挺沮丧，但总归有份职业了。但是，她没放弃自己的梦想，继续坚持——形象不行，登不了台，但我可以当个原创型歌手，给别人写歌。后来，总算熬到 1995 年，韩红 24 岁，她考上了解放军艺术学院的音乐系，拜李双江为师，很快她写出了《喜马拉雅》这首歌。

写出来后，她想拍音乐电视，但她那时候没啥名气，只能自个儿出钱。这时候，她奶奶给她拿出了 3 万块钱——这是她奶奶卖冰棍攒下的——1995 年大家的工资一个月才几百块钱，攒 3 万多块钱，老太太容易吗！结果，韩红这首歌虽然录出了音乐电视，但她也没怎么大火。

什么时候她开始火了呢？很偶然的机会，1997 年《实话实说》有个导演见到韩红，两人熟悉了，给韩红介绍了个朋友，就是中央电视台的《半边天》主持人张越。跟张越坐一块儿，两人聊得投机。当时张越听了韩红的歌，觉得唱得太棒了，就邀韩红上自己的节目。

韩红事先也没跟编导沟通。等到录制那天，一看这期节目叫《别为你的相貌烦恼》，韩红当时就很恼火。可是，这时候她已经进了棚，也不忍心扭头就走。当时张越是主持，女嘉宾是韩红，男嘉宾是李琦——就是《东北一家人》里的那老头儿，结果这三人坐一块儿侃侃而谈，这期节目就火了。

张越：人家拒绝你，到底给的你是什么理由？

韩红：太胖了，没法要，太胖了。

李琦：韩红，只要你有努力的这种心与不懈，你必有出头之日。

韩红：可以问我们家二楼，也可以问我们那个院，没有人不知道韩红每天睁开眼，早饭都不吃就在唱，一直唱到中午。我奶奶有时候敲敲门说，韩红，吃饭了！我有时候还心情很不好地说，您先出去，我正好唱到兴头上，马上下边该一个高音了，等我唱完再吃饭。可我唱完了这以后我很激动，就没有心思再吃饭，那么我就继续唱下去。

李琦：这就成了，你在告诉他们，你在成功。

这期节目播完不久，就有人找到了韩红录制碟片。这就是韩红第一张碟片《雪域光芒》，里面主打歌就是《我的家乡在日喀则》。当时，韩红借助这首歌一下子就火了。当然最后成了腕儿，形象就不是问题了。可是，一开始韩红走的这条曲折道路，恐怕是绝大多数歌手没经历过的。现在我们看很多歌手，形象上都不错，但在唱功上值得商榷，韩红正好倒过来，唱功无可挑剔。

韩红成名之后挣了钱，第一件事儿就是买个大房子把她奶奶接过来。2005 年，她奶奶过世了，韩红心里很难受，那阵子她什么都不想干。这时候她母亲从西藏回来，陪了她一年多。她奶奶过世之前就跟她讲，咱们困难的时候，有不少人帮过你，所以你也得帮那些人，这样你才对得起帮你的那些人。

其实老太太就是告诉她，咱得了人家好处，也得记着把这好处往下传，所以韩红牢牢记住了奶奶这句话。她后来慈善事业搞这么多，就是她奶奶对她的教育起到的作用。

当年马岭事故中的那个孩子，韩红后来就把她收养了。在那之后，韩红又陆续收养了 200 多个孤儿，还参加了很多公益事业。只要是公益事业，她说掏钱就掏钱。韩红是大腕儿，能挣好多钱，但也不够。所以，她上《我是歌手》，各处接广告，就是挣钱来支持她的公益事业。如果韩红今后在公益慈善事业上继续开足马力往前冲，我倒建议大家继续支持韩红本身的歌唱事业。因为支持她的歌唱事业，其实就等于通过她的歌声，献出了属于自己的一片爱心。

音乐玩家庾澄庆

《中国好声音》是近几年大获成功的综艺节目，很多人都总结它成功的原因，其中很重要一条，就是人家请的这导师腕儿大，而且能力也强，把这节目给煽火起来了。但是也有人认为，恐怕不是这些导师捧起了节目，而是这个节目捧红了导师。那有人要反驳了，刘欢用你捧吗？人家本来腕儿就挺大！但是有的导师确实从这节目里获得了很多好处，比方说杨坤，再比方说庾澄庆。

有人说杨坤是这样，前几年唱完《无所谓》都有点儿过气了，现在这又火起来了。但庾澄庆可不是，喜欢庾澄庆的歌迷说，庾澄庆这么些年，不但成名的年头不短了，而且人家每年都能推出新歌，这几年还有什么《春泥》《情非得已》这些歌呢！但有个事实不能否认，自打录了《中国好声音》以后，庾澄庆的出场价可比过去高多了，这是实实在在的商业好处。

为什么呢？你在乐坛的地位，那不是由你有多少歌迷决定的，你说好几亿人都挺你，但如果在乐坛只唱口水歌，一样上不来。而你的收入，那可是由商业来决定的——捧你的人越多，挣的钱越多。庾澄庆这些年的商业价值是随着录《中国好声音》逐渐提升的。举个最简单的例子，2014 年《中国好声音》收视率达到五点几，这什么概念呢？它意思是，假如全中国有 10 亿人在看电视，那就有 5000 万人在看你这个节目。也就是说，有 5000 万人看《中国好声音》以及看庾澄庆点评。5000 万人是什么概念？世界上绝大多数国家的人口都没有 5000 万。所以，你能说这不是《中国好声音》给庾澄庆带来的好处吗？

当然，庾澄庆给这个节目带来的回报也相当大，这些导师里恐怕庾澄庆对这个节目贡献最大，为什么？连有些外行的朋友都能看明白，这节目主持人名义上是华少，但其实不是华少——华少是来插播广告的。这个节目真正的主持人是庾澄庆，每当场子冷了，他来给你弄热了；每当这个问话进行不下去了，他一下把话题引开；每当场上出现僵局的时候，他都能巧妙化解；太过悲伤的时候他让你欢乐起来，气氛特 High 的时候，他能让你沉静下来。这是一个优秀主持人才能做到的。庾澄庆懂音乐，他会根据音乐的节奏来控制场上的节奏。所以说，实质上他是《中国好声音》所有流程和节奏推进的关键人物。

比方说，有一期《中国好声音》里有个蒙古歌手阚立文，唱得撕心裂肺的，很动人。他唱歌的时候不光是他在唱，庾澄庆也在配合。每次椅子转过去了，声音一起，庾澄庆是第一个，表情很夸张，又皱眉，又咬嘴唇，就跟说书的抬起醒木的那一下子一样，往往成为全场节奏的一个转化点。有的人说这庾澄庆是不是在表演呢？

咱们不能说没有这成分，但首先一点——庾澄庆懂音乐。他知道音乐起来的时候，这个感情是什么状态——是悲伤啊，是压抑啊，是释放啊，是快乐啊，他会配合音乐，然后用自己的表情，把情节往高潮推进。

另外一个我们叫庾澄庆“哈林”，他都 50 多岁了，在台上随着音乐扭动身体，表现得很 High！那一瞬间我们觉得他比那英、张惠妹、汪峰都年轻得多。这种感觉，就是常年投入音乐给他带来的。但是话说回来，他也有表演的成分——什么时候该推进，什么时候该发癫，什么时候开始兴奋，他节奏控制得很好，这是长期的舞台经验造就的。

说归说，但是咱首先得承认，庾澄庆确实够资深，在音乐领域，我认为那几位，像那英、汪峰、张惠妹，做导师都不如庾澄庆有资格。导师是干吗的？能给学员编曲，能给学员确定风格，能带着他往前走，从打造歌手的能力看，庾澄庆高于其他三个人。

像吴莫愁那种小众唱法，是“很怪”的唱法，没有庾澄庆的打造是出不来的！可以说，庾澄庆对吴莫愁绝对有知遇之恩。所以说，庾澄庆打造新人的能力很强，曲风也多变。

我们读大学的时候，庾澄庆的歌就很流行，经典曲目是《让我一次爱个够》。从那个时候起，就可以看出他的曲风越来越多变。包括后来的《快乐颂》《我最摇摆》，都是那个时期庾澄庆非常出名的歌。这些歌里，有欧美范儿的，也有台湾本土音乐，而且都能看出庾澄庆在编曲上作了非常大幅度的改动。

那么，他这种能力是哪儿来的？他的经历跟很多歌手不一样。因为不少歌手出身于草根，假如你这个家庭有门第、有地位的话，恐怕这个孩子从事歌手这个行当的概率不高，可庾澄庆系出名门。

有的朋友到云南昆明旅游，有个景点必去，那地方叫庾园。这“庾”字就是庾澄庆的这个“庾”——庾园就是庾澄庆家的老宅子。他家里头一直以来有权有势，家里出了很多有名的人，所以庾澄庆是出生在这么一个家庭里头的。有人说，这么一个家庭里头传统教育各方面都跟得上，庾澄庆怎么还唱歌？

这个跟他母亲有关。他母亲叫张正芬，京剧名角。后来呢，嫁给他爸爸后一起到了台湾，在台湾也是名角儿。庾澄庆小的时候，就在底下看他母亲唱戏。咱们都知道京剧有扮相，有些名演员一登台漂亮得吓人。庾澄庆一看，我妈在家就跟家庭妇女似的，不施脂粉，吆五喝六，可是一登台一打扮，这么漂亮，底下都疯了似的给她鼓掌，叫好。庾澄庆就觉得舞台是个神奇的地方。这个地方太有魅力了！所以，庾澄庆小小年纪就琢磨，我将来也得登台。凑巧，他爸爸特别开放，庾澄庆的爸爸 10 岁的时候就在法国留学，所以他小时候接受的教育是很西化的。庾澄庆歌曲有的欧美范儿十足，就是受这种家庭教育的影响。

当然，这些条件加一块儿，还不足以使庾澄庆走上音乐这条道路，还有一个很关键的因素——他身体不好。小的时候，庾澄庆三天两头闹毛病，连体育课都上不了——体育课要折腾一下子回家就得感冒。所以，他爸妈一想，你这样干不了力气活儿啊，体育你也别沾了！那你得有爱好，像画画、下棋、音乐什么的。可是这个十来岁的小男孩儿正处在叛逆期，让他安安静静在那儿画画，他也受不了。玩儿音乐有意思，尤其摇滚乐的那种躁动，正符合他青春期的叛逆感觉，所以庾澄庆当时就迷上了音乐。

他有个好朋友，发小儿，跟他一起服过兵役，这个人叫张耕宇，后来成了台湾福茂唱片公司的老总。他和庾澄庆商量，说你要是真想唱歌出唱片，咱俩合作，我给你搞经营，你就当我公司第一个签约歌手。有这么一个好哥们儿在旁边支持着，庾澄庆一点点走到了这条道上。

当然，这条道开始走得并不顺，因为庾澄庆之前也没有经过专业人士指点，凭着自己的感悟就开唱了。他坚持自己的创作风格，正好赶上台湾音乐的一个复苏时期，他的好多新东西被一点点欧化的台湾接受了。而且他不光用音乐，还用歌词和里边的文化内涵吸引大家。你比方说他有一首歌，叫《到死都要十八岁》，把自己那种青春的心态体现了出来。这首歌当时引起我的联想——他前妻伊能静也出了一张唱片，名字叫《十九岁的最后一天》，一个是“十九岁的最后一天”，一个是“到死都要十八岁”，一个十九,一个十八，这“女大一，不是妻”，所以他俩后来离婚了。当然，这是玩笑话。

庾澄庆的创作道路并不平坦，可是他坚持下来了，并且不断地改变自己的曲风——如果我跟着你这条道走，我比不过你，但我不断变化，永远是我有的你没有！所以，庾澄庆就按照这样一种方式，闯出了自己的一条道，成为台湾音乐界教父级的人物。

有人就说庾澄庆这歌唱得这么好，怎么这现场气氛又把握得这么好呢？这你可能不知道，庾澄庆在台湾综艺主持人里算是一线的，他还是个优秀的综艺节目主持人。当年台湾有个“教母级”的主持人叫张小燕，她找庾澄庆，说要办一个新的综艺节目叫《超级星期天》，我看你挺滑稽，挺幽默，你来主持行吗？

庾澄庆说我不去——这搞音乐的有时候有点儿瞧不上这个，一个是耽误事儿，第二个觉得我是音乐人，能干这个吗？张小燕一看他不来，用激将法说，你是不是怕你来了这里，大家认为你是主持人就没人听你的音乐了？你要没那两下子就算了。庾澄庆也不服气：我对我的音乐有自信，干就干吧！结果这一干，还真干出名声了，《超级星期天》当时在台湾火得不得了。所以，庾澄庆正是有着这种主持人的功力，才能在《中国好声音》的舞台上玩转自如。

今年庾澄庆已经 50 多岁了，可是在《中国好声音》的舞台上反而感觉比那三位都年轻，看着就跟二三十岁似的——他总能第一时间把情绪点燃。所以，人的心态很重要。有些朋友到了庾澄庆的岁数，马上觉得我是个老人了，得站有站相，坐有坐相呀，老得有老的样子——“老要张狂少要稳”不适合我，我得稳稳当当的！所以为什么说你老呢？这心态先把你催老了！庾澄庆恰恰相反，永远认为我是年轻的，我的音乐是前卫的，我能够最先感觉到年轻人喜欢什么东西，我才能永远站在流行音乐的潮头浪尖。

我们很多人可能做不了庾澄庆，音乐上没有他这样的造诣和天赋，但是完全可以在心态上学庾澄庆，做一个 50 多岁依然能在时代潮头上兴风作浪的“老顽童”！我认为，这对年龄大的朋友来说，是非常好的“心灵鸡汤”。

人气女星

舒淇：为什么受伤的总是我

现在电影界经常干一件事，就是把中国过去一些传统神话故事重新包装再拍出来。因为这样剧本的创作就省了，同时也有比较好的群众基础，尤其是加上现代的技术，比方说3D，往往票房不错。

2014年春节期间上映了一部片子叫《大闹天宫》，甄子丹主演，票房突破了10个亿。之后又传来消息，说准备要拍3D版的《封神榜》，就是《封神演义》。这个消息一透露出来，很多人都关心一个话题，妲己谁来演？后来有消息传出是“性感女神”舒淇。

从形象来讲，凭着骨子里头那种媚气，舒淇演这个妲己，完全能立得住。而且舒淇给我们的感觉，尤其是对30岁以上的人来说，那是地地道道的性感女神。

你看《非诚勿扰》里，她演个小三，叫梁笑笑。这个笑笑喜欢上了一个有魅力的中年男人，但是人家有家有室。她后来也知道这个不对，没法向亲人和自己交代，一方面想中断这关系，另一方面又舍不得，柔肠百结。

家里逼着说，你不能这样，你得出来相亲，结婚啊！于是她就跟葛优扮演的这个秦奋在相亲时碰上了。但这个相亲完全是逢场作戏，应付家里人，就跟现在很多人家里逼着去相亲一样。随便聊吧！两人说反正咱俩也成不了，就跟在火车上偶遇的陌生人一样，把内心世界袒露一下，两人互相分享最隐秘的往事。

结果，笑笑决心终止那段感情的时候，她就想拿秦奋当“药引子”——我跟你结婚，我只有有了归宿，我那边才能断；我不是爱上你了，而是为了中断痛苦的过去。所以，她提出来，你跟我结婚也行。秦奋一看好啊，这么漂亮的挺好，我喜欢你。

得去趟北海道，为啥？北海道是笑笑跟那个男人感情开始的地方，她要在那儿把它终结掉。就在这个过程当中，笑笑拼命想忘掉过去，想接纳秦奋，因为秦奋对她确实好，她也发现了这个人很多优点：虽然长得不怎么地，头上也没毛儿，但是对她确实不错，这个人也挺实诚。可是她最终过不了心里这道关，忘不掉过去，于是投海自尽。最后很万幸，被救下来了——死过一回的人，一般不会再求死了，而且死过一回，她有凤凰涅槃的感觉，早已把这过去的都扔掉了。

所以，舒淇演的这个角色，就是通过一种无限接近死亡的方式，抛弃掉自己的过去。

很多人说舒淇是香港影星，不对，舒淇是台湾人。舒淇小时候，家里头有点儿困难。她爸爸是个小职员，母亲没工作，经常出去打工，给人刷个盘子、端个碗什么的。舒淇打小儿在这样的家庭环境长大。她文化水平不高，也不爱学习——不仅不爱学习，还好惹事儿。你看舒淇现在是淑女形象，小的时候脾气火暴，好打架，就是我们现在说的“小太妹”，在学校里边，动不动就跟同学打起来了。老师要说两句，她就不上学了；家里一撵她，她就离家出走。结果，学校没招了，说你多次违纪，不但不上学，还在学校打架，只能开除你。

中学时，舒淇被开除了。咱们看男同学被开除是常事，但女同学要被开除那基本都是作得无法无天了，没法容忍了。她爸爸一看说，你就这样了，我没法再供你了，你自己愿意干吗干吗吧。家里困难，她也不能白吃饭啊，得养家——最起码把自己那口吃的挣出来。舒淇今天到饭店里边当收银，明天可能就到咖啡厅里去磨咖啡，反正就干这些杂活儿。那时候她岁数小，十几岁，哪有什么技术？也挣不着钱。挣的那点儿钱，自个儿想买个衣服都不够，何况这家里还有负担，给不了她太多。

就这么着，有一天，一个摄影师找到舒淇了，说孩子你想挣钱吗？你想当明星吗？你跟我走。干吗呢？拍艺术片——照片，将来推荐你演电影。这下舒淇心思活了，一听说挣钱当明星，跟人去了。

去了就被安排拍“艺术照”，其实啥叫艺术照？就是那种很暴露的、尺度很大的照片。咱们现在看有一些外国杂志封面——你要穿得多，还不让你上去呢，必须得穿得少。舒淇一开始也抗拒，但是人家摄影师告诉她，你别抗拒，这叫艺术，你这叫“为艺术献身”。

慢慢地，舒淇觉得，我本来就漂亮，我展露我的身体有什么呀？她确实是给艺术献身呢！当然这也给她带来一些回报，她也挣着钱了。这个照片一散布出去，影视圈很多人看到了，很惊艳。说这个女孩不光是身材好，眼神啊，动作啊，表情啊，骨子里头处处散发着性感，是少见的一个尤物。

当时香港有个大导演，叫王晶，觉得舒淇很有潜力。王晶当时在台湾很有名——他拍的《赌神》等片子，在台湾影响很大。所以，王晶仗着这个牌跟舒淇谈，说你跟我到香港拍片子去吧！舒淇二话没说就同意了。拍的什么片子呢？王晶推荐她演了尔冬升导演的《色情男女》，凭着这部片子，她居然得了香港金像奖的最佳女配角和最佳新人奖，这是从来没有过的。

刚开始她还有点儿得意，但时间长了发现不对，她原来混的那个圈子层次不高，大伙都跟钱使劲儿。可是她得了金像奖以后，层面提高了，她接触的这些人的素质比原先高多了。舒淇就发现这些人对她得奖不怎么待见，一提这个女孩得奖了，哪个？金像奖最佳女配角——不是演《色情男女》的吗？看那个眼神、表情，舒淇她隐隐感觉到这些人不怎么待见她。

这时候舒淇才觉得：不行，我要洗心革面，从头做人，不能再靠“脱”出名了，我要拍一些严肃点儿的片子。舒淇转型之后，在 1998 年迎来一个小高峰，她凭着《洪兴十三妹》里边演的那个刀疤淇的形象，获得了金马奖的最佳女配角，她的事业开始有起色了。

这个时候，她人生当中一次很“正规”的爱情来了，是在拍《玻璃之城》的时候。她一改以前的形象，演个小清新，很纯洁的女孩，碰上一个帅哥，两人好了。这帅哥是“四大天王”里的黎明演的。咱们都知道黎明演戏，一开始的时候并不怎么样，后来是越来越好。因为黎明的面部表情有点儿像《来自星星的你》里那个金秀贤，面瘫，高兴也这样，愤怒也这样——黎明当时演戏也是这样，脸上没表情。

这个时候，舒淇演技已经磨炼出来了，大开大合的情绪都掌握得很好，可是面对个木头人，她进不了戏。假如说男女吵架——你坏你坏你就自私！男的要演得很激烈：那我怎么自私？我怎么自私？这对手戏就出来了。当时舒淇就急了，有什么说什么，说黎明你是腕儿大，你能不能给点儿表情？你能不能放开点儿演？你这样我怎么演？其实以那时候两人的地位，这是“以下犯上”，不尊重前辈。

黎明已经是腕儿了，可是黎明一看这女孩子，有什么说什么，挺直接。这女孩不错啊！人有的时候吧——尤其男的，有时候就“贱”，那女孩越顺从你，挺温柔对你，你越不待见人家；那女孩天天骂你，说你，不理你，你天天追人家。黎明这时候也这样，还喜欢上舒淇了。舒淇看这么个大腕儿喜欢她，心里也高兴，两人就“地下恋爱”，确立恋爱关系了。

可是咱说纸里包不住火，天底下没有不透风的墙。狗仔队多厉害，有的狗仔队能跟拍好几个月。有狗仔队就追到舒淇那儿问，你俩是不是谈恋爱？一般很成熟的人会说不可能，那是演戏，逢场作戏，你怎么能当真呢？就给推开了。舒淇不是啊，问两句有点儿招架不住了！再一个，人这个一恋爱，心里一甜蜜，装不住——小偷不打都自招了。所以，问两句舒淇就有点儿承认了。这个事儿坏了，经纪人团队说你怎么搞的，考不考虑黎明的前途了？你必须给我闭嘴！再问你不能说谈朋友！

所以，当时黎明对自己恋爱这事儿三缄其口，说没这事儿，我们是普通朋友！这本身对舒淇就是种伤害。可是，舒淇当时确实喜欢黎明，从 22 岁到 29 岁这 7 年时间，她跟黎明分了合，合了分，分了合，合了分，大好青春时光都浪费在他身上了。所以，后来舒淇慢慢觉得这个人不值得托付，就集中精力回到演艺事业上了。

这个时候，她的演艺事业又迎来了一次巅峰，就是 2005 年她拍了导演侯孝贤的《最好的时光》，终于获得了台湾金马奖的影后。这个名誉是实至名归，大伙儿承认舒淇进入到一线演技派演员队伍当中了。但这个片子拍得过程并不愉快，舒淇还经历了一次心理伤害。侯孝贤拍这部《最好的时光》，分成三个部分：恋爱梦、自由梦、青春梦。侯孝贤可以说把自己半辈子对艺术的体会，都融到这个片子里边了。他做得也特别特别的细。但是导演想要表达一种东西，这个东西可能演员很难理解。

尤其这里边难度大在哪儿呢？台词少，动作表情戏多。像中间“自由梦”这一段，基本是“默片”，没有台词。你想没有台词，演员靠什么？肢体语言。这个难度太大了！舒淇演这个戏的时候，基本跟默片一样，告诉你，你就走楼梯吧。舒淇走一遍，不行，再来一遍，这遍不错。第二天说昨天那个不行，再来一遍！就一个走楼梯，舒淇拍了一个月。你想这一般演员能受得了吗？把舒淇给折磨得不行。

而且侯孝贤不像一般导演，他说我在跟你谈完这个角色什么样的时候，你就坐我旁边，你也想这角色该怎么演，咱俩撞。他这个过程好在哪儿呢？导演给你把气场铺足了，然后导演进入这角色里想，你就跟着导演说的东西进到这个角色内心了。侯孝贤高明就高明在这儿，他通过“代入法”，让你用冥想进入人物内心世界——如果我告诉你什么样，你只是照着我学，这是“两层皮”。所以，在他的带动下，舒淇就一点点走进了这个人物心里。

这一下，舒淇根据这角色想起自己这些年的不容易，跟黎明这个那个的，他不承认我过去，我容易吗我？越想越伤心，越想越难过，人物内心世界是进来了，可是走不出去了。这个戏拍完之后过了 8 个月，舒淇还走不出来。舒淇曾经说过：“像导演讲的，他想要感动观众，所以他每一场你都要‘狠’，就是把你的心打开，撕心裂肺的感觉。所以很痛苦，每次回到酒店，我就已经瘫在那里了！妆也不想卸，澡也不想洗。然后，一拿起剧本看，就是想哭，就只好丢在旁边了。”这是心灵上受到的一次很大的伤害。

后来她拍戏，我就发现这舒淇离开不了这感情世界的悲情，她后来拍的戏都什么特点呢？自己得“死”一回才能得到爱情，甚至死一回都得不着。甚至包括《西游降魔篇》，她演的那个驱魔人，爱上唐僧了，为了唐僧死都行——甚至为了唐僧她让孙悟空给打死了，可是就是死了也没有得到爱。

所以，我觉得在每部戏上，舒淇身上都有这样浓厚的影子。要是别人这么演都受不了。但我没有觉得舒淇这些年有什么很悲观、抑郁的时候。而且，你发现每一次记者采访舒淇，提到她过去的三级片的时候，她都不避讳。

有的女演员有这样经历，那都得躲，一提都很生气，暴跳如雷。舒淇却很平淡，就说没什么，我的过去要平淡地接受。而且舒淇曾经有一句很励志的话——我要把我脱掉的衣服一件一件地穿回来。这是她的决心，她一定要用辉煌的方式，来证明自己可以摆脱过去：“大家不要永远记着过去的那个我，她曾经存在过，但在这个世界上，过去的我已经死了，我是一个全新的演技派舒淇。”

所以，将心比心，舒淇现在给我们奉献了很多让我们感动或者欢乐的银幕形象，我们完全可以肯定她现在的成就，不要再揪着她过去那点儿小辫子了。这也体现了我们人与人之间的宽容态度，何况还是对一个充满着灵气的演技派演员呢？

姚晨：我不是郭芙蓉

时代发展到今天，选演员的标准也在发生变化。现在我们看演艺圈里面，美女、美男有的是，丑女、丑男也不少。许多导演都在琢磨，我到底选什么样外形的演员，才能够把观众“迷住”呢？说句公道话，这个演员不在多美多丑，而在于你要长得有特点，咱们这节说的这位女演员，长得就很有特点。她嘴特别大——说到这儿你就知道了，那不是姚晨吗！

一提起姚晨，绝大多数观众朋友首先会想到《潜伏》里那个翠平，也有的年轻朋友，对《武林外传》比较着迷，会想起里边恶搞的那个侠女郭芙蓉。这两个形象，是姚晨到现在为止留给大家印象最深刻的银幕形象。其实姚晨在屏幕上很活跃，她演了《和空姐一起的日子》，在各个卫视都播了，在电影《非诚勿扰 2》里面也扮演了角色。虽然她出镜率很高，可是姚晨自己不是很痛快。因为在《和空姐一起的日子》这个剧中，人家开始质疑她的演技，说你姚晨演技就到这儿了。还有一些八卦的消息说，姚晨你还演美女，你看你长什么样儿。好多人质疑这个。

其实，这是姚晨的一块心病。每个女孩，她哪儿长得不好，也不希望别人说。一开始我们看，演翠平的时候，角色是位愣儿吧唧的游击队长，没有人说你姚晨多漂亮。可是当初演郭芙蓉的时候，还不完全是这样。《武林外传》演完了一上映，网上就说姚晨是“大嘴美女”。

为什么管她叫“大嘴美女”，其实咱说公道话，就我个人看法，姚晨美吗？不美。丑吗？也不丑，用老百姓话来说，“一般人儿”。可为什么那时候人说她是大嘴美女，而到《和空姐一起的日子》，有人说你长得那么难看还演冉静，怎么会出现这么大反差？

《和空姐一起的日子》这部电视剧源自一个网络小说，小说名字起得很刺激，叫《和空姐同居的日子》，后来播出时改了名字。这部电视剧里，姚晨扮演一个空姐叫冉静。空姐，大家想想，身材高挑，面容靓丽，这是我们想象中的空姐。而这个小说里面写到的冉静这个角色，是个传统的美女。一说传统美女，大家就会想到两点：第一个，传统美女是比较文静的，像林黛玉那样，斯斯文文的；第二个，传统美女的形象是什么呢？什么“杨柳细腰赛笔管”“樱桃小口一点点”。而姚晨在这里面一出现，很多人就大跌眼镜！看过那个网络小说的人太多了，那个一比，哎呀，这是冉静吗？

大家感觉有点儿失望，要说文静，姚晨文静吗？翠平也好，郭芙蓉更不用论了——一个疯丫头，都跟“文静”这俩字不沾边儿。而且姚晨说我斯斯文文，我变换一个气质坐在这儿不动、不吱声行不？你看她虽然不吱声，可依然能感觉到她在逗你。所以，大家一看她这长相，就先想起郭芙蓉和翠平了，这离文静实在差得太远了。

再一个，说这“杨柳细腰赛笔管”当然不合适。哪个女的腰跟笔管似的？再拽折了。再者，“樱桃小口一点点”，也是夸张，樱桃小口一点点，她吃什么呀？姚晨嘴多大！大家都清楚这个反差。这种反差跟原来大家想象的形象差距太大了。所以，这个时候大家不能接受了——就像李亚鹏演的令狐冲似的，令狐冲很洒脱，笑傲江湖嘛，一看李亚鹏演得傻儿吧唧的，真是不愿意接受。所以，这部剧没有给姚晨带来太多好的评价。

那么说，这部戏当初姚晨怎么接过来的呢？姚晨开始也不想接，她一看冉静这个角色，这个长相气质，再看自己，真不合适。那么，导演以什么为诱饵让她演了呢？导演说这里头的男一号要用凌潇肃，那凌潇肃谁呢？凌潇肃当时是姚晨的老公，演了好多年戏也没演火。曾经在一个叫《关中往事》的片子里，演过男一号“墩子”，也没火起来。

所以，有时候生活当中，你会发现，这两口子啊，女的成就大于男的，这个家庭就不太稳定。因为，中国社会严格来说到现在，还算是“男权社会”，尤其是你俩还干一行的。要你老公跟你干的不是一行，人家那边研究“神七”怎么上天呢，那跟你没关系。可是她当时的老公凌潇肃也是个演员，姚晨火成这样了，老公却籍籍无名。所以，姚晨很渴望通过某一部戏让自己老公火起来，这也是寻求一种家庭内部的平衡。

姚晨一想，带着自己老公火一火吧，就这么地，把这个戏接过来了。

后来，姚晨看到网上评论，心里头也不大得劲儿。姚晨对于自己这个嘴大，是当回事儿的。她当年拍片子的时候，就曾经有过那样的经历，导演差点儿因为她嘴大不好看，把这个角色给别人。拍《武林外传》之前，她曾经接过另外一部情景喜剧，叫《都市男女》。这个剧没有火，导演也是《武林外传》的导演尚敬——尚敬经常导一些情景喜剧，是部队的一个导演。姚晨拍《都市男女》的时候，尚敬对她很不满意，经常叫停，把她骂一顿，弄得姚晨自个儿都没信心了。后来在人多的时候说她，姚晨心里难受啊。她就想，明天拍戏他要再说我，我就不干了。

结果，第二天拍戏的时候导演没说她，后来连着三天都没说她，姚晨说这是怎么回事呢？后来一打听才知道，导演想把她换了——反正我要换掉你，我也不用说你了。所以我先让你演三天，同时一边琢磨着再找人。后来，没找着人，回头儿没招了，还得接着让她演。所以说，导演差点儿因为她嘴大不好看，把这个角色给别人。其实，她心里头是有忌讳的。而且这种忌讳体现在什么上？你看那个《潜伏》里头有一段，孙红雷演的余则成和姚晨演的翠平两人之间的对话：

余则成：翠平，咱们俩商量个事吧，你说，你能生一个嘴小一点儿的女孩吗？

翠平：我还想生个眼睛大一点儿的小子呢！

那孙红雷不是小眼睛吗，而她嘴大嘛，很鲜明的一种对比。为什么她能拿这个说事儿呢？她心里时刻惦记着，我离一个美女的标准有距离。所以，《和空姐一起的日子》播出之后，有人议论这个，姚晨不是没放在心上，她挺上心的。

那么，这个片子播出之后呢，还产生另外一个质疑：姚晨，你会不会演戏？你到底是不是个演技派？为什么有这个质疑呢？当初在演完《武林外传》之后，很多观众朋友就觉得，这郭芙蓉特喜庆、特好玩儿，那这姚晨在生活当中是不是也这么“二”。有记者就问姚晨，说你在生活当中，是不是就郭芙蓉那样啊，大大咧咧什么的。姚晨坚决反对说，不是那样！她说我在生活当中，挺文静的，挺内向的。等后来在《潜伏》里她演这翠平之后，又有人问她，说你生活当中是不是跟翠平一样，脾气挺大的，挺暴躁的，也大大咧咧的。姚晨又否定，不是不是，翠平是个急性子，风风火火的，而我呢，在生活中是一个慢性子。

但是你看，话虽这么说，她演了这么两回大大咧咧的女人——你即使在生活当中是个内向的人，但总演这种角色，一进入片场就自然而然“代入”进来了：火炮子筒似的脾气，大大咧咧的，无所顾忌，什么都敢说。

所以，有人就说，这俩角色你看看有分别吗？都是那种有侠女倾向、脾气暴躁、大大咧咧的。再说冉静这个角色，里面有好多情节展示这个人物，不是很细致，很粗，也大大咧咧。你本质演的还是那样儿。我倒觉得这种质疑有一定道理，但是不等于说姚晨的潜力就到这儿了，如果我们客观评价一下姚晨的演技，应该说她是一个很优秀的女演员，可塑性很强。但是为什么她有时候会体现这种一致性，因为姚晨是个需要别人激发、别人带领的演员。

比方说，我们看孙红雷的戏，看姜文的戏，气场大得吓人，一上来之后整个片场都是他的。咱们看《秦颂》，葛优那么好的演技派演员跟姜文配戏，都抢不过姜文。但是姚晨肯定不是这样的演员，她的演技很多时候是靠别人激发的。

你比如说，她跟孙红雷配戏，在横店拍《潜伏》的时候，一开始她心里头胆战心惊的：都说孙红雷是大演技派，我跟他配戏，我得怎么演呢？结果在片场，她多少有点儿缩手缩脚。孙红雷跟她一配戏就来气，说我这儿演到位了，情绪到位了，你在这儿瞪眼睛等我，你干吗呢？所以演了几天以后，孙红雷经常在片场骂她：你笨啊，你木头脑袋啊，这时候应该怎么怎么样。骂了几回，把姚晨的脾气给骂出来了。姚晨说你腕儿再大，不能这么欺负人啊！等孙红雷再说的时候，她就跟孙红雷对骂起来。这一骂，导演在旁边看，好好好，这情绪对，这个翠平跟余则成就是这么吵架的！马上让她接着这个情绪往下演，这一下子姚晨很开窍。所以，片子中，在孙红雷的带动之下，只要他一张口，姚晨马上反唇相讥，配合得很好。

余则成：翠平，你睡糊涂了你，快下车了，下车了。

翠平：谁睡糊涂了，我等你两个时辰了，我不睡觉干吗？

余则成：我给你的信上写清楚了，是这个时间，我没晚啊！

翠平：废什么话，我又不识字，小五子给我念了一遍，我能记得住吗？

余则成：好好好，我错了还不行吗？下车吧！

所以，你看整个《潜伏》里边两人这种对着飙戏的时候特别多，而且好多台词，都不是导演本子里写的，而是他们二人现场发挥的。所以，从这个角度来看，姚晨这个演员的可塑性大，很有潜力。但是，她好多时候，需要另外一个优秀演员带着。或者说，她需要一点一点琢磨——不是那种顿悟型的。在现在这些女演员当中，尤其是并不算漂亮的女演员里，姚晨还真算得上是不可多得的一位好演员。

白百何：小妞导师

白百何在现在中国电影和电视剧行业，人们给她画上了一个符号，说她是“小妞电影”的代言人。什么叫“小妞电影”呢？2009 年章子怡有个电影叫《非常完美》，后来汤唯演了一个《北京遇上西雅图》，还有杨幂这些人演的《小时代》，这一类电影叫“小妞电影”。

这个名字不是中国人发明的，而是美国人发明的，美国人管这个叫

“小鸡电影”。其实我们一听这个就知道，它是反映成长的一类电影。这些电影的主角绝大多数是女孩儿，她可能是个女学生，也可能是个涉世未深的女职员，懵懵懂懂，然后在工作和感情的世界里边，一步步成长起来。

这里边大多都是都市题材、轻喜剧，有欢笑、有浪漫、有泪水——男演员无论多大腕儿，在这里边你都只能给她当配角，你就是那绿叶，这小女孩是红花。我说到这儿，你可能就想起来白百何“小妞电影”的代表，那不就是《失恋 33 天》吗！

这个戏当时引起了很大轰动，为什么呢？一个是本身题材很独特；第二个，800 万的制作经费，最后赢得了 3.5 亿的票房，这个投入产出比，那可以说创造了一个纪录。接下来白百何又演了什么《被偷走的那五年》《分手合约》，这就给她凿瓷实了——她就是“小妞电影”的代言人。

白百何在成长过程当中有一点跟其他女演员都不一样，你看很多女演员是什么呢？演着演着就成大龄女青年了，白百何不是。她是中央戏剧学院毕业的，毕业之后马上就结婚了——22 岁毕业，22 岁结婚，和谁结婚呢？咱很多朋友都知道，跟“羽泉”组合里头的陈羽凡，他俩是两口子。他们怎么凑到一块儿的呢？在学校里，他们接了个电视剧，叫《与青春有关的日子》，这里边她和陈羽凡演一对小恋人。这电视剧一拍好几个月，他俩总在一块儿待着——人有时候感情是处出来的，耳鬓厮磨，时间长了，两人就好了。当然这时候好呢，只不过是很单纯的那种好。

后来，两人正式确立恋爱关系。白百何 22 岁毕业，两人就结婚了，结完婚第二年就有孩子了。说起这个事儿，白百何不后悔吗？她不后悔，而且她那阵儿可没什么名气。所以，她当时结了婚，要了孩子，没怎么耽误事儿。但她心里头时刻想着：我是个演员，我将来还得演戏，我可能还得红呢！所以，她就在带孩子过程当中，时刻注意保持身材。因为女演员要身材走样了，你说你多大了，才 20 多岁，总不能 20 多岁就演个肥婆之类的角色吧。

所以，她认真锻炼，保持身材，而且在这个过程当中她也没闲着，自己老公是个很优秀的歌手，要不教教我唱歌吧？陈羽凡就教她唱歌。你还别说，她练得有模有样的。在这个过程中，她也不忘了寻找在演艺圈的机会。等着等着，机会就来了。这个机会谁给她的呢？就是她的大学同班同学文章。

文章当时已经比较火了，他和导演滕华涛要拍《失恋 33 天》，里边文章说我演这个王小贱，主角黄小仙谁演？文章说我有个大学同学叫白百何，她就是“黄小仙”——她跟这黄小仙一样，没心没肺，傻呵呵的，遇事也不知道愁，本色演出就行。滕华涛说那你要觉得行就找吧，跟你搭戏怎么样？文章说，其实我俩，别看我是男的，她是女的，我们俩就是“闺密”——在大学里头就超越了普通同学的感情，但又不是男女之间的那感情，是好朋友，在一块儿也总互掐——我说她，她说我，反正没什么好话，就那种类型的。好，既然你们俩挺腻乎，找来吧！就这么地，他们把白百何找来拍《失恋 33 天》。

结果，这个戏正对白百何胃口！因为这里边这个黄小仙，是一个倒霉蛋儿。“小妞电影”有一个特点，主人公一开始不可能是白富美，生活一帆风顺，万千宠爱在一身——主角一般属于那种相对有点儿任性、随性的女孩，在生活当中工作当中，可能一开始挺点儿背的。这里边黄小仙这阵儿就点儿背，恋爱 7 年的男朋友劈腿了，还是她自个儿的闺密，你说倒不倒霉？与此同时，在工作上，她跟文章演的那个王小贱是搭档，这个搭档是个“毒舌搭档”，对她也没什么好话。

所以，这时候她觉得自己的天空是一片黑暗。那么，这个戏好在哪儿呢？就是这 33 天是她走出失恋阴影、走向阳光的过程。这个过程是在不断跟男主演文章互相拌嘴、吵架的过程当中走出来的。她原来在恋爱过程当中，屏蔽了外界好多事儿，她也不去发现生活当中的乐趣。这回一失恋，虽然说这个男人没了，她由此却发现了生活当中很多她没有注意到的事情。包括对这个王小贱，以前看他不顺眼，结果没想到这个时候王小贱来安慰她，又把她那个男朋友给骂了，两人来感觉了。

我们说，当你失去一份感情的时候，人是最空虚的，这个时候往往有些东西容易乘虚而入。其实这王小贱也是钻了这个空子，结果两人来感觉了，在电影里还好上了。所以，《失恋 33 天》里的这个过程，往往是我们生活当中很多人，尤其是女孩经常能碰到的情况。《失恋 33 天》被称为“治愈系电影”，就是治愈你心灵创伤，给人带来希望，同时又非常可信。你看她又有新男朋友了——旧的不去，新的不来，新的来了，过去就可以抛开了，它还有一些可信度。所以，这种小清新风格的电影一下子就流行了，白百合因为这个就火了起来。

火起来之后，滕华涛导演一看，你演这个真行，比我们想象的好多了！趁热打铁，咱再来一个类似的。这回咱玩儿电视剧，就给她接了个戏叫《浮沉》。她这里边演一个职场白领，叫乔莉，就是这个职场白领成长的过程。可是到《浮沉》里头，她过不去这关了，因为这里头有大量在职场工作的戏。

这个生活中白百何从来没有过——大学毕业就结婚，结了婚就要孩子，她哪经历过这个呢？这不行，我得体验生活，到哪儿呢？跑到这个世界五百强驻中国公司，就是咱们大伙儿知道的 IBM 公司。她一到这儿工作，发现这些人在办公室很光鲜，一下班又挤地铁啊，又坐公交；有的住在什么燕郊、通州、大兴——租房子想租宽敞点儿，就得离单位远得要命，想离单位近点儿就得合租。

白百合把这些都看在眼里，记在心里，体现在乔莉这个人物的塑造上，就是表面既装得光鲜亮丽，背后还有很多不为人知的辛酸。比方说签一个单子或者什么呢？往往要求助于男人，这个时候社会的一些丑陋面、潜规则就上来了。所以，出去谈合同的时候遇到潜规则怎么办啊？我要服从了呢，可能得些好处，但是心灵这道坎儿过不去。

我认为没有哪个女孩天生下来就愿意接受这个，潜规则有的时候得逞是在比较过程中产生的。同样是这单生意，我的能力我的谈判技巧，我背后做的文案和苦功都到位，可是就因为我不接受潜规则，单子签不下来；而另外一个女同事人家接受这个，就把单签下来了。所以，这一比，咱说人争一口气，佛争一炉香，有的人最后心里不平衡，说算了，我也这样吧。

没有哪个女人天生就愿意接受潜规则，所以，白百合在体验生活过程中，看到了很多自己以前压根儿没看到的东西。那么剧里头这个乔莉是怎么处理这些难题的呢？她就凭着自个儿直来直去的性格——我对谁都是阳光的，你再有黑暗的东西，我始终站在阳光底下，我能推就推，能拒绝就拒绝，她用这种方式来征服身边的人。最后 7 个亿的大单子也签下来了，还获得了一个大叔级人物的爱情——张嘉译演的王贵林，成为她的守护神。

这种“打法”如同韩剧，咱们看《大长今》里边李英爱演的那个角色，无论外头遇到什么样的现状，她都始终是那种阳光特征，不管跟谁都是。最后宫里边所有人都对她好，你说这个很现实吗？也不现实。现实的就是《甄嬛传》里面的争来争去——孙俪挺纯洁个丫头，到最后弄得比谁都“坏”，这是宫斗剧的典型。所以说，这个戏等于直面了现在职场的一些黑暗，但是结尾却是很阳光的。

这部戏拍完之后，白百何无论是在电视界还是在电影界都坐实了“小妞电影”代言人的身份。她接下来，从《被偷走的那五年》到《分手合约》，演了一系列这样的角色。其中，由她主演的在 2015 年 7 月上映的《捉妖记》，还创造了 23.31 亿元的票房纪录，充分证明了她的演技和实力。

定位对一个演员来说，可不是好事。你像现在白百何接个电影，比方说电影《私人定制》，很多人一看她，这人眼熟，眼熟啥？那不就是《失恋 33 天》里的黄小仙吗。正常来讲，很多演员会抗拒这个，他们要寻找新的突破。像谢霆锋总演帅哥，干脆我在《证人》《线人》里头演那种烂仔形象——他要突破。

白百何这一点就跟绝大多数演员不一样。她说我从来没想过转型这些事，我现在挺好的，转型干吗啊？她在生活当中就是这么随性的一个人，随遇而安。不是她心里没有很高的想法，她想的什么？转型那得需要积累啊！我这才几年，等我积累到一定厚度，我自然能转型；如果没积累到那儿，我强行转型，不仅达不到一个新境界，还把我原先攒的这点儿丢了。我想这就是一个很务实的态度——咱们也实话实说，白百何现在论演技，还不能说是一个一流演员。

她的演技还有很大程度的欠缺，特别是类型化的演员，往往在演技上，都存在一些很致命的缺憾。我认为白百何现在还没有能够真正达到我们对一线演员的一种期许。也希望她在今后的生活当中，在幸福的“糖罐”里头，还能拨出更多的时间，来刻苦琢磨自己的演技，让我们看到一个转型后的白百何，脱离了“小妞电影”束缚的白百何。

王珞丹：金牌女二号

在演艺圈里，有这么一句话——没有小角色，只有小演员。话是这么说，但是你问问所有的演员，基本没有多少人一上戏说给我个配角儿吧，我不演主角——谁都想演男一号、女一号。

这男一号、女一号占据最多的台词、最大的戏份儿，集万千宠爱于一身。从这个角度来说，假如在一部电视剧里，你演的不是男一号，不是女一号，想火起来也很难。但是我们现在要说的这位，就是凭着在一部电视剧里演了个女二号而火起来的，她就是《奋斗》当中扮演米莱的王珞丹。

她后来演《我的青春谁做主》《杜拉拉升职记》，其实这些片子给她，就是锦上添花，并没有让她脱胎换骨。她真正火起来靠的就是在《奋斗》当中演的女二号米莱——要没有这部戏，不可能有这么多人认识她，而且很多人认为她演得最好的角色，还是米莱。钱小样也好，杜拉拉也好，都没有超越这个角色给大家带来的震撼。话说她当时是怎么进入《奋斗》这个剧组的呢？

我们知道，《奋斗》这部电视剧编剧是石康，导演是赵宝刚。赵宝刚的戏基本就是个“造星工场”，可以说他捧谁，谁就红。所以，赵宝刚要拍《奋斗》的时候，来了一堆演员，经纪人也给推荐，说赵导你看我这演员不错。因为赵宝刚说了，这部戏我不用原来的人，尽可能多用新人。那好多青年演员就都琢磨了，说赵导啊，我不要钱，我白给你演。

都知道演他的戏得火，所以这拨不怎么想要钱的演员里，就有王珞丹。当时王珞丹籍籍无名，一开始，赵宝刚觉得这个孩子可塑性很强，说你来试试吧。给她个什么角色呢？咱们看过《奋斗》的都记得，里边有个跟华子谈恋爱的外地女孩叫露露。这个女孩儿家庭条件很困难，有个弟弟长得不错但是个哑巴，所以，她来到北京，是带着很大利益诉求的。后来，她没有跟华子在一块儿，移情别恋地爱上了华子的一个朋友，就是周晓欧演的那个角色——一个因为他有点儿钱，再一个能给她办北京户口，帮助她家脱贫。所以，这个很现实的角色，想让王珞丹演。

王珞丹翻本子一看，不演不演，这角色不好，人性太差！人家华子对她那么好，她爱上别人了，我不想演这个角色。赵宝刚说你想演谁啊？你想挑人性好的，她说我看这米莱挺好，对陆涛那么好，在爱情上很执着，我要演她。赵宝刚说不行，给她解释，这个本子里的米莱，是个商人的女儿，家庭条件非常好，养尊处优，送到国外留学都不在话下。所以，这样的家庭条件下，这个女孩得稍微胖点儿——说好听一些就是丰满一点儿，这个台词里头有好多夸赞说“米莱身材真好”，你看你，瘦得跟柴火棍似的，真不行。

当时，王珞丹哪儿拗得过赵宝刚，只能不吱声。可是后来找了有六七个演米莱的演员，都不合适。最后，赵宝刚一想王珞丹本人愿意演，而且对这个角色有那种挺来劲儿的感觉，让她试试吧！这一试还真行了，就这么的，由原来“丰满型”的米莱改成一个“柴火棍型”的米莱。

那么这部戏中，她演了米莱之后呢，其实也不怎么满意，为啥？这个米莱戏份儿不多。咱们都知道《奋斗》一开场，佟大为演的那个角色本来是跟米莱谈对象的，然后把米莱给抛弃了追夏琳，所以米莱一来气，就去美国留学了。这一走，电视剧十集就过去了！十集以后米莱回来，找陆涛理论，说我对你这么好，你怎么还不回心转意？经常是她这边慷慨激昂一通，陆涛轻而易举几句话就把她打发走了，所以她在里头没多少戏。

拍片子的时候，这个场工跟导演管米莱这个角色叫“米一场”。什么叫“米一场”呢？就是你拍了一天，就有你一场戏，拍完了你玩儿去吧！不像那个马伊俐跟佟大为他俩，一天二三十场戏，累死累活的。

所以，在拍的过程当中，王珞丹也不是什么重要人物。可是她这个角色，在上映之后得到了空前的好评。甚至有人说《奋斗》里头要没有这个王珞丹，这片子就完蛋了。为什么呢？

我们看这部《奋斗》，你光听这标题，年轻人为了理想，为了追求，为了事业、爱情而奋斗，应该是一部励志剧，激励年轻人积极向上的。可是一看，让“80后”大失所望，这哪儿跟哪儿啊，这怎么是奋斗呢？仨男孩站在一块儿天天贫嘴，在那儿侃大山，也没见干什么正事儿。有人说，陆涛不是干点儿正事吗？陆涛那叫正事儿吗？一挥手1000万出去了，谁家有这条件？而且他这1000万怎么来的？换了个爹——原先那爹是假的，后来找到亲爹了，亲爹是大款，就把他给捧起来了，这叫奋斗吗？这叫继承遗产。照那么说，每个“80后”回家问自个儿妈，我这爹不是亲爹吧？这就“奋斗”完了。

所以，这个戏一出来之后，大家一看什么玩意儿，跟原先想象的不一样，它就是一个都市言情剧，无聊点儿说就是个偶像剧。所以，好多人不爱看这个戏，觉得名不副实，没意思。

可是米莱，把不少人尤其是男同志给打动了！哎哟，这个女孩儿演得这么精彩，这么有意思。所以说，一个米莱，拴住了不少观众。王珞丹刚演这部电视剧，演技也不成熟，人也不是长得多漂亮，她靠什么魅力拴住观众呢？确切地说，应该是这个角色本身有魅力。米莱本身很强势，她爸爸有钱，但是呢？有钱并没有使她无往而不利。

在跟夏琳的爱情竞争中，她输给了夏琳——夏琳没钱，苦人家出身，可是夏琳自己创业呢，这在一定程度上打动了陆涛。陆涛认为她更有魅力，就没跟米莱好。观众一看谁是富家子弟，肯定心里讨厌，有抵触情绪。可是这个戏里头，米莱并没有因为自己家的优势，占到一点儿便宜，她一出场就是个弱势的、被人抛弃了的角色，所以大家很同情她。

有的女孩说，你不跟我好，我再找别人——此处不留爷，自有留爷处。她这里不是，她这就像什么呢，日本有个漫画叫《花样少年》，这个漫画被很多国家和地区，像日本、韩国、中国台湾地区都改编成了电视剧，其中很有名的那个就是《流星花园》。里边有个人物叫道明寺，这个道明寺在爱情上就“一根筋”。

米莱其实就是女版道明寺。她对爱情追求非常执着，这个执着体现在什么上呢？你看这米莱从美国回来了，指着陆涛的鼻子就说，你看我怎么想你，怎么爱你，你却当初不顾我的感受抛弃我，你个白眼儿狼！现在我依然跟你好，你为什么还不回心转意？天天跟陆涛磨叽这事儿，不光磨叽，她还能唱。比较打动人的，她在里边唱了一首歌，叫《左边》。

这个歌词写得很有意思，叫“你总是用右手拉着我，可是你的心跳却在左边”。其实我们听这就是煽情，跟胡说八道差不多，那左右手能怎么的？但这种事情最容易打动陷在感情旋涡当中的男孩女孩。她连唱带磨叽这个过程，陆涛是不以为意的。你爱怎么说怎么说，我拿你当个妹妹，回头我跟夏琳该怎么好怎么好。

可看电视的一众老爷们儿受不了，哎呀，这女孩这么好，可你陆涛怎么能这样呢——大家开始同情米莱，米莱一下子就把一些男观众给抓住了。《左边》这首歌的原唱是杨丞琳，让王珞丹在里边这么一唱，又重新火了一把。其实王珞丹歌唱得还不错，照理说她是要原唱这个歌的，但是那天赶上嗓子有毛病，导演不能等啊，那就灌制录音的时候还用杨丞琳的原唱。

话说王珞丹歌唱得不错，她为什么能进这行呢？王珞丹家原先是内蒙古赤峰的。她上高中的时候就跟同学组织了个乐队，她在乐队里当鼓手。所以，她表演的节奏感很强。你看王珞丹演戏，不管是演钱小样、杜拉拉还是米莱，总有种“劲儿劲儿”的感觉，那种感觉是怎么来的？就是敲鼓敲出来的。

后来，她报考电影学院的时候，头两关表演，朗诵啊什么的，她都勉强过关，老师一看觉得一般。可是到最后一关她出彩了，自由展示才艺。她唱了首歌，这首歌就是那个“人潮人海中，有你有我，一样迷人，一样美丽”——当初黑豹乐队那首《无地自容》，一个女孩子来了首摇滚歌曲。这考试老师一看，有个性，我喜欢，就这么把她给留下了。

所以，现在有不少演艺圈的人分析，说王珞丹演技并不怎么成熟，她就是本色演出，你看她无论是演钱小样还是米莱，其实她本身就那么个人——直不愣登的，什么也不想，没心没肺的，一条道跑到黑。这个本色演出，确实给这个王珞丹帮了很大的忙。但是这个本色演出也是把双刃剑，一个人要太本色了，不去适应这个环境跟社会，有时候容易出问题。

她后来不是演了《杜拉拉升职记》吗？这部《杜拉拉升职记》是讲杜拉拉这个女孩，在公司里边凭着自个儿的智慧和能力一步一步地往上走，最后成了一个高级白领。在拍这个电视剧的时候，导演就觉得杜拉拉就是王珞丹那样，就把她找来演了。这个戏她一演效果也不错，可是这个戏不同在哪里呢？之前有人演过，《杜拉拉升职记》这部小说火了以后，才女徐静蕾把它改编成了电影，请来莫文蔚、名模李艾，这几个人在一块儿，演了一个《杜拉拉升职记》的电影。大家看完，给这部电影的评价就是一个 90 分钟的广告——里边植入的全是时尚品牌广告，但徐静蕾在这里边的表演比较突出。

后来王珞丹又演了《杜拉拉升职记》的电视剧版，这人就得比较啊，她俩谁演得好？有写评论的，有娱乐记者直接问她们的。后来在一个颁奖典礼上，王珞丹获得了最佳新人奖，当时主持人一个是名模李艾，另外一个是蔡康永。颁奖过程当中，李艾就问王珞丹说，你得了最佳新人奖了，你演《杜拉拉升职记》，徐静蕾也演《杜拉拉升职记》，你说说这两个有什么不同吗？其实这个很正常的，主持人挑点儿事让你说说呗！按照这种正常思维呢，王珞丹首先应该想道：我可不能说两个角色都一样——一样的话人家看我干吗？可是她这个年岁，她这个阅历，很难在那么短时间之内就总结出这两个角色哪儿不同，怎么办呢？她一着急说："两个杜拉拉，年龄上不太一样。"

坏了，这一句话捅马蜂窝了，为什么？这个女人吧，很在乎别人说她年龄——这年龄是个保密的事儿。你想一下，她年轻，徐静蕾岁数大，这是尽人皆知的事——这种差距在年龄上的意思是徐静蕾老了。这是潜台词！这把李艾弄傻了，接不下去了。

结果，这场合过去之后，王珞丹明白了，这不惹祸了吗，为啥？徐静蕾是她大学里的师姐，比她大10岁。而且徐静蕾在电影圈，也是很有人脉声望的。所以，经纪人一吓唬她，王珞丹手足无措，我怎么办呢？惹祸了。这个时候，她也不知道徐静蕾电话，但是王珞丹认识韩寒，韩寒愿意插手娱乐圈的事。韩寒说没事，我有徐静蕾电话，这样你把你道歉的意思说一下，我发个短信给徐静蕾。徐静蕾那边接着一看，人很大度，说没事儿，这算什么啊！再说了，她说的也没错啊。

所以，这个事体现了什么呢？作为演员，如果你在生活当中也"本色"，麻烦就很大，因为生活毕竟不是演戏。你想要提升的话，首先应在生活当中适应好你的角色，这是你在戏里边适应好各种角色的一个非常重要的前提。我们希望王珞丹有一天能够再上一个新的台阶。

奶爸男星

黄磊：边走边唱的乐呵人生

2014 年有一部电视连续剧收视率非常高，叫《我爱男闺蜜》。“闺蜜”这词大家都知道是怎么回事，是形容女孩和女孩之间关系好，两个人没有什么秘密，什么话都能跟对方说。这“男闺蜜”就是说男女之间，超越了平常的友谊，但又肯定不是爱情里的那种男女之间的关系。《我爱男闺蜜》里边这个“闺蜜”，是生活当中很平常的一个男人，有点儿类似北京那种“胡同串子”，谁演的呢？黄磊。

黄磊在里边胖乎乎的，一脑袋小鬈毛，这个形象让很多黄磊的影迷有点儿受不了了。黄磊以前都演什么呢？一头飘逸的长发，眼神当中带着忧郁，五官非常精致，比如在《人间四月天》里边演那个诗人徐志摩，属于文艺青年心目当中的偶像典范！那他怎么突然间“堕落”到这种“胡同串子”形象了呢？很多人都接受不了。其实，黄磊这些年一直坚持按自己的想法活着，他没有给自己定位死了，说我就一定演什么。黄磊是在中国影视圈里边堪称“异类”的演员，那他这一路是怎么走过来的呢？

黄磊的出身算得上艺术世家，他父母都是话剧演员。黄磊很小的时候，父母就总演戏，照顾不了他和他姐姐。有时候没办法了，委托亲戚给帮忙照顾一下，或者就干脆把他们姐弟俩带到身边。所以，黄磊打小儿呢，就跟着父母摸爬滚打，在话剧的后台待着。

他第一次登上舞台的时候才五六岁，而且演的是一个小女孩，为什么呢？小黄磊那个时候唇红齿白，小小年纪长得非常漂亮，大眼睛、小嘴，没人看得出来是男孩。当初第一次上舞台，留了一张照片，后来黄磊还把这个照片珍藏到自己家客厅，很多人进来都不知道，问这是你女儿？他们不知道当年黄磊就这个样子。

照理说，家里头父母都是演话剧出身，应该打小儿就喜欢戏，可黄磊不是。他从小对演艺这个事业有点儿抵触。但是家里是这个出身，有这个人脉，等真到黄磊要考大学的时候呢，他爸爸说，你就考北京电影学院吧！就这么的，黄磊稀里糊涂就考北京电影学院了。当时需要提供一张照片，说怎么能给黄磊拍漂亮点儿呢，他姐姐是学美容美发的，说我给弟弟弄个背头，显得你帅气点儿！结果这个照片呢，黄磊一万个不愿意，因为他嫌这个假。所以，拍这个照片的时候，他噘着嘴气嘟嘟的，没想到这张照片还成全了黄磊。

入学之后，他在学校里边留的就是这张照片，噘着嘴非常生气的样子。结果赶巧了，当时大导演陈凯歌要拍一个电影叫《边走边唱》，里边是这个师傅带着徒弟拉弦卖唱，他需要一个演盲人的小孩。陈凯歌在北京电影学院来挑演员的时候，就看到黄磊这照片，说这孩子行啊！这模样还带点儿倔，正适合演那盲人孩子！他就说让这个孩子来见我吧。见面后，陈凯歌就跟他讲了，说我想让你演个什么什么角色，黄磊说那不行，我还得上学呢，不到学校去，那老师不找我麻烦吗？你现在想，现在北电、中戏的演员，要说有个大导演执导的戏演，谁还管学校上不上课啊！那阵儿黄磊说不行，我得上课。陈凯歌说你的老师我都认识，我跟你们老师，甚至校长说一下行不行？黄磊说，那你能让我们老师、校长点头，我就来！就这么着，黄磊才真正走进影视圈，演了《边走边唱》。

隔了多少年之后，黄磊心里头还后怕：这当初我要拒绝陈凯歌，很可能就没有今天了。隔了一段时间，黄磊多多少少在这圈里蹚出了一点儿小名气。知道这孩子能演戏了，各个剧组开始来找他。1995 年，香港的导演于仁泰找到他了，说我有个电影你来拍，叫《夜半歌声》，你可以跟一个大腕儿合作，谁呢？张国荣。这不是黄磊第一次跟张国荣合作，他头一回跟张国荣合作是在《霸王别姬》里边。当然，他在《霸王别姬》里边演一个群众演员，很普通的角色，跟张国荣没有对手戏，根本就递不上话。

咱要不是把《霸王别姬》从头翻一遍，你都找不出黄磊是谁来！所以，这一次等于是他真正地面对张国荣了。那张国荣当年名气多大呀！所以，黄磊觉得跟张国荣搭回戏很荣幸，心里头也忐忑不安：人家是香港大腕儿，咱能跟人说上话吗？人家万一耍大牌呢？没想到，在片场，他对张国荣的印象有非常大的改观。其中有一天，两人拍完一出戏，中间换场的时候他俩在一起抽烟。抽烟的时候，张国荣就说了，咱这《夜半歌声》的主题曲非常好听，你听过没有？黄磊说我没听过，张国荣说我给你唱一遍。

这把黄磊激动的，这么大个大腕儿，在这么个小门卫室里，居然能给我唱歌！所以，当时黄磊心里想，张国荣是我一辈子的偶像。《夜半歌声》在香港上映之后，很多人说黄磊既有偶像气质，歌唱得又不错，就有唱片公司找到黄磊，说我可以打造你，给你量身定做歌曲，这样黄磊有了第一首歌，名字叫《石头》。这首歌是谁创作的呢？张雨生。

后来，这个歌收进了黄磊的第一张专辑——《边走边唱》，和他演的第一个电影同名。后来黄磊又出了第二张专辑，叫《我想我是海》。这个专辑封面里黄磊梳了个中分头，头发非常长，显得很飘逸，然后侧脸向上，眼神很忧郁——那个时候的黄磊真真正正就是文艺青年的偶像了。

但是，黄磊本身不打算在这条道儿上走，他把自己定位为“实力派”——唱歌毕竟不是他的主业。他很快又回到自己的主业——表演当中了。这个时候他迎来了人生第一次巅峰，拍了个电视连续剧叫《人间四月天》。这可能是黄磊早期给大家留下印象最深的作品，他在里边演大诗人徐志摩。

在这个戏里边，黄磊把他演戏的天分发挥得淋漓尽致——到什么程度了？“不疯魔不成活儿”，都有点儿魔障了。中间有一出戏是徐志摩在康河里边划船，这个康河上的船是平底船。有人说，那船不就是平底的吗？不是，很多时候船是两边兜下边有个尖儿，这样的船在水里头能把握好平衡。相反，平底船不好划，因为你重心掌握不住。所以，划平底船是个技术活儿，黄磊不怎么会划，拍戏的时候他费了九牛二虎之力才把这几个动作弄好了。

这场戏完了之后呢，剧组基本上在英国的拍摄就快完成了，说咱们喝顿酒庆功吧！就在岸边摆上酒了。这个时候，黄磊喝了点儿酒，酒劲儿上涌，说我再试试划这条船，没想到黄磊上去三弄两弄，动作特别顺，比没喝酒拍戏划得都好。这时候黄磊手舞足蹈，说我就是徐志摩——他感觉自己此刻是徐志摩“附体”了，要不然能划这么好吗。所以，一个演员如果琢磨角色能到这种程度，那他能演好就是顺理成章了。

而且他体会角色到这样，也给自己打下一个很好的基础，他给人家讲戏也到位。后来黄磊是“演而优则导”，执导了很多片子，包括 2005 年把电影《夜半歌声》搬上电视，拍了一个电视剧版的《夜半歌声》。这个戏的剧本是他自己创作的，他那时候不会用电脑打字，就用铅笔写本子，一笔一笔写出来，经常写完了睡觉，做梦都梦到这本子，醒来之后就哭，为啥？被这个故事里头的人物感动了！所以，他投入这么大精力，然后在片尾的时候为纪念张国荣，还写上了“谨以此片献给一位天堂的故友”等字样。很多人看了这个电视剧都很感动，认为这是黄磊倾注了全部心血做出来的。

在这个时候，黄磊的演艺生涯到了一个巅峰状态，但谁也没有想到，他突然间就撤下来了——我不演了，他干吗去了？1997 年，黄磊在北京电影学院攻读硕士研究生毕业了，他选择留校任教。自那以后，他接的影视剧就越来越少——他很想把自己对角色的体会教给后辈。

幸运的是，黄磊虽然不怎么演了，但是他迎来了桃李满天下。你看1997届北京电影学院表演班，他接的第一拨学生里边就有后来成腕儿的几个人，谁呢？海清和黄海波——当然黄海波现在也遇到点儿挫折。所以，当时黄磊带出了一大拨人，包括后来很多影视圈里的一些腕儿，比如姚晨，也是黄磊带出来的。

到了2006年，黄磊的兴趣有了很大转移，他转移到话剧上了。演话剧和演电影不一样，它更要功夫！因为电影这条拍不好，再来一条，可以返工；话剧要登上舞台，那不就是现场直播吗？没有说这台词说错了，说句对不起大家，我再来一遍的。所以，黄磊对话剧舞台那种感觉及那种人物关系很是着迷，他当时就演了赖声川执导的、全国闻名的话剧——《暗恋桃花源》。

后来，他跟赖声川、孟京辉这几个话剧界的腕儿，在浙江乌镇搞过几次戏剧节，这个戏剧节不像我们大家经常听到的，什么“文化搭台京剧唱戏”，它非官方非营利，既不是官方组织的，也不挣钱，纯属于几个爱好者在一块玩儿。黄磊在这上投入了很大精力，这一投入使得身边很多朋友都着急，说你怎么不接剧本了？多好的本子找他他不演，高晓松就说，人家烂本子都到处找投资，到你这儿好本子找你演你居然不演！有一段时间，黄磊压根儿就跟电影、电视绝缘了！这一段时间他干了两件事：一个是在教学生过程中潜心研究表演，并且通过话剧舞台进行实践；另一个，他把很大精力投入到家庭中，没事在家里跟老婆孩子在一块儿，而且他对厨艺产生了浓厚兴趣。

你要有兴趣翻黄磊的微博，会发现隔三岔五他就推出一个新菜品，在家里研究怎么做菜，然后请这些明星朋友到家里尝尝。所以，很多人说，黄磊这时候变成了一个居家男人。后来，在综艺节目《爸爸去哪儿》中，他就展示过“徒手烙饼”的绝活儿。

到了2010年之后，黄磊又重新出来拍电视剧，像《男人帮》《婚姻保卫战》什么的，拍了一系列电视剧。这个时候拍戏呢，他多少还顾及点儿形象，虽然比过去发福了，胖点儿了，不再是个文艺小青年了，但依然算得上个挺精致的男人。可拍《我爱男闺蜜》的时候呢，他完全打破了以前的形象。为拍这个戏，把这个男主角的絮叨劲儿拍出来，他增重10多斤，人也显得胖了，一脑袋小鬈毛，说话就跟碎嘴子似的，完全颠覆了他过去那种“精致男人”的形象。

一般的演员呢，为角色毁自个儿不要紧，拍完戏我再回来，我减肥，黄磊没有——我就这样了，减肥太辛苦，我才不干呢。所以，你现在看到黄磊，真就像很多喜爱他的影迷给他的外号那样——“黄球球”，胖得不像样子了，但黄磊对此毫不在乎。

所以，黄磊这些年呢，有几个跟影视圈其他人完全不一样的地方。首先，对自我形象的这种保护和珍惜，他显得不那么在意；第二个，他对影视圈里边这些物欲横流的东西，保持着一定距离。他表演话剧、潜心教学生，这些很难产生巨大的经济效益，跟当演员拍影视剧不能比。以黄磊这个基础、这个人脉，想挣点儿大钱不是什么难事儿，但他自动远离这些——我是金钱的主人，不是金钱的奴隶，我得顺着我自己的想法活着。而今的影视圈里，这样不为金钱所动的人一天一天成为稀缺资源。所以，我们今天看黄磊，他就是影视圈里地地道道的“另类分子”。

林永健：丑男当道

说到演电视，当年黄宏在小品里有句话：“这演电视甭管演得怎么样，先混个脸熟。”这句话我认为说对了一半。“脸熟”容易，那脸熟之后呢，你得让大家接受你。所以，电视演员要想混火了起码得做一个“演技派”。咱们有时候一说谁是演技派，您可能先想到戏演得好，但是这个人一定长得不怎么样。咱们这一节要说的这位就是这样，他有个特点：小眼睛、八字眉，还大板牙。说到这儿您可能猜出来了，这个人就是林永健。

像林永健这种长相他能火起来，这个咱们都不奇怪，因为这些年来在电影、电视行当里，看到长得难看但最后出名的人是非常多的。可是我们发现，林永健跟别的这类“丑男”不一样，他可以很自如地在各个角色之间穿梭。你看他演的几部戏《老家的幸福往事》《孟来财传奇》，还有一部《黎明之前》，这三部戏人物完全不同，摆在你面前你都不相信是一个人演的。

林永健的演艺生涯开始并不是很顺，因为按这种长相来说，好多时候导演不大可能给他派一个正面人物来演——第一主角儿很难派到他身上，到后来才慢慢开始给他一些重要的角色。但是真正让全国人民都记住他的，可不是演电视剧，而是演小品。大家肯定有印象，2005 年春晚有一个小品《装修》，是黄宏、巩汉林再加上林永健三个人演的。这个小品里头有五个角色，黄宏演装修工黄大锤，瘦得跟小鸡仔儿似的业主是巩汉林演的，剩下有一个大家印象最深的那个天津大姐就是林永健演的，而且他在里面一人分饰三角。排练的时候，黄宏、巩汉林两人在前台对词儿，后边他换好衣服，等大锤一下子把墙砸开了他蹦出来说道：“干吗呢？干吗呢？”这一出场简直雷死人了。你想他本来长得就难看，又套个头套，穿了一身色彩鲜艳的毛衣，一看跟土耳其火鸡似的。黄宏一看就憋不住乐了，把词都忘了；巩汉林那边也乐得直不起腰来。这时候林永健掐着腰说：“你以为老娘是谁呀”——还来天津话，这两人说行了，效果不错。

黄宏就评价他，你说你这小眼睛这长的，这男的都够寒碜了，搁女的长你还活不活了！所以，当时黄宏他们就判断：林永健一定能凭这小品火起来！果不其然，林永健确实凭这个小品火了。但是一个影视演员光靠小品火起来，心里头一定不舒服。你比方说，宋丹丹她就是靠小品火起来的，她觉得我是人艺出来的话剧演员啊！所以，宋丹丹不甘心，她还要去演属于自己的那些东西，林永健也是如此，光靠小品出名他也不甘心。

接下来，一个机会来了。张国立找他，说我有一个本子你看看，跟我搭对手戏的是蒋雯丽，你在这里头演我一个朋友。打开本子一看，上面写俩字“金婚”，林永健把这本子翻开大致看了看，第二天就打电话说一定要演——双方连价都没谈。为什么林永健决定要演呢？原来，林永健的父母比较恩爱，在一块儿生活也有40多年了，眼看就要到金婚的时候了。林永健说，我一定给你们办一场金婚庆典，就像你们结婚的时候那样隆重。可是，这个时候他父亲有病去世了！这成了林永健的一个心病。要给老爷子、老太太办场金婚的仪式没弄成，所以他一看到“金婚”这俩字，就说我要把这个电视剧演好，就当告慰我父亲的在天之灵。

接了这本子之后，林永健也想到，难得跟张国立、蒋雯丽这俩大腕儿一块儿合作，我得看看人家这两人怎么演戏。他就发现，张国立、蒋雯丽经常不按本子走。当然，比方说大伙儿在一块儿演戏那可不行，因为其他演员记着台词，你就得按本子走！但如果只有他们两个人，比方他们“两口子”在屋里对话，你会发现这个跟剧本写的就不一样了，完全根据场景临时碰，行话叫“现挂”。林永健说，这个可了不得！一般的演员没这两下子，我得好好学这个。所以，林永健在这里边也开始改导演给的剧本。

有那么一场戏很典型，他演的这个人物是大庄，他老婆呢，长得五大三粗的，还怀孕了，反正挺难看。张国立演的这角色叫佟志，跟自己的爱人两人晚上在工厂里遛弯儿，就看着大庄陪另一个叫梅梅的女同志一起溜达，还说在外边捡废铁呢。按照常理来讲，你老婆怀孕你不在家陪你老婆，跟别的女人晚上出来还说什么捡废铁。这让佟志很来气！可是大庄一看佟志心里也虚呀，一转身就走了，这是剧本里头写的。林永健看剧本说这不合理，大庄跟这个佟志关系这么好，也没有必要害臊到这个程度，转身就走啊！这时候照这个人物的性格他得贫上两句。

大庄：啥叫瞎搞啊！啥叫瞎搞啊！我帮着梅梅捡废铁呢，大炼钢铁为国家作贡献，怎么叫瞎搞呢？我告诉你，你别造谣生事，我开你的批判会！

佟志：行了吧！你这个人，我还不了解你？你假公济私你，行行，你就这么搞吧！我告诉你，你到时候后悔都来不及。

大庄：你干啥玩意儿，一本正经给我上政治课？

佟志：那怎么着？

大庄：我帮着同志为祖国作贡献，你瞎操啥心啊你！哼！

佟志：就算你陪她捡废铁来了，你干吗非上厂里来捡？你干吗非让文丽碰见？你知道我在文丽面前都怎么说你吗？我说你跟淑贞感情是青梅竹马，感情基础是很深厚的，我还说你这个人，这个心地是善良的，你看你给我来这么一下子，你让我以后怎么说？我说什么？

大庄：虚伪，你真虚伪！你帮着淑贞打抱不平是假，其实你想维护你在你媳妇儿心目中的形象。

这里边加上了这么一段油腔滑调的、但能反映人物内心真实活动的台词，这戏就这么演下来了。导演一看，不错，林永健你长能耐了。所以说，林永健就是这么一个虚心好学的演员。

等着等着，属于他的人生机遇就来了。这几年我们看林永健在银幕上演了很多这样、那样的角色，可以说大家对他的认识一天一天加深，可是在这个过程当中，林永健自己不满足。你看什么《喜耕田的故事》《孟来财传奇》——没办法，人家给我的角色，都是丑角，小人物、坏蛋、汉奸、鬼子，就这类角色。他自己也想，我想实现转型非得演一个跟自己原来反差大的人物！我不是原来搞笑吗，我得演个倍儿严肃的，我原来演反面角色我这回得演正面角色，原来演小人物这回我要演个大人物！正在这时候，导演刘江——就是拍《媳妇的美好时代》的导演——找上门来了，说我这儿有个不错的本子，想请你在里边演一个非常重要的角色。这是一部谍战剧，让他演国民党陆军情报处第八局局长谭忠恕，这个片子名字叫《黎明之前》。一开始，林永健说不演不演，一是那个角色不大适合我，更重要的是《潜伏》刚演完——《潜伏》多火啊，到我这儿等于拾人牙慧，演得再好，人家一想到孙红雷，不一定待见我——这个难度太大。

刘江说，你别着急，我把这本子给你看看！就这么着，林永健把《黎明之前》这本子拿来仔细看了一遍，哎哟！这本子写得太好了，再一个他一翻里头谭忠恕局长这个人物可塑性非常强，跟我们以往了解的反面人物完全不同。所以，林永健觉得这个角色对自己毫无疑问挑战非常大，但是挑战越大——就像我们说炒股风险大，可是你要挣了那就比存银行、买基金挣得多多了！这时候林永健觉得这个角色值得自己冒把险，就把谭忠恕这个角色接了。

然后，他案头工作做得也很细，找了大量那个时期的资料，比方说把《戴笠传》研究了一遍，像军统那时候什么情况，还有以前反映国民党军统的一些资料都拿过来看了，这个过程就是他揣摩人物形象的过程。他首先考虑，一定得收起自己原先身上"油腔滑调""见风使舵"的代表小人物形象的那些东西，从里到外都要使自己变成凝重如山一般的大人物！那怎么找这种气场呢？首先，外在形象要有所改变。在戏里边，谭忠恕戴了一个茶色的眼镜——本来这个眼镜不是给他的，是给吴秀波饰演的角色戴的。可是，林永健一看，说你让我戴上试试！戴上之后，他对镜子一看，好！他长着小眼睛，人一看就想乐，要谭忠恕局长出场你看着想乐，这种感觉就不对了！所以，他要先把自己身上最明显的特征给遮住，茶色玻璃眼镜一戴上，这小眼睛就看不着了！另外戴上之后人会有意识地隐藏一些什么东西，能把这个局长形象城府比较深的感觉演出来。

然后，内在气质如何表现呢？本来林永健是个非常随和的人，在生活当中喜欢跟朋友之间嘻嘻哈哈开个玩笑什么的。可是为了进入饰演"谭忠恕"的状态，他要把这些都做些改变。比方说，有一个好朋友到他家去了，正常的情况下朋友一按门铃，他一开门："哎呀，老刘，多长时间没来了！来来，我这儿新来的铁观音，你尝尝，挺好！家里怎么样？嫂子还好吧？"这是生活中的林永健。可是，这时候这个朋友来了，一按门铃，不是门直接打开人出来，而是先轻轻推开一条缝，然后门才开了，林永健背手站在门口："你怎么不打个电话？最近怎么不跟我联系了？进来吧！"这是谁的范儿？"谭忠恕"的范儿！咱们看过电视剧的都知道。他这朋友说，坏了，这人要到这程度就完了，得送精神病院了！接下来两人一聊才知道，这是磨戏呢。就是他已经把谭忠恕这个人物带到生活当中来了，所以他这朋友才理解了，说你这样肯定能演好。

当然，在这个戏里林永健也不是按导演给他的模式来演绎的，他也加东西。林永健就说，你想啊，一个生活当中很严肃的人，尤其他当官以后，他怕下属觉得他难接近，有的时候还真愿意说两句笑话。所以，林永健给自己的戏里设计了很多玩笑话，你比方说："新杰呀，你这是心里有结啊！"跟水手说："那个老师叫顾晔佳，这名字多好啊，多顾家呀。"

其实，就是我们刚才常说的，生活当中很严肃的人，他掌握一定权力了之后怕人觉得他太严肃，会开上一两句玩笑。可是这个玩笑不像我们生活当中朋友之间开玩笑一样肆无忌惮地哈哈大笑。领导开个玩笑，你怎么乐这是个学问：你不乐不行，不乐你把领导得罪了；你要放肆地乐也不行，不能侵犯领导权威。所以生活当中我们常见到的，就跟《黎明之前》里面一模一样：比方说领导谭忠恕在这儿开玩笑，下面"哈哈哈哈"，你也不知道真乐假乐，一方面他得乐，但是乐的时候还得琢磨这玩笑什么意思——损我呢？捧我呢？这是办公室政治的典型代表。我相信不少观众朋友在看这一段的时候，可能会发出会心的微笑，因为这一幕在您的生活当中绝对似曾相识。

胡军：硬汉也柔情

有段时间，一部电视剧特别火，叫作《金婚风雨情》。《金婚风雨情》在一开始宣传的时候，是以《金婚 2》作为一个卖点炒作的。观众们在看完了张国立、蒋雯丽演绎的《金婚》后，对这部剧同样充满着期待。

大家尤其感兴趣的是，这部剧的男一号由胡军出演。胡军这个名字想必大家并不陌生——萧峰萧大侠，是个“硬汉”形象。那么，这样一个硬汉，究竟能演绎好一个比较温柔细心，还有点儿婆婆妈妈的家长里短形象吗？

电视剧播完后，证实了所有的担心都是多余的。观众看了这部电视剧之后，对胡军所演绎的角色大加赞赏。虽然他之前塑造的都是铁骨铮铮的硬汉形象，但这次的演绎同样出神入化。那么，我们就来更加深入地了解一下“铁汉柔情”的胡军。

《金婚风雨情》这个电视剧的主要卖点就是讲述家长里短这点儿事。所以，它不像谍战剧那样绕圈子，而是很直接地表达感情。胡军在剧里所扮演的这个人的名字叫耿直——从名字就可以了解到男主人公的性格非常耿直。耿直是个退伍军人，脾气暴躁，又有点儿鲁莽倔强，而且头脑也很简单。

两个人结婚后生活50年才叫金婚。这部剧里胡军扮演的耿直，和周韵扮演的舒曼经历了从1958年到2007年这50年的风风雨雨。

耿直和舒曼谈恋爱的时候，正赶上那个特殊的时代——当时讲究家庭成分。舒曼的家庭成分不好，而耿直是名军人。他俩谈恋爱时，组织上找耿直谈话，让他多考虑自己的前途。但耿直义无反顾地说：“既然跟人谈恋爱，我得对人负责任。不能因为自己的前途受影响，我就放弃这段感情。”所以，他什么都不要了，毅然地从部队中退下来，担负起男人的责任和舒曼走到了一起。所以，从起点来看，胡军所演绎的这个角色依旧是个硬汉子、纯爷们儿，是一个能为家庭、为自己负责任的男人。

胡军以前一直演绎这种“硬汉”形象。而且从胡军的回忆当中，我们了解胡军从小就是这样的性格。胡军的爸爸叫胡宝善，他的大伯名气更大，是演唱过《东方红》《赞歌》等著名曲目的男高音歌唱家，叫胡松华。有一次，胡军的爸爸感冒了，感冒时吃那个药片的主要成分就是黄连。爸爸边嚼着苦苦的药片边皱眉头，胡军当时只是个七八岁大的小孩子，看到爸爸表情不对就问在吃什么。他爸爸说你甭吃这个啊！这可不是好吃的东西。胡军以为他爸爸在骗他，哭着闹着要吃，他爸爸一气之下就给了他一片药。他爸爸问怎么样啊？他爸爸这么一问，胡军来劲儿了，心想我就说好吃，于是就真的把药片嚼碎咽下去了。

时隔多年之后，胡军回忆说，当时那片药苦得自己死的心都有，可就是因为跟自己父亲较劲儿才咽下去的。这也把他性格里不服输的一面淋漓尽致地展现了出来。

所以说，胡军的骨子里就有这种硬汉的气概，为了面子宁死不倒。后来他所演绎的好多形象都和硬汉有关，给大家印象最深的当属《天龙八部》里的大侠萧峰。

他所扮演的萧峰这一角色很有意思，众所周知，张纪中导演拍了很多金庸剧，例如《神雕侠侣》《射雕英雄传》《天龙八部》。但剧中的男一号，经常会被观众吐槽。故事还要从最初说起，《笑傲江湖》开拍的时候，令狐冲这个角色吸引了好多有名的演员来试镜。那时候胡军并没有现在这样大的名气，但也自告奋勇前来试镜。他问，张导我能不能演令狐冲？张纪中打量了胡军一下，跟他聊了聊天，看看他以前演绎的角色，感觉到胡军演不了令狐冲。令狐冲潇洒，甚至有点儿浮华之气，胡军并不具备。但是张纪中马上想到，要拍《天龙八部》的话，可以找胡军扮演萧峰这个角色——胡军的硬汉形象跟自己心目中想象的萧大侠是一样的。

所以，张纪中婉拒了胡军，并承诺拍《天龙八部》的时候找他演萧峰。这话张纪中是认真说的，但胡军并没有当真，他认为这是一种委婉的拒绝方式，就回去了。

两年以后，张纪中筹拍《天龙八部》，给胡军打电话，邀请他扮演《天龙八部》中的萧峰。胡军想了半天，才想起来两年之前张导许下的承诺。所以，胡军当时十分开心，并且凭借着萧峰这一形象迅速走红。

好多人看完之后认为，这个跟金庸原著所想要塑造的形象是很贴近的。胡军扮演的耿直这个角色也表现得淋漓尽致——他从部队退下来，义无反顾地要为自己老婆、为自己的家庭负责——为了老婆孩子，什么都不顾了，这就是生活中的“硬汉”胡军。这是纯爷们儿！《金婚风雨情》这个戏几集演过来，接着展开家长里短这些事的时候，观众突然发现胡军身上也有不少柔情的地方——他以前演的角色里很少展示这一面。

在剧中，耿直和舒曼两个人很恩爱地生活在一起，可是时间一点点流逝，舒曼有点儿忘了当初的耿直是为了她抛弃一切，选择和她一起生活的。舒曼开始觉得耿直没有正经工作，还有点儿不大上进，两人吵吵闹闹，甚至要离婚。最后舒曼极端地说，那样吧，咱们分开一段时间冷静一下。之后，她申请到唐山工作了，那一年是1976年。

接下来的唐山大地震，让两个人有了本质的改变。耿直知道老婆去唐山了，唐山有大地震，他毫不犹豫飞身奔唐山去了。他找到舒曼的大致位置，不顾一切用手挖：“舒曼！舒曼！舒曼，老婆快出来吧！老婆！我是耿直！快出来！我是耿直！”很幸运，舒曼没有死，看见了耿直在那拼命挖废墟上的泥土，上去就抱住了耿直，两人一下子就哭了。

男儿有泪不轻弹，只因未到伤心处。没想到这个硬汉还有这样一面！其实在生活当中，我们看越是所谓硬汉，就会发现铁汉柔情也是有一定道理的。

说起硬汉，说白了是有点儿装酷，表面上很坚强。但其实每个人的心都是肉长的，都挺柔软，只是没有碰到能够展示他爱心的这样一个机会。在生活当中胡军就是一个很好的父亲，他的孩子，如果有点儿小病什么的，他一定亲自带孩子去医院。有本杂志报道过，在流感流行的时候，胡军带着孩子来北京儿童医院看病，在走廊还碰到佟大为抱着孩子。这个时候，我们就能看出一个演“硬汉”的演员内心柔软的一面。

其实这个柔软的一面不仅仅指这个。剧组里人讲过这样一个故事，有一次胡军坐在一辆中巴车上，在一个小路上行驶的时候，突然间前面冲出一只狗。结果司机赶紧急刹车，一看狗晃晃荡荡过去了，就想继续行驶。胡军说等会儿等会儿，我下车一下。司机问他下车干吗，胡军说他要下了车把这狗抱到车上来看看。他说这狗眼睛肯定有毛病，后腿还有残疾，这个车压不着它，别的车也得压着它。他说，这狗要在街上肯定被压死，我把它带回去吧！于是，胡军一直把狗养起来了。就这样一个我们眼中的硬汉，他内心也有柔软的地方，所以才能演绎耿直这个角色中柔情的一面。

这个戏里还有不少浪漫的桥段，胡军处理得也比较得当。比如舒曼是个有点儿小资情调的人，有点儿类似《王贵与安娜》里边的安娜，是有小资情调的媳妇。平常爱听听音乐，看看话剧，看看芭蕾舞，可是这50年间，耿直没有一回陪老婆去过剧院。等2007年金婚的时候，两人都老了，耿直说我陪你去剧院看芭蕾舞《天鹅湖》。但是表演刚刚一半的时候，耿直就靠在老伴舒曼的肩膀上睡着了。

胡军在《金婚风雨情》中，将自己柔情的一面展示得淋漓尽致。可一开始，这部戏差点儿在胡军手中夭折——胡军并不想演这个角色。因为《金婚风雨情》宣传的时候说是《金婚2》。不少观众看过《闯关东2》，它就跟《闯关东》没有任何联系，完全是另起炉灶的一部剧。其实，《金婚风雨情》跟《金婚》也是没有任何联系的，但是一开始既然都叫《金婚》，大家就得比。前边是张国立、蒋雯丽两个大腕儿演过的，现在胡军就会想，我能演得过张国立吗？再一个，胡军也充分考虑了他要演的这个角色，是从二十来岁跨度到七八十岁。这么大年龄段的跨度，要求他必须对过去那种生活有所了解。虽然当时胡军也是40岁的成熟男人，可是要讲对20世纪五六十年代的了解，他肯定是不如张国立。所以在这一点上，胡军就不如张国立了，所以胡军一开始不想接这个戏，觉得自己可能演不过张国立，但是把剧本看完了以后呢，他发现这个戏挺好。

电视剧里的主角想要完成一次转身，就要利用一个和从前完全不同的角色。胡军一看这个角色也觉得自己要演好了的话，就能完成自己的一次“转身”。所以，他把这个角色接过来了。可在这部戏里，胡军的有些表现确实不如张国立。比如演老年戏，他才40岁，演七老八十这个戏，明显有点儿“装老”。道理就像张国立在《金婚》里扮演的20岁的佟志一样，张国立那时候五十来岁了，演20岁的角色是“装嫩”。

当然，这并不影响观众去欣赏《金婚风雨情》，正是因为这是一部反映老百姓家长里短，讲述相濡以沫老夫妻感情的剧，着实能打动不少观众。可能现在中年以上的夫妻两个人，坐在电视机前看这样一部电视剧，一起回忆起生活当中的点点滴滴和走过来的不易，有时候真是分不清到底这是戏，还是现实当中的人生。

王宝强：傻根的春天

我们之前说到过一些“丑男明星”，其中有的人长相是丑，可是人家是科班出身——有的虽然不是科班出身，那也是其他艺术门类过来的。但是这一节我们说的这个“丑男明星”，以前没什么表演经历，就是一个非常纯朴的、正宗的农民工。

我一说“农民工”仨字你马上就会脱口而出——王宝强吗？对。那么我们看王宝强演的角色里面，“许三多”恐怕是名气最大的。但是很多的人认识王宝强，是从《天下无贼》开始的。《天下无贼》里面他演了一个在外面打工的角色——傻根。傻根是山里的孩子，也没有什么见识，而且这孩子还比较拧，不相信这世上有贼，所以像这么一个好骗的人，身上还带着几万块钱，引起了两伙儿贼的注意——也就是刘德华、刘若英扮演的这对组合加葛优那一伙儿，双方都想把傻根的钱“吃掉”。他们双方围绕着这一故事情节在火车上明争暗斗。而傻根自己根本不知道身边存在什么样的危险。最后结局算是大团圆，还了大家一个“天下无贼”的美梦。

本来，开始时大家都是看看葛优，看看刘德华、刘若英。可是我们看完这个电影之后，就寻思这个傻根是哪儿找来的？跟我们平常接触的农民工傻小伙子差不多，那种纯朴劲儿完全一样。好多人说，这冯小刚真有本事，能找来这么一个主儿，在人堆里你看不出来，把他揪出来还这么典型。其实，王宝强在演《天下无贼》的时候，多少已经有一点儿表演经验了，因为在这之前人家王宝强都得过影帝了。

有人说，这是胡说八道吧？王宝强演《天下无贼》之前就得过影帝了？在 2003 年，王宝强拍了个电影——他那时候整天在电影厂门口蹲着等活儿呢！人家就看他这个傻乎乎的样子找到他了，拍什么片子？《盲井》。业内人士可能对这个片子比较了解，但是大多数读者朋友不知道《盲井》是怎么回事儿。《盲井》这部片子没有在国内公映，因为它反映的事实太残酷、太阴暗了。大家可能在新闻报道里听过这样的事，比方说中国有些矿区，私人矿主有时候根本不在安全方面投资，经常出矿难，出了矿难呢就得瞒报——因为政府要是知道了，把矿封了，他就挣不着钱了。瞒报的话就得息事宁人——你不就得给死亡的矿工家属钱吗？于是就催生出一个残酷的产业链条，比方说一帮人，从贫困的地区弄来几个打工的，通过伪造身份证装成这些人的亲属，然后把他们骗下井去挖煤。在下井的时候，他们残忍地把这些矿工杀死，并伪造事故现场——比如什么木架子倒塌了，塌方了，等等。然后，他们把尸首弄上来，向煤矿老板要钱。这是一种非常残忍的犯罪手段，不少矿区都发生过这种事。

《盲井》当时就是把眼光触及这一个盲区里了，反映的事实很残忍，非常有震撼力。在里面，王宝强就演了个被骗到井下的农民工。这个片子使王宝强获得了第四十届金马奖“最佳新人奖”、法国第五届杜威尔电影节“最佳男主演奖”以及第二届曼谷国际电影节“最佳男演员奖”。当时，“影帝”王宝强除了得了两三千块钱片酬，也没有捞到什么别的好处。而且这种片子拿到国外去放映，更多的人是把它当纪录片看，没有把它当作一个影片去看待。所以，王宝强当时是徒有“影帝”的称号，没有影帝的待遇——他还跟以前一样，蹲在电影厂门口等群众演员的活儿呢。

这时，冯小刚挑上他了。之前大家都不知道有这么个王宝强，而他因为演了《天下无贼》，一下子跨到了事业的巅峰。当然，他演得最出彩的还是《士兵突击》里的许三多。说实话，“许三多”这个形象给人的感觉就像给王宝强量身定做的一样。

据说，当初这个角色本来是准备让黄海波来演的，可是阴差阳错，黄海波那阵儿在《新上海滩》里面演丁力，档期排不过来，就落到王宝强身上了。结果演完后，黄海波非常服气，怎么服气呢？他说王宝强演得非常好！好在哪儿？要是我，那是“演”许三多，而王宝强就是许三多！也就是说，《士兵突击》里许三多这个形象，跟王宝强本人有高度的契合度。比如从身世上，在家里头许三多他爹看不起他，总骂他龟儿子。许三多为什么想当兵呢？就是想离开家，不让爸爸骂自己。

王宝强家里头世世代代是农民，但王宝强不满足于农村的生活，想往外蹦。他爸爸经常说他：你一个农村孩子你想这个想那个，干什么？1992 年，王宝强的家乡放了露天电影《少林寺》。不少朋友是 1983 年、1984 年看的《少林寺》，王宝强晚了 10 年才看的——看完之后王宝强来劲儿了：我是河北人，少林寺就在河南登封，离我们这么近！我要到那儿去！我要当电影演员，我也要练武！当时他爸爸拗不过他，就真给他送到少林寺去了。他成了少林寺俗家弟子，说白了就是每天干干活儿、打个工、练练武什么的。王宝强以为自己剃了光头，穿了僧袍，哪怕天天扫地啥的，都是拍电影，所以在那儿傻乎乎干了 3 年——他到十几岁才知道，拍电影还得用摄像机，但是那几年他确实学到东西了。他不是崇拜李连杰，想当电影演员吗？他练武非常认真，那时候刀枪剑戟，斧钺钩叉拿来都能耍两下子，身体练得比较结实。旁边有师兄弟笑话他，说你看你那长相，歪瓜裂枣的，家里条件也不好，你会演戏吗？恐怕你连话都说不全呢！所以，当时王宝强就受到了很多非议。

这有点儿像什么？你看电视剧中，许三多到了兵营里面，连走道都顺拐，集体训练的时候总给连队抹黑，谁也瞧不上他。他是在这种被别人打压、被别人瞧不起的环境下，一天天成长起来的。接下来许三多被分到草原五班，那地方在非常偏僻的地区——许三多到兵营里，本来想自我完善，甚至成为英雄，可是理想跟现实之间落差太大了！这点儿在王宝强自身生活经历中体现得更加明显。14 岁的时候，王宝强来到北京，身上就揣着 500 块钱——这也得活啊！于是就去打工。那时候他算童工，雇他是违法的。所以，人家成年工人一天挣 50 块钱，他一天挣 25 块钱，天天在工地里给人家搬沙子、扛麻袋、搬砖。但与此同时，王宝强没有忘了拍电影这事儿，经常到电影厂门口转悠，看能有活儿让他干不。但他有一个长处，人家一见是群众演员，就问你会啥啊？我能练武。来两下试试看吧！毕竟在少林寺待过，他噼里啪啦一练，还真行。

于是，凡是有武打戏的就让他来，不是让他当替身，就是让他演那些挨揍的角儿。所以，王宝强在这时候上镜过好多次。演过什么呢？比如，《孝庄秘史》《大腕》这样的戏——当然除了他自己以外，谁也不知道他演过这些戏，因为他根本没露脸——你看让人踹一脚在地上滚的那个就是我。所以，理想跟现实之间存在非常巨大的落差。

电视剧里的“许三多”，就是在这种落差很大的情况下，依然天天跑步、练正步、练队列。旁边的人都说，你到这儿来混混日子不就成了，你这是干吗？而许三多坚持“不抛弃不放弃”“每天要活得有意义”，这成了他的信条。而王宝强也是在这种情况下，咬着牙以这种信条来激励自己的，这使他跟许三多契合度很高。

接下来，我们再看等到机遇的时候是什么情况。许三多自己努力甚至自己修条道，结果被领导在直升机上看着了，从此把他调到了钢七连——不在草原五班待着了。那么，王宝强一开始的时候，就是在《盲井》当中演过农民工，冯小刚就是顺着这条线找着他的。刚开始让他来演的时候，他都不敢相信自己是跟谁合作？大导演冯小刚！一听名字就心怦怦直跳啊！一看演员有谁？刘德华、刘若英、葛优、李冰冰，全是大腕儿。他把这个消息跟自己爹妈一说，家里都不敢信——他哥哥是刘德华的粉丝，他妈妈是刘若英的粉丝——那阵儿电视正放《粉红女郎》呢，刘若英不是在里面演“结婚狂”吗？他妈妈说，你赶紧把他们的签名给要回来——你看还追星呢。所以，王宝强进到剧组里，是带着仰视的目光开始演戏的——这都是我的偶像啊！冯小刚一看不对，你这么演非演砸了不可！冯小刚说：你不要自卑，说我啥也不会，人家专业演员怎么着，你就演好你自己就行了——记住，傻根就是你！农村人很纯朴很自然，你就把你这种感觉演出来就成了，用不着跟别人攀比！

所以，在冯小刚的启发下，这里面王宝强演的傻根用河北方言说“我就不相信世上有贼”，一下子把人物形象就树立起来了。对于王宝强来讲，是绝对的本色出演，这种自然主义的流淌一下子让傻根的形象深入人心，就真跟现实当中的农民工形象一样。

当然，有些场面得靠导演和其他演员来激发。比如，有一场哭戏中，他怎么哭也哭不出来——他毕竟不是专业演员，没有学会怎么集中调动自己的情绪。所以，这时候刘若英把他叫一边说，老弟啊！你看这些天咱俩处得跟姐弟俩似的，过两天戏拍完了我就要回去了，等电影上映大伙都知道咱是姐弟俩，可那时候你有你的事，我有我的事，咱就不能在一块儿了。哎哟，这些天刘若英挺照顾他的，王宝强一听这个——农村孩子很纯朴，一想到姐弟俩要分别了，就哭出来了，这出戏就过了。所以，王宝强演《天下无贼》时，他的“不专业”体现在哪儿？他还要靠真实的感情去激发戏里人物感情。但有些东西是不需要激发的，比如里面王宝强唱了一首当年风靡全国的、在农民工里享誉度很高的歌，叫《离家的孩子》，唱得非常有感情。

话说王宝强演完《天下无贼》以后，成了农民工心目当中的代言人了。之后，王宝强在《士兵突击》中达到了自己演艺生涯的一个高峰。后来，他又演了《我的兄弟叫顺溜》等一系列电视剧，可是在这些片子里，王宝强脱离了农民工这种演绎方式，所以给我们留下的印象不深。

那么，转了一圈儿之后呢，王宝强回归到农民工本色，演了一个喜剧片叫《人在囧途》。电影中，他跟徐峥两人演对手戏，徐峥演一个老板，王宝强演个农民工，把春运时候的那些遭遇都拿出来了——里面他其实是演了个“倒霉鬼”加“乌鸦嘴”，把这大老板徐峥弄得一点儿办法也没有。后来，他和徐铮、黄渤合作的电影《泰囧》，更是创造了喜剧片的票房神话。

总之，演绎农民工的生活，对王宝强来说是驾轻就熟。2008 年王宝强达到了人生的另一个巅峰，就是上春晚——人家上春晚就演一个节目，他上春晚演俩。我们知道当年 1984 年春晚的时候，有一个人演好几个节目，后来基本上就没有这种情况了。而这一年的春晚，王宝强跟闫学晶和冯巩演了《公交协奏区》这个小品，他也在其中演农民工，结果那个小品获了一等奖，而且是当年收视率最高的一个小品。同时，他又唱了一首《农民工之歌》。可见当年王宝强这个火！他完全成了农民工形象的代言人。

2015 年，王宝强还出演了陈凯歌导演执导的电影《道士下山》；2015 年年底，他主演的喜剧侦探片《唐人街探案》上映，取得了口碑和票房的双重突破。而且,《唐人街探案》中，王宝强用“广普”取代了他标志性的河北口音，出演的角色相对于以往的农民工形象来说，也具有颠覆性的效果，可以说是一种演技上的全新突破。

事到如今，我们回过头来看，王宝强的成功，其实得益于时代的变化，比方说从中央到地方对农民工的持续关注；社会舆论层面，对作为弱势群体农民工的舆论支持；等等。所以王宝强未来的发展前景非常值得期待。目前，王宝强已经成立了自己的工作室，自己当上了“老板”。像 2015 年年底上映的《唐人街探案》，王宝强就是投资人。说实在的，现在全社会对农民工的这种重视，也是促使王宝强上镜越来越高的重要原因。也就是说，是这个时代给王宝强提供了这么多这么好的机会。所以，王宝强的成名从各个方面来讲，我觉得都算得上是一件好事，是时代的一种进步。

LAOLIANG SHUO TIANXIA

史记：

歌犹未竟 东方即白

一代帝王

千古名臣

神机军师

寂寞名将

一代帝王

秦始皇死亡之谜

评书里有个定场诗说得好："日月如梭天天天，寒来暑往年年年，升官发财美美美，两腿一蹬完完完。"这不是悲观，而是生死的客观规律。但是，越是位高权重的人，日子过得越好，也越不想死。中国历史上第一个皇帝秦始皇，就是终日求仙问道，梦想长生不老。

秦始皇在第五次出巡东游的过程当中，死到半道上了，卒年 50 岁。当时李斯、赵高两个人发文书说他暴病身亡。有的人怀疑，秦始皇体格棒着呢，怎么那么容易暴病身亡？那个时候没有关于皇上身体健康的医学记载，但是从历史上我们能找到一些根据。

当年荆轲刺秦王，把燕国的地图放到秦始皇面前，然后一点一点展开，展到最后是匕首，图穷匕见！当时秦始皇"噌"就起来了，反应是相当之快。你想，这么一个刺客来了，一回合一剑就给他撂倒了，可以看出秦王嬴政的身手不错，很矫健。

后来，有个音乐家高渐离也曾刺杀过秦始皇。"风萧萧兮易水寒，壮士一去兮不复还"，这个词是荆轲唱的，奏乐的就是高渐离。高渐离擅长击筑（古代的一种击弦乐器，颈细肩圆，中空，十三弦）。这高渐离一门心思要害秦始皇替荆轲报仇，秦始皇就把他眼睛熏瞎了。为什么不弄死他呢？原来，秦始皇爱听音乐，是个音乐发烧友，所以天天把高渐离带到身边听他演奏。高渐离就在筑里灌上铅，欲“以筑击秦皇帝，为燕报仇”。他看不见，通过耳音听来判断方位。他弹着弹着举起筑来就冲秦始皇砸去。秦始皇立马将他拿下，道“岂有此理，将他碎尸万段，散于天下”。

你想，秦始皇沉迷在音乐当中都能有这么快的反应！所以说，秦始皇身体素质相当好，不是一般人能比的。身体素质这么好的人，在东巡之前又没有什么征兆，怎么会50岁就死到半道上了呢？所以，有人怀疑是安全护卫的问题。这不大可能。怕死的人往往把安全护卫看得很重，秦始皇每次出行，身边带的武士都很多，而且他也善于迷惑那些刺客。

当时秦国灭了韩国，韩国有个贵族，叫张良，张良张子房，“汉初三杰”之一，这张良就琢磨着报仇。秦始皇出游到博浪沙这个地方的时候，张良训练了一个大力士，拿着一个100多斤的大铁锥埋伏在路边，史称“博浪锤”。这大力士就准备路上袭击秦始皇。可是等秦始皇的车队过来，张良傻眼了！那个时候“天子六乘”，就是六匹马拉着他的座驾——一般大臣只能四匹马拉车。你要想认出秦始皇，六匹马拉着的就是他了。结果这车队浩浩荡荡过来，一看全是四匹马拉的车，分不清楚。没办法，只能挑中间看起来最豪华的那个，一锤砸过去了。

结果，那车里根本不是秦始皇——秦始皇在后头呢。所以，秦始皇周围的安全防卫是第一流的，保密工作做得也好，不大可能是安全防卫的问题。

那既然这样，秦始皇为什么不在宫里好好待着，非要出来东游呢？秦始皇就是因为怕死才出来东游的。就在秦始皇东巡这一年，出了三件事弄得秦始皇心里很不得劲儿。

头一件事叫“荧惑守心”。“荧惑”是中国古代对于火星的称呼；“心”就是二十八宿之一的“心宿二”，也是位于我们现在所说的天蝎座。“心宿”有三颗星星挺亮，中间一颗代表皇上，一边代表太子，另一边代表庶子。“荧惑守心”就是火星运行到天蝎座附近，停一段时间再往前走，这在我们今天看是正常的天象，是由地球自转、公转产生的。但那个时候，古人就认为这是不吉利的，只要出现“荧惑守心”，帝王轻则退位，重则死亡。它就像皇上上台之后“五星连珠”，据说这武则天上台，有五颗星星连成一串，这叫吉人天相，而“荧惑守心”是不吉利的天象。

第二件事是“陨石事件”。秦始皇三十六年，秦国的东郡突然间落下一块大陨石，陨石上刻着七个字“始皇帝死而地分”。原来不是大一统江山吗？这回又要重新分开了，这也挺不吉利。其实，这有可能是政治对手采用这个方式祸害他。就像陈胜吴广起义，买了条鱼，一打开鱼腹，里面有个绸子上写着“陈胜王”——其实这就跟宋江在水泊梁山上弄出那么一个碑，上边写着水浒一百单八将排行是一样的，就是糊弄没文化的人呢！但是，这个时候秦始皇挺当回事儿。

第三件事是“沉璧事件”。这年秋天，秦国的华阴突然间冒出一个来无影、去无踪的人，给了秦始皇的近臣一块美玉让送给秦始皇。秦始皇拿到这块玉一看，认识。10年前，他出行渡河的时候，河面上波浪很大，于是决定祭祭水神，就把随身带着的一块玉璧扔到河里头了。秦始皇问来的人说什么没有，他说今年“祖龙死”，秦始皇一听闹心死了，“祖龙”是谁？最早那条龙，也就是指秦始皇。秦始皇当年求河神保佑自己千秋万载永为天下君王，河神过了10年把礼退回来了，说这事儿我不办了。

所以，这仨事凑到一块儿，秦始皇担心了。这时候他开始找方士，人家告诉他，你不能在咸阳待着等死，你得出来。

于是，秦始皇出于迷信就从宫里出来了。有人就说，秦始皇这么出来是不就给折腾死了？那不是，秦始皇很明白锻炼身体的道理，他多次东巡，很多时候身体力行。因为过去不像现在，又是头等舱，又是商务舱的。这一道上虽然不用走路，但是舟车劳顿避免不了——就像咱们坐火车时一晚上睡不消停一个道理。但秦始皇精神头儿很好，当年在泰山封禅的时候，是一步步走上去的。所以，秦始皇在外东游其实是个锻炼身体的过程。那他为什么会突然间就这么死了呢？

有人说秦始皇是得上呼吸道感染——哮喘、支气管炎死的。因为史书里说秦始皇的长相是“蜂准、长目、挚鸟膺、豺声”。“蜂准”“长目”就是高鼻梁、大眼睛；“挚鸟膺”就是肋骨突出；“豺声”就是说话很像豺狼，说白了就是有点儿痰嗓。痰嗓说明呼吸道不好，这个“挚鸟膺”呢，说明经常呼吸道不顺畅，有时候容易哮喘。根据这两条，有人就推断秦始皇在路上突然间感染细菌，支气管炎引起上呼吸道感染，最后哮喘发作死了，是否可能呢？

其实史书记载的这几条不足为凭，因为所谓的“豺声”不外乎就是嗓子稍微哑点儿——像人家杨坤现在还是歌星呢。所谓“挚鸟膺”，无外乎就是胸骨稍微往前凸一块，因为史书另有记载，秦始皇一米八九那么大个儿，是个魁梧的汉子，不至于小胸脯。所以，说他死于这个是无稽之谈，无据可考。

还有人说秦始皇是累死的。据史书记载，秦始皇每天批的公文重达120斤。那时候120斤等于现在60斤——那不累死了？可是你别忘了那会儿没纸，是竹片，60斤竹片能刻多少字？他比后代皇帝如雍正、乾隆这些批得少多了，所以也不大可能是累死的。

还有种说法说秦始皇是中毒死的。他不总吃仙丹，想长生不老吗？这倒有点儿根据。因为那阵儿的仙丹，都是汞之类炼成的！但这个也有问题。因为中毒虽然是慢性的，但他前边总得有些征兆，比方说眼睛不行了，身体虚了，身子骨软了，脸上经常红一块紫一块的了，等等。那怎么可能说他在东巡之前还是活蹦乱跳的一条汉子，道上突然就死了？如果说是慢性中毒这时候集中发作了——这慢性药也太急了。

所以，是不是中毒死的，将来只有秦始皇陵地宫打开，拿现代科技检测后才知道。就像光绪说是被囚禁到瀛台，慈禧太后下毒把他弄死了。后来真从光绪的头发中检测发现有砒霜，这说法才能坐实。所以，以上这几个猜测都不怎么靠谱。

历史学家郭沫若提出一个论断，他说秦始皇死的时候，身边赵高、李斯在，就发现秦始皇右耳朵里有个三寸长的铁钉钉进脑袋里边，秦始皇是这么死的。郭沫若指出，这是被他儿子胡亥给害的。郭沫若这个论断得到很多人支持，因为从历史发展的角度来看，秦始皇有个最大的失策，就是他不立太子不立皇后，为什么？秦始皇的母亲赵姬不检点，之前跟吕不韦好，据野史说秦始皇就是吕不韦的儿子。后来又跟一个不三不四的社会流氓嫪毐好，秽乱宫禁还生了俩孩子。所以，秦始皇就觉得女人简直太不可信——自个儿亲妈都这样！他不立皇后，也就相应地没有立太子。秦始皇晚年是想安排公子扶苏继位的，但是这诏书最终也没有发出来。

胡亥是秦始皇第十八个儿子——秦始皇认为公子扶苏值得扶持，但是最喜爱的却是自己这个十八子。要是公子扶苏继位，胡亥就没希望了。所以，一边是胡亥和赵高、李斯结成联盟，另一边是公子扶苏和大臣蒙毅结成联盟。蒙毅有个兄弟蒙恬，跟公子扶苏一起率大军驻守在北部边疆长城一带。因此，当朝出现两党：公子扶苏一党和胡亥一党。

如果秦始皇死之前下诏书，把公子扶苏立起来，胡亥就是最大的受害者。所以他跟李斯、赵高联合起来，要把皇上弄死，然后假传圣旨这种可能性是最大的。而且，他继位后先后将蒙毅、蒙恬和公子扶苏赐药酒毒死。如果要害死秦始皇的是他大儿子扶苏这一党，怎么可能失败了之后还被人给弄死了呢？所以，这事儿不可能是老大扶苏干的，只能是这个十八子胡亥干的。

而且，秦始皇死之前，蒙毅就在身边。这个时候赵高、李斯联手把蒙毅给支走了。他这一走，秦始皇东巡在外，身边的忠臣、近臣也少，李斯、赵高、胡亥三个人一合局，掌握了整个局面，害死秦始皇也就不足为奇了。所以，根据历史上的蛛丝马迹来推断，秦始皇可能最后死在自己儿子手上。

这也说明，你不作就不会死。秦始皇如果不是想长生不老，不吃仙丹，就不可能中毒；如果不是迷信想保命，出去东巡，也不可能死在半道上；如果不是想千秋万代永为皇帝，不立太子，也不会死在自己小儿子手里。所以，综合这些一块儿推断，其实害死秦始皇的，是功名利禄，是对权位的贪恋。“高处不胜寒”，在这么高的位置上，你纵然是英明神武，心雄体健，也挡不住各处来的明枪暗箭。最高的权位意味着最大的风险，最大的风险背后就会产生各种各样置你于死地的可能。所以，后来袁世凯的儿子袁克文一听说他爸爸袁世凯要当皇帝，就写了一首诗，说得很有道理：

乍著微绵强自胜，阴晴向晚未分明。
南回寒雁掩孤月，西去骄风黯九城。
驹隙留身争一瞬，蛩声吹梦欲三更。
绝怜高处多风雨，莫到琼楼最上层。

汉武帝：王朝掌舵者

无论是宋代还是后来的明代、清代，外戚不能干政，后宫不能干政，这成了一条明文规定。但是在汉代不是这样，汉朝总共出了17个皇太后，从汉高祖刘邦开始，十七任皇太后当中，有九任皇太后直接临朝干政。汉武帝刚即位的时候才16岁，不光他母亲——皇太后王美人，还有太皇太后——汉武帝的亲奶奶窦太后，连奶奶带妈，两人管他，所以汉武帝执政之初饱受后宫干政之苦。

当然，作为中国历史上的有道明君，汉武帝在处理“外戚专权”这件事上，有一套属于自己的办法。在这里，咱们不谈汉武帝的功业，单说说汉武帝是如何处理后宫干政这件事的。

汉武帝刚执政的时候，也知道挡不住外戚干政之事，那既然这样，不如就顺水推舟——我就挑能干的，能为我所用的。田蚡是汉武帝的舅舅，窦婴是汉武帝的表叔，两人都是汉武帝朝中的重臣。有人说汉武帝难道就不怕窦婴跟田蚡两个人拉起手来，架空皇权吗？汉武帝不怕，因为他知道窦婴跟田蚡不是一路人——窦婴是个特别耿直的人，田蚡是个见风使舵的小人。

他怎么对窦婴有了这样的认识呢？汉文帝在位的时候，窦皇后生了仨孩子：老大是长公主刘嫖，老二是汉景帝刘启，老三就是她老儿子梁王。中国有句老话叫："老儿子大孙子，老太太命根子。"这个窦皇后也不例外地疼自己的"老儿子"。汉景帝即位后，有一回后宫摆酒宴，正吃饭喝酒，老太太喝得挺高兴。汉景帝为了逗自个儿妈玩儿，就来了句：娘，我要是死了，这皇位就传给我弟弟。其实，窦太后原来就希望让小儿子当太子继承皇位，但那些大臣也不同意——毕竟得立长子！这时候，汉景帝已经有了儿子，所以这话其实是想逗自己母亲开心。

没想到这时候窦婴站了起来——窦婴是窦太后的亲侄子，当时的职位叫詹事，就是管皇上家务事的。这时候，窦婴把酒杯端了起来说：不可，我汉室天下是高皇帝含辛茹苦用生命开创的，将帝王之位让给兄弟，只怕天下人不服。

这话把这窦太后气坏了，而且要是别人说也罢了，这是自己的亲侄子啊，怎么看不出自己的心思？所以，窦太后下了命令，今后禁止窦婴进宫。窦婴一看，我管皇上的家务事，职责所在，你不让我进宫还怎么干，就辞职回家待着去了。由这件事能看出，窦婴的脾气特别耿直，而且有点儿小心眼儿。一直到景帝驾崩武帝继位，太皇太后直接和武帝说：我那侄子是当朝栋梁，你让他回来当丞相吧！这才重新起用窦婴为丞相。

另一边作为平衡，武帝把自个儿舅舅田蚡起用为太尉。等窦太后死了之后，窦婴一下失势了，依附在窦婴身边的那些大臣、门客呼呼啦啦全跑了。他一倒，田蚡来劲儿了！汉武帝的母亲王太后就跟汉武帝说，你得重用你舅舅。

在王太后的督促之下，汉武帝让田蚡当了丞相。这个田蚡极其贪婪，他上台之后，这副嘴脸马上就露了出来——因为原来有窦婴压着他，他还不敢太嚣张。到什么程度呢？比方说任用官吏自作主张，他认为谁能当什么官，谁该当什么官，跟汉武帝汇报一上午，最后汉武帝烦了——

汉武帝自己还想推荐两个呢。

不光这样，田蚡就连皇族的权益也想揽过来。赶上有一年黄河决堤，黄河以北的大堤都决开了，老百姓被淹，为什么不把南边大堤扒开泄洪？因为南边都是皇亲国戚的地，扒开之后，就会把他们的地给淹了。这时候汉武帝想起来——窦婴这人耿直，就把窦婴叫过来，封他为大将军去治水患。窦婴到那儿一看，就这一条道，于是把南岸大堤扒开，把皇亲国戚的地都给淹了，北岸的水患得到解决，老百姓高呼大将军圣明。

汉武帝听完这事回到后宫，王太后直接找他，说是自己那一千顷地淹完了——完归完，起码老百姓得念叨皇上的好，可是老百姓喊什么大将军圣明，没人念你的好！这话就是在给窦婴穿小鞋呢！汉武帝听完之后，第二天上朝就把窦婴的大将军印收了回来。

田蚡一看皇上罢免了大将军，以为这下他完蛋了，就借这个机会欺负他，派人索取窦婴在城南的上好田地。如果光是田蚡欺负窦婴，倒也无所谓，关键他派来说事儿的这个人，窦婴看着来气。这个人姓籍，叫籍福，原来是窦婴的门客，后来一看窦婴失势，就改投田蚡了。

他忍了，旁边有人不忍。窦婴有个朋友叫灌夫。灌夫是个武将，很鲁莽。灌夫和窦婴之间关系很好，这天正赶上他在窦婴府上做客，一看籍福来替田蚡要地，就搂头盖脸地把籍福臭骂了一通。

籍福连滚带爬地回去跟田蚡汇报，把田蚡给气得够呛。等着等着，机会来了，赶上田蚡媳妇死了，就又续弦讨了一房夫人。窦婴也不太想跟田蚡关系弄得这么僵，尤其皇亲国戚结婚，他作为大臣得来捧场，千不该万不该，他带了灌夫去，灌夫又在婚宴上大闹了一番。

这下田蚡找着了借口，说这次办婚事，请各位来是奉皇太后旨意，你当众闹酒席骂文武百官，那是对当朝皇上和皇太后的不敬。于是，他先把灌夫抓了起来。窦婴一看接下来自己也要不保，就转守为攻。窦婴于是直接上朝，上告田蚡，当着武帝的面，一五一十地检举田蚡担任丞相期间怎样横行霸道、欺人田产、买官卖官、收受礼品。

双方在朝廷上僵持着，汉武帝不作评判，但他这事做得很聪明——

他把文武百官叫一块儿，让他们来讨论。这些大臣也很聪明，你推我、我推你，有大臣说大家认为灌夫罪不至死，但是窦婴告田蚡也没有实际证据，属于不实之告，所以双方“各打五十大板”。

汉武帝一看，这样挺好，就同意了。可是回到后宫，皇太后不干了。汉武帝很无奈，只得回头让人把灌夫关了起来。眼看着灌夫的性命不保，这时候窦婴突然想起来，景帝在位的时候，给他一道密诏，特许他直面皇上奏事。于是，他就赶紧打发家人在家里找到密诏，拿着密诏加上自己写的东西，呈到宫里去了。皇上发一道密诏，后宫里必然有存档，所以汉武帝就派人到档案府那边找，结果没找着。

这下子田蚡可抓着理了，说窦婴本来就是犯了这么多罪，这回假传先帝密诏，是死罪。汉武帝也无奈，因为如果没有这个诏书，窦婴顶多也就是个勾结奸人、罚没家产、削籍为民的罪名，他还能够救他一命。可是拿出诏书，而御库又没有存档，那他也救不了了。这个事在汉代那是大罪，于是，汉武帝下令先后把灌夫、窦婴杀了，祸灭三族。

这个事情发生之后，满朝文武人人自危。可是没过多长时间，这田蚡突然间犯病了！田蚡晚上一做梦，就梦见有恶鬼追他，醒来之后就神经衰弱，请巫婆、神汉什么的也不管用，过了一阵就得抑郁症了！接着就是一场大病，沉疴不起，最后胡言乱语，发神经病死了。

这个时候，两个重要的专权外戚——窦婴、田蚡相继毙命。满朝文武既无窦太皇太后的势力，也没有王皇太后的势力，汉武帝才把真正朝纲大权揽到自己手里。

从汉武帝对待外戚专权的这个态度，就能看出汉武帝是个很有智慧的皇帝——既然挡不住，那就先保证这些人能为我所用，在用的过程当中，又绝不偏着任何一面——因为偏向这一面，这面势力大了，控制不住——而是两头儿都用，两头儿都打压。不光这样，在打压的同时，又让双方的矛盾不可调和，互相制衡，所以汉武帝的权谋之道很了不得。

中国历史上所谓秦皇汉武、唐宗宋祖，这些伟大的皇帝，绝不仅仅是治国有方略，发展经济有办法，打仗有能耐，如果他不能把满朝文武的权力收归到自己手里，想怎么用就怎么用，也不可能建立那么伟大的功业。

赵匡胤传位背后的秘密

两宋时期，朝廷不那么强大，不光出了不少昏君，而且敌人也很强大，比如大辽、金国、西夏、元朝的崛起。在两宋 300 多年的历史里，边疆基本上就没消停过，所以朝廷总有事儿，显得风雨飘摇。

在统治力减弱的情况下，天下就会乱，所以两宋时候故事特别多。一开始，就是宋太祖赵匡胤“陈桥兵变”，兵不血刃获得了北宋的天下。更有意思的是，赵匡胤做了 16 年的皇上，照理说他俩儿子——大儿子赵德昭当时 26 岁，二儿子赵德芳当时 18 岁，应该都有能力继承皇位，没想到宋太祖赵匡胤突然驾崩，把皇位传给了他弟弟赵光义——也就是后来的宋太宗。很多人对这个事儿特别有兴趣，这也形成了一个扑朔迷离的历史谜案。

这个事情为什么说不合理？有人说当初“陈桥兵变”是哥儿俩干的，弟弟立下这么多功劳，把江山传给弟弟也正常。不是，这是完全违背历史事实的。只要自己在皇位上坐久了，世袭就是皇位合法性的最大来源。再者，中国历史上皇位继承有三原则：有嫡立嫡，无嫡立长，兄终弟及。第三条“兄终弟及”，就是说皇上死的时候没儿子，可以由弟弟接替——如果哥哥有儿子，就完全不合理，不适用这条。宋太宗赵光义其实叫赵匡义，后来是为了避讳自己哥哥的名字才改叫光义。弟弟继承哥哥的皇位这是绝对不合理的。

我们知道北宋之前是五代十国，“五代”就是后梁、后唐、后晋、后汉、后周。后周和当时的北汉政权并立，北汉属于“十国”之一，后周属于五代之一。后周显德六年，当时后周的皇上周世宗叫柴荣，柴荣突然间死了，他的儿子继位，就是周恭帝。周恭帝当时才 7 岁，所以符太后垂帘听政。结果到显德七年正月初一，突然间有探马来报说辽国、北汉要联手南下攻打后周，眼看着后周天下就完了！符太后作为女流之辈，也没有什么主意，慌乱之下就把宰相范质叫来给出个主意，范质当时主张派赵匡胤带兵出征。

出征这天是显德七年的正月初二，到正月初四这一天，大兵来到了一个叫陈桥驿的地方。到这个地方的时候，大军安营扎寨歇息了，结果到天亮要出征的时候，赵匡胤的弟弟，也就是后来的宋太宗赵光义，还有他的贴身亲信赵普，这两个人就从身边拿出龙袍，当着士兵的面，硬把赵匡胤推到了一个龙椅上，给他披上了。虽然历史上讲“忠臣不事二主”，但还有一种说法，叫“良鸟择木而栖”“识时务者为俊杰”。

赵匡胤再三推辞，但谁都知道这是惺惺作态。很快这个事儿就板上钉钉了，“陈桥兵变”黄袍加身，赵匡胤成了皇帝，改国号为宋。然后起兵回到后周的都城，符太后带着孩子只能退位，这天下就归了赵匡胤。

“陈桥兵变”在中国历史上算是最成功的一次兵变。说它最成功，有两个原因：第一个，兵变兵变，要动刀兵，难免流血、牺牲，可是“陈桥兵变”兵不血刃，没费任何劲儿政变就完成了；第二个，赵匡胤还落了个好名声——自己是硬被推上来的，他是捡了便宜还卖乖。所以说，赵匡胤这次篡位非常成功，毫无疑问他弟弟在中间立下了汗马功劳。

赵匡胤即位之后，赵光义（也是他的弟弟）帮他治理天下，一晃赵匡胤在这个位置上待了 16 年。这个时候赵匡胤 50 岁了，身子骨也一天不如一天了。就在这一年 10 月 19 号的晚上，他让太监出宫去请晋王赵光义，哥儿俩摆上酒宴就聊上了。突然间，太监就看到弟弟晋王赵光义的影子出现在了窗棂上，一步一步往后退。接着赵匡胤站了起来，听见拐杖拄到地上“咔咔”的声音，赵匡胤喊了两声“好为之，好为之”就没动静了。

什么叫“好为之”呢？这有多种解释，一种是“干得好”“干得好”，一种是“好好干”“好好干”吧。所以，后人说赵匡胤准备把江山传给赵光义，赵光义说哥哥使不得，然后赵匡胤说你好好干吧。还有第二种解释，赵光义要拔出剑来杀他哥哥，要篡位，他哥哥突然站起来，赵光义拿着剑往后退，心里也害怕，这时候他哥哥拄着拐杖往前走，说你干得好啊，你干得好。这段故事历史上叫“烛影斧声”。“烛影”就是蜡烛影子晃荡，“斧声”就是拄拐杖的声音，这成为历史上皇帝即位最大的一个历史遗案。反正史书上记载，当天晚上赵匡胤因病暴毙，突然间就死了。

当时赵光义继位后还和赵匡胤的老婆宋皇后之间有番争斗。宋皇后当天晚上听说皇上要死了，所以赶紧派掌事房大太监王继恩出宫去找她的儿子赵德芳。

可是这个王继恩也不傻，他知道这个时候自己要站错队，随时有性命之忧！他一盘算，现在晋王赵光义是最有权力的，相反宋皇后是个光杆司令，没什么实权，所以他先找晋王赵光义去了。走到晋王府的时候，门口站着个人他认识，是太医程德玄。这程德玄名声很差，贪赃枉法，净干些害人的事儿，但是从来没被惩处过，就是有晋王赵光义罩着他。

程太医对王公公说，自己在家里睡觉，突然间就听到龙吟虎啸之声，醒了之后赶紧推门一看外面没人，接着睡不到半个时辰又是龙吟之声；然后听见有人说晋王找你有事，再出来推门一看没有人，如此反复了几次，他就赶紧来找晋王了。

王继恩一听明白了，说皇上要驾崩了，这分明是晋王应天象要位登大位，咱赶紧进去禀报晋王吧。其实我们一听就知道，程德玄就是在这儿忽悠人呢。但这个事儿据说是真事。北宋有位大历史学家，也是著名政治家，后来当了宰相，叫司马光。司马光写了本书叫《涑水纪闻》，里头就实实在在记载了这件事儿。但是毫无疑问，这是程德玄得晋王赵光义授意，为自己登基做的舆论准备。

不管怎么说，赵光义来到自己哥哥灵前，拿出传位遗诏，顺理成章地成了皇帝。他即位之后还发生了很多蹊跷的事，他还有两个侄子，也就是赵匡胤的俩儿子，一个是 26 岁的赵德昭，一个是 18 岁的赵德芳。结果，隔了 3 年，公元 979 年，赵德昭突然间七窍流血而死；又隔了两年，公元 981 年，赵德芳意外死亡。所以，能跟赵光义争皇帝的基本上就没了。而且更蹊跷的是，隔了将近两百年，真相居然被揭开了，是在北宋被灭了以后。

当时赵构"泥马渡江"来到现在的杭州，也是过去临安，偏安一隅成为宋高宗。这个宋高宗赵构的江山是风雨飘摇。他在年老的时候担心自己这江山传不下去了——因为这时候他没有儿子。但他有侄子啊！他这支都是赵光义的后代。这个时候他说，这些侄子谁也不能立，我要立我的堂侄，也就是宋太祖赵匡胤的七世孙——赵昚为皇帝。

别人说怎么你不立本支而立旁支呢？赵构说自己晚上做梦，梦着老祖来了，也就是宋太祖赵匡胤，说今天找你就是为了告诉你真相，于是还原了"烛影斧声"的真实场景，你知道为什么南宋气数将尽、风雨飘摇吗？就是你老祖宗作了孽，伤天理了，杀害自己哥哥。如今老天爷降罪，在两百年后降到你头上，你要想让江山稳固，就得把这皇位还给我——我虽然升天了，但我七世孙赵昚还在。

所以，赵构一觉醒来之后，告诉各位大臣，要把皇位传给堂侄赵昚，就这样，江山转了一圈又回宋太祖一系了。赵昚也就是宋孝宗。他被认为是南宋最有作为的皇帝，史书上称赞他"卓然为南渡诸帝之称首"。宋孝宗在位期间，平反岳飞冤案，起用主战派人士，百姓生活安康，史称"乾淳之治"。当然，南宋气数已尽，这也只是苟延残喘了。

有人听了，可能浑身直起鸡皮疙瘩，说这是报应。咱们不宣传宿命论，但是，通过历史上的这些蛛丝马迹可以看出来，起码当初有一种可能，就是赵光义杀害了自己的哥哥。所以，老百姓口口相传，这些故事里都带有个人的理解，希望善有善报，恶有恶报，希望最后能有一个说得通、能让大家心里头舒畅的结论。

有的朋友较真儿，说我讲的不是历史史实。其实说实在的，历史书上写的就是历史史实吗？你没见过，我也没听过。所以用不着那么较真儿，“假作真时真亦假，无为有处有还无”，重要的是从这些故事当中吸取什么。所以有句歌词说得挺好，“故事里的事说是就是不是也是，故事里的事说不是就不是是也不是”，套用现在一句流行语来说就是——太认真你就输了。

燕王朱棣篡位之谜

在中国历史上，皇帝被称为“九五之尊”，是所有人当中权力最大的，这个位置必然引起很多人的觊觎——他们希望自己能够位及九五，成为皇帝。最有资格竞争皇权的，往往来自统治阶级内部的最高层，也就是皇族系统。咱们现在要讲的这个事儿，就是历史上的一次皇族内部争夺权位，这次事件造成全国先后长达 15 年左右的兵变——当然直接夺权用了 3 年时间。而“夺权事件”的主角就是大明第三任皇帝——明成祖朱棣，他通过全国战争，从自己的侄子建文帝朱允炆手里边夺得了皇位。

1368 年，朱元璋在南京称帝建立大明王朝。朱元璋子孙众多，他登基之后，先后把自己 25 个儿子和一个孙子封为王。洪武元年（1368）正月，朱标被立为皇太子。但朱标是个短命鬼，在洪武二十五年（1392）的时候就病死了。他这一死，朱元璋没有按照惯例在下一辈里再选一个太子，反而隔着辈儿就把自个儿的孙子朱允炆选为皇位继承人，就等于朱允炆以孙辈的身份当了太子。

这个事情引发了一些人的不满，其中就包括雄心勃勃、极有能力的朱元璋四子朱棣。朱棣本来被封为燕王，封地在现在的北京。那个时候元朝被推翻，北京由大都改称北平府，把这一片地方分封给了燕王朱棣，但这个地方当时可不是啥好地方。现在咱们说北京是首善之区，全国的资源都冲这儿来，当时可不行——把蒙古打走了，这块儿就跟一片废墟一样！封燕王朱棣到这个地方，不是对他好，是朱元璋不怎么待见他，才给他封这儿来。

朱棣自称是马皇后所生——马皇后所生的，肯定是朱元璋的嫡子了。但民间传言，朱棣的生母起初是元顺帝后院的一个宫女，被朱元璋收下后6个月就生了朱棣——也就是说朱棣不是朱元璋的亲儿子！按照当时的律法，做出这种事应当受极刑，不过多亏了马皇后仁慈，将朱棣收为养子。有野史记载，朱元璋的妃子碽妃是朱棣生母，并且正史之中也能找到应对此项推测的证据。傅斯年则在《明成祖生母记疑》中提出：

只有一解可以通者，即成祖生于碽氏，养于高后，碽氏为贱妾，故不彰也。至于碽妃事迹如何，则明代官书既无记载，私家亦鲜述说。

明史专家吴晗在《明成祖生母考》中，也支持这个观点。他认为：

高皇后无子，成祖周王为碽妃出。成祖为高后所养，故冒称嫡子。碽妃则行历不详，只好阙疑。

所以说，根据历史记载推测，朱棣应该是朱元璋的妃子所生，不是嫡子，是没有资格继承皇位的。

但即使这样，其实按照正常道理来讲，朱棣是没有想法和理由造反的。为什么？因为即使给你封到北平这个苦寒之地了，可后来朱棣在这儿经营得不错！他听从军师姚广孝的建议，按照刘伯温做好的图纸，把北京城修成了“三头八背哪吒城”。咱们现在看北京城，里九外七皇城四，里边九门，外边七门，皇城四门，按照“三头八背哪吒城”修的。咱们现在看到的北京一点儿元大都的事儿都没有，你见到的北京基本建筑四九城，都是从明成祖朱棣开始的。

再者，他是皇子，这权力、地位也都有，为什么最后造反了呢？这里头原因其实挺复杂的，细致总结起来，他这造反是给逼的，是让他亲侄子、当时明朝第二任皇帝建文帝朱允炆给逼的。

历史上有明确的记载，朱元璋封 25 个儿子和一个孙子为王——过去叫藩王。朱允炆手里头也掌握一定的权力和地盘。这朱允炆登基以后就琢磨：说你看这天下都听我的，可是我这些叔叔各管一块儿，这要是哪个人起异心了，他又有地又有兵，造反怎么办？所以，他当时想到加强中央集权的一个直接手段就是削藩——先削其他藩，然后再对付朱棣。但这招有个最大的失策，就是本来朱棣那边没想到造反，一看你要动手削藩了，早晚得轮到我头上。我能耐大，侄子对我不放心，那不早晚得加害于我？

大明天子有屠杀功臣的传统。大明开国之时——咱们听过《明英烈》的朋友都知道，朱元璋杀了多少人啊！徐达、汤和、邓俞这些人后来都被害了。尤其是风烛残年之时，为了让皇太孙朱允炆稳稳坐上龙椅，朱元璋变得格外残忍多疑，大明这些开国功臣让朱元璋杀了不少。所以，朱棣一盘算，我侄子早晚得收拾到我！这个时候他就有了反心。有了反心得准备，正好你先收拾那些藩王——从周王开始到代王、齐王、岷王、湘王这些人，我就有充分的准备时间了！所以，这是朱棣要造反的一个重要原因。

朱棣造反还有一个原因——他能耐大，这个能耐越大的人越不甘心自己的命运受别人摆布，他要把命运牢牢抓在自己手里。说朱棣能耐大到什么程度呢？环顾当时所有的皇族，找不出第二个像朱棣这么有才干的——尤其是有军事才干的。建文帝朱允炆打小儿在皇宫里边接受四书五经儒家文化教育的时候，朱棣在干吗呢？行军打仗。

朱棣 11 岁被封为燕王，就来到苦寒之地北京，这个地方很敏感。你把蒙元赶走了，北方长城一代正是漠外蒙古跟大明的接壤之处，双方战事不断，他正是在这种场合下锻炼了战争才干。而且，当时朱棣就觉得，既然父皇朱元璋有点儿瞧不上他，他也想自兴自强——我得努力，我要让父皇瞧得起我，所以他也很用功。

元朝被打退到长城以外去，建立了新的政权叫北元。北元里头有一位行军打仗领兵的头叫乃儿不花，官居太尉，其实就是军队总司令。有一次，太尉乃儿不花在漠北一带集结兵力。这个时候朱元璋就让朱棣当元帅，北出长城，把乃儿不花给歼灭了。

在这场战役当中，朱棣体现了谁也没有的、令人感到可怕的本事！什么本事呢？当时他事先没有着急出兵，而是派探子打探了几个月。因为蒙古是游牧民族，哪儿水草丰美就挪哪儿去，没有固定地方。所以，必须得根据蒙古草场的变化来推测乃儿不花的主力走到哪儿去了。他打发属下用了3个月时间摸清了情报，然后秘密行军奔北方，准备打一个突袭。

眼看就到了离蒙古大营不远的地方，天降大雪了，部队觉得很沮丧，因为在雪中行军难度太大了，也不容易把踪迹给抹平。士兵一片哀叹：这可怎么办？众将都建议暂时停下来，等天晴了再进军。这时朱棣说，绝对不行！下大雪其实是个好机会：一下大雪天一冷，蒙古大营守卫也会松懈一点儿——觉得不会有人在这天来攻击他们，也不会派探子四处打探，在大营里边吃烤全羊、喝小酒呢！他们就会在战略上松懈，不出来了，这正是我们行军的好时候，他们绝对想不到咱们这三更半夜的能顶着大雪天杀上来。所以，朱棣让人连夜赶路。

朱棣是深得兵法三昧，一下子就如同神兵天降，来到乃儿不花大营外。蒙古兵傻了，啥准备都没有——突然间大明军队就来了，蒙古大营就乱套了。照理说这个时候是进攻的最好时机——趁你立足未稳，都没准备，我直接弄死你得了。非常奇怪的是，朱棣说：停，安营扎寨，不打！你要是投降，我保你荣华富贵。

朱棣心里有数，这么短时间内，他再打的话，兵马粮草可能都上不来。再一个他奔的是什么呢？攻心战。乃儿不花你再顽固，我突然来了你心就乱了，一乱，你心里就不那么坚定了；再一看我们用这种方法诱使他，很可能他就投降；他一投降咱不费一兵一卒，连军费都省了。乃儿不花在这种局面下一看，末日到了！算了，先保我的命吧，投降。

所以，朱棣兵不血刃把这场战役拿了下来，打得非常漂亮。为什么说他这种战法让人感到可怕呢？从这事儿上看出来，朱棣这个人控制力很强，对局势判断清晰。而且之前经过长期调查研究，知己知彼，在关键时刻敢于决策！他不但不辞劳苦迅速行军，而且等胜利成果这块肥肉就在嘴边的时候能忍住——这头猪都是我的，我着急吃一块肉干吗呢？所以，朱棣很高明。

这个人能耐这么大，你想想，自个儿侄子当皇帝了——一个手无缚鸡之力的书生，当皇帝也就罢了，还在叔叔头上动土，我能干吗？你要削藩？对不起，我得造反！可是造反谈何容易？你得进行周密准备，尤其是武器这方面。这一准备就会有动静，这不就泄露天机了吗？所以，他想了个办法：不管是打造兵器什么的，都在自己王府里边秘密进行——他挖了一个大地下室，在里边打造兵刃。可打铁有响动啊！怎么办呢？他在王府外建了十几个养鸡场——这鸡白天晚上咯哒咯哒叫唤——里头这么大动静，外头以为是鸡在叫唤呢。

不光这样，他还采用了一个非常方式麻痹对手——装疯卖傻。咱都知道，宋江在江州浔阳楼头题反诗被黄文柄给告了。然后有人给他出主意，你赶紧装疯吧！宋江装疯卖傻，人家就不抓他了。这时朱棣也用这个办法——装疯。

但装疯卖傻能瞒住建文帝吗？老百姓说咱们家燕王疯了，有探子就报给朱允炆。朱允炆一听，说我这位四叔可不是一般人，得派手底下人打探打探。平常朝廷跟藩王之间有书信往来，互相之间有信使，于是他就趁机派了两个人过去，名义上说是去送点儿财务报表之类的东西，然后这两位就在北平长期待着。他们一打听，老百姓都说朱棣真疯了！那咱也不能全信，咱搞个突然袭击，上这燕王府里看看去。

这两人到府中一看，这燕王这个样子，肯定是真疯了！赶紧回报给建文帝，建文帝放心了。当然，这招儿没使多长时间。紧跟着，朱棣手底下有个叛徒，把这信儿就告到南京，跟建文帝说他是假的，朱棣装的。建文帝一看急了，这得动手了！你这要动手，人家那边也知道出了叛徒，朱棣赶紧厉兵秣马，开始起兵。这么着战争就打起来了。

讲军事准备，朱棣没问题——他就是干这个的。环顾整个大明，再无第二个人比朱棣在战争的时候表现更出色。他既是帅才，又是将才。可是，万事俱备，只欠东风，他们缺了一条东西——大义。你为啥要造反？大明一统天下，把蒙古鞑子逐走了，汉人都拥护大明恢复正统了，皇上在那儿呢，你一个藩王为什么要造反？这个造反的理由，不是一个充分条件，而是个必要条件——你没光明正大的理由不行！这个时候，朱棣想了个什么理由呢？

朱棣以“尊祖训，清君侧”，诛“奸臣”齐泰、黄子澄，为国“靖难”为名，誓师出征，这就是“靖难之役”。什么是“靖难”呢？朝中有奸恶，内有奸臣在皇帝旁边，那么众位藩王应当训兵以待，进京勤王以清君侧，消灭这些奸臣，这是朱棣起兵的理由。这一出兵，你想想朱允炆一个儒生，跟自己在金戈铁马里冲杀过来的叔叔干仗能行吗？他不行。

所以，从公元1399年到1402年，3年时间，朱棣大军所到之处势如破竹，就把大明天下拿下了。后来又前后经过15年时间，把整个原来明朝的版图，完全纳入明成祖的范畴。

上面说的是朱棣造反且最后能成功的重要原因。当然，这里边又体现了一个历史哲学，就是在残酷的政治斗争当中，只有经过大风大浪、有实战经验的人，才能走到最后。所以说，《明史》中说：

文皇少长习兵，据幽燕形胜之地，乘建文孱弱，长驱内向，奄有四海。

这说的就是朱棣发动“靖难之役”的事情。朱允炆在后宫里天天四书五经读着，学问倒不少，也重用了一些读书人，可这些人治理国家有一套，真正打天下平息战乱，没这个能耐。而朱棣呢，在血雨腥风中经历过，所有残酷的事儿在他看来，都是很正常的——最多是做起来如履薄冰而已。所以，他以这种方式打自己的侄子，那可以说是手到擒来。这也应了我们常说的那句话：秀才遇到兵，有理也说不清。

皇家丑闻：同治之死

有时候咱们关注一个名人，可能是因为他一生做了很多轰轰烈烈的事儿，但是如果这个名人死得扑朔迷离，那也可能成为大家关注的焦点。你看李小龙，怎么死的？什么原因？到现在为止没有一个令人信服的结论。所以，有关李小龙之死，看10部纪录片就得有10个说法。再看美国前总统肯尼迪遇刺事件，谁害了他？这子弹怎么打来的？为什么能突破层层安保，形成暗杀呢？到现在为止也没有一个确切的原因。包括玛丽莲·梦露，关于她的死，有的说自杀，有的说饮酒过量，有的说服用药物过多，还有人说是美国中情局要把她除掉，因为她泄密了——反正说什么的都有。

我们现在要说的这位名人死因也是扑朔迷离，有很多解释方式。有人说这个人死得特别荒唐——死得荒唐的人多了，但是这个人不一般，因为他是皇上。咱们说的是大清的一位皇上——同治帝，据说他死于花柳病。

每一朝的皇帝都因为自己的作为而对历史产生了或积极或消极的影响，当然末代皇帝宣统不算——他当时还是个孩子。唯独这个同治帝，他已经是成年人了，可是对自己所经历的这段历史几乎没有任何推动作用。我们说道光时期发生了鸦片战争，甭管是成是败，这是道光自个儿做主的；咸丰的时候也是自己治理得不好，弄出英法联军火烧圆明园；再往后的光绪时代，还有个戊戌变法；再往前就不用说康熙和雍正、乾隆、嘉庆这些人了。

而同治帝呢？在他任上，他只做出一件重大决策——重修圆明园。那会儿大清的国库几乎镚子儿皆无，都空了，这个时候还要重修圆明园，所以几乎所有有责任感的大臣都不同意。包括“鬼子六”恭亲王奕䜣等这些大臣在内，纷纷上书，说不能再修了。同治帝还来气了，说不同意我的都把你们罢官。但幸亏那时候不是他一人说了算，我们都知道同治的母亲慈禧，包括东宫太后慈安，都说这事儿不能这么弄，给压下了。

除了他自己无所作为以外，很主要的一点是同治在位时间太短。有人说也不短了，不也十来年了吗？同治帝是 6 岁登基，一直到 17 岁才开始亲政。这 11 年干吗？就是中国历史上著名的两宫太后垂帘听政。

同治是咸丰帝的儿子。咱们都知道咸丰帝在热河驾崩，这时候慈禧太后和恭亲王奕䜣联合到一块儿，发动政变，把肃顺、端方这顾命八大臣杀的杀，罢官的罢官，然后两宫太后垂帘听政。同治当时才 6 岁，大权掌握在西宫太后慈禧、东宫太后慈安的手里，一直到同治 17 岁那年，才算"龙性初成"，可以亲政了。可是 17 岁到 19 岁，就这两年工夫亲政，19 岁同治就死了。《清史稿》中记载：

上疾大渐，崩于养心殿，年十九。

有人说这皇帝死得忒早了，还不到二十呢！一般百姓那时候营养不良，有饿死的、病死的，这同治皇帝怎么死这么早呢？他死于疾病。正史里记载他死于什么病？天花。这个天花到现在都挺难治，这皇上死于天花也不是什么奇闻。大清的时候，据说顺治帝就死于天花，而且康熙也得过天花，这是正史有记载的。康熙帝 3 岁的时候就得了天花——而且是极少数得了天花还救活了的孩子，这个很不容易。

很多历史学家，包括一些野史里面说这个同治死得没那么简单，也就是说，说死于天花是为了遮丑，其实他是死于花柳病——就是现在说的性病。

说到这儿咱们就得解释一个疑问，这花柳病怎么得的呢？皇宫里头不可能有这个，因为就他一个男人，剩下那些大门不出、二门不迈的三宫六院七十二嫔妃没机会得这个病，那他是怎么得的呢？肯定是同治到民间的一些妓院寻花问柳去了！所以，问题又来了，这皇上是不是作呢？后宫女人那么多，怎么还出去寻花问柳呢？有人说，这寻花问柳，是让他亲生母亲慈禧给逼出来的。

咱们得从同治亲政开始说起。他亲政时 17 岁，那年叫"龙性初成"。

往往亲政有个标志就是结婚。儿女婚姻，得听父母之命，他爸爸咸丰死了，那谁做主？他母亲。他有俩妈，你注意：慈禧是他亲妈，还有东宫太后慈安，也是他的母亲。而且同治帝跟自己亲妈不亲，反而跟慈安太后很亲——慈安太后是拿他当自己亲生儿子看的，所以同治帝心里有什么事儿都愿意跟慈安太后交流。

而慈禧太后特别严厉，见到同治就教训，非打即骂，打小儿同治就怕慈禧。那么，这俩妈在挑媳妇的时候一人给他挑了一个。这是什么情况呢？两人都想通过这个方式来控制同治皇帝。这不皇帝亲政了吗？要是皇帝娶我给你挑的媳妇，那我选的这个人就成为安插在皇帝身边的亲信、奸细。有什么事儿我就能通过皇后来控制皇帝，所以，这也是两宫太后争权的一个过程。慈禧给挑的媳妇叫富察氏，慈安太后给他挑的媳妇叫阿鲁特氏，都是满族上三旗的人。富察氏比同治小，漂亮，还挺会撒娇的，女人味儿十足。慈安太后挑的阿鲁特氏长相一般，比同治还大两岁，但是端庄贤惠、知书达理。这两个人一起被推到同治面前了——你挑吧。

同治左右为难，挑哪个？他其实心里挺喜欢阿鲁特氏，但是这边是自个儿亲妈慈禧给挑的，他有点儿怕慈禧——最后同治一咬牙，自己做把主，干脆两个都入选，一个皇后，一个贵妃。

就这么着，解决这个问题了！可是两个女人一进宫，这同治就和阿鲁特氏交心了，两人一块儿聊天一块儿玩儿什么的，就冷落了富察氏。慈禧一看很来气，一个劲儿跟富察氏说你要努力，你要好好诱惑皇上，让皇上宠爱你。这富察氏也不是不努力，但同治跟她不来电。慈禧气坏了，一看到同治跟阿鲁特氏在一块儿就教训他。

同治这时候岁数还不大，正处于叛逆的青春期，自个儿亲妈这么说，他有点儿受不了了。好，你不是不让我和皇后在一块儿吗？那就这样，不用说皇后，谁的牌子我也不翻了。你不是想让我跟贵妃在一块儿吗，我索性皇后、贵妃全不见，这回干净了吧！那都不见见谁去呢？我不在宫里玩儿了，我出宫玩儿去！上哪儿呢？北京那时候已经有八大胡同了，他就开始到这些地方的妓院寻花问柳去了。

同治打小儿就觉得在这皇宫里憋着，挺不顺，所以他才拧着劲儿来。现在很多孩子其实也是这样：家长越教育，越有逆反心理。但这个不能怨同治，说实在的，皇帝这个位子，听着位极九五，高高在上，三宫六院，很多男人梦寐以求——你没当，当了你就知道，那个滋味儿很难受的。为什么呢？皇上打小儿受的教育就不一样——你将来要登基坐殿的，所以从小儿就给你选帝师。作为皇上得什么都知道，天文地理，三教九流，医卜星象，等等。这些帝师往往对皇上要求是比较严格的，上午、下午、晚上都要上课，上午讲四书五经，到下午练会儿骑马射箭，3 点钟又接着上文化课。到晚上做作业，帝师来了还得接着再跟你讲，有时候是两三个帝师，你说这孩子得多辛苦！所以，你想想同治那会儿才多大的孩子，就这么连轴转，他心里能愿意吗？

《翁同龢日记》说到同治帝 16 岁时（同治十年，1871）的读书情况：

初九：读甚散，敷衍而已。

二月初八：课题“重农贵粟”，诗题“东风已绿瀛洲草”，得洲字。文思极涩，初稿几无一字可留，且虚字亦不顺，复逐字拆开讲过，仍凑泊而成数段，未毕退。午正再入，坐四刻而不成一字。遂作诗，诗亦不佳。如此光景，奈何奈何！

这说的就是同治帝读书的情况。同治帝当时还是个孩子，他得玩儿啊——包括逗个蛐蛐儿、打个架什么的，这是孩子的天性。这种情况下，你说同治能愿意好好学吗？所以说，他亲政的这两年时间，基本没什么作为——他能耐也就到这儿了。

然后，婚姻这一块儿，他也感觉不顺，一来气就自暴自弃，放浪形骸——我玩儿去了。到后来，他就开始沉湎于酒色之间了。而且，这方面他有人带、有人教，这就涉及同治帝的另一个问题了——交友不慎。

谁是他逛窑子的引路人呢？恭亲王奕䜣的长子载澄。他们都是皇室宗亲，所以同治帝跟着帝师学文化的时候——咱们看《康熙王朝》《雍正王朝》中的阿哥们在这儿学文化的时候，什么人陪着呢？得有陪读的！慈禧当时一看同治一个人也孤独，找陪读的吧！得找年龄差不多的，于是，找来找去就找了载澄。载澄比同治大两岁，进宫就陪皇上一块儿读书——他年岁再大点儿，他们俩可不就成玩伴了。这个载澄不地道！他不像皇上天天在宫里，而是陪读完了就回去。于是，在外面就有一些不三不四的人跟他交往。

载澄是个纨绔子弟，无所顾忌。同治时期，他已经十几二十了。他可是寻花问柳的老手，八大胡同都逛全了。这人学好不容易，学坏很快，有的时候出于交情，出于义气，你比方说这朋友出去玩，我跟着去吧，可能就去一些不太好的场所，一来二往就给你拐下道了。同治也是这么回事儿！本来心里就闷气，宫里待着没意思，我到外面玩儿吧！这载澄再一陪着他，一往那道儿上引，那可是乐不思蜀。所以，同治经常偷偷出宫——人家康熙微服私访是为了访察民意，他这微服私访是为了看看北京城红灯区的发展情况怎么样。常在河边走，哪能不湿鞋，后来可能就得上这花柳病了！那时候这病不好治，弄来弄去他还不敢吱声——他怕慈禧啊，所以瞒着瞒着这病情就严重了，最后治不了了。

因此，《清朝野史大观》中说：

孝哲后，崇绮之女，端庄贞静，美而有德，帝甚爱之，以格于慈禧之威，不能相款洽，慈禧又强其爱所不爱之妃，帝遂于家庭无乐趣矣，乃出而纵淫……专觅内城之私卖淫者取乐焉……久之毒发，始犹不觉，继而见于面，盎于背。太医知为淫毒，而不敢言，遂以治痘药治之，不效。

这本书中说的就是这个观点，也就是说同治帝是死于花柳病。

当然，现在有历史学界和医学界的专家，对同治帝的死因进行了进一步的研究。第一历史档案馆收藏了清代皇帝的“脉案档簿”，其中《同治进药簿》中，详细记录了自同治从生病到死去前后 36 天的脉案、病情和用药诊治的情况。御医记录的同治帝发病第一天时的症状是：

湿毒乘虚流聚，腰间红肿溃破，漫流脓水，腿痛盘挛，头颈、胳膊、膝上发出痘痈肿痛。

到第 23 天，虽然天花“痘痂俱落”“惟腰间溃孔脓汁不减，红肿不消，臀肉左右溃孔二处流汁”，这说明病情在逐日恶化。专家们对这些脉案进行了认真的分析和研究，最终认为这些资料是翔实可靠的，得出的结论和档案中所记载的一样——“同治皇帝死于天花”。这也是一种说法。

总之，19 岁，才亲政两年，同治帝就死了。这个事儿我们今天看来，也不足为奇。我们可以逆向思维，反过来想想，假如同治不是个皇帝，就是普通民间的富家子弟、花花公子，他倒不一定会死。他这个死跟什么有关呢？除了他放荡不羁以外，他心理上还有压力——在皇宫里是真不自在，多少个人盯着你，什么事儿都自己做不了主。你看为什么历史上有的皇帝，他能自己做主的时候，花天酒地，无所顾忌，为啥？他之前受的压力太大，他要把这压力宣泄出去。而同治帝上头有两宫太后——尤其有他母亲慈禧，他这种压力宣泄不出去。所以，他在外放浪形骸，一回到宫里又担惊受怕——这两种极端的心理状态，一般人承受不了！再加上那时候医疗条件肯定没现在好，得了病之后，治疗手段也有限。

所以说，如果他不是皇帝，尽管没啥出息，反而有可能快快乐乐地吃喝嫖赌就那么过一辈子了；可他是皇帝，生活方式加上高压的心理环境，他自己绷不住了。他的身体即使不是因为花柳病，有别的病，恐怕在心理压力之下也很难治愈。这也证明了过去的一句话——生生世世勿生于帝王家！皇上这个职务不是那么好干的，很多人盼着想着，真到那位置上就有说不出的压力。所以我们说，中国历史上，皇上是个高危职业，得善终的实在是不多。

千古名臣

快意恩仇：伍子胥

春秋战国那个时代，很多人都有一种“至高无上”的原则性——就是说我为了某种理念，不惜牺牲自己的利益，甚至家人的利益，这样的人在当时是非常高尚的。但是，那个时代也不是没有另类。我们本节要说到的这个人，他不管自己的君主是谁，不管自己面对的人是哪些，只是根据自己家人的利益去考量，也就是说有恩必报，有仇也必报，甚至报得比较极端，这个人快意恩仇，很有江湖侠客的风范——他就是历史上非常有名的伍子胥。

伍子胥是春秋时期楚国人。在楚国，他的家族历代都有高官。他爸爸叫伍奢，奢侈的奢，是什么官呢？太子太傅，说白了就是太子的老师，这在整个国家里头地位非常高。他带的学生是当时楚平王的儿子太子建。太子建对自己的老师伍奢非常尊重。但这个时候，他身边的一个小人心生嫉妒。这个小人姓费，叫费无忌，官拜太子少傅。但是，这个人惯于搞阴谋诡计，太子建挺看不上他。

所以，费无忌就琢磨，这要是太子建将来真正当了楚王，那我就完了！不行，我得想办法把他的太子之位弄下去。所以，他就跟楚平王建议，我得去各国找美女——太子该完婚了。就这么着，他在秦国找了个女孩。但历史上没有记载这女孩叫什么名，只说她叫嬴氏女。这女孩长得漂亮。回来他跟楚平王汇报，说我找了个大美女如何如何——他知道楚平王很好色，就建议楚平王收为己用。

楚平王也不是什么好鸟，就这么着把嬴氏女领来，瞬间由儿媳妇变成媳妇了。这个事之后，费无忌深得楚平王赏识。他接下来开始琢磨怎么陷害太子建。他对楚平王说：大王您将来的江山是给太子的，我建议把他弄到北疆一带去防守，立点儿战功将来也好服众。楚平王一听，觉得有道理，就命太子建到北疆镇守。

结果，去了之后不长时间，费无忌就说，大王，坏了，我手底下亲信给我送回来信，说太子建在北疆招兵买马要造反。楚平王说我儿子怎么能造反呢？费无忌说，哎呀，你不知道，他对您早就怀恨在心了，一是嫌您这么大岁数不死，他不能继位；再一个，您把他媳妇霸占了，他知道了，心中恨您。楚平王一听心里头很恼怒，但是他将信将疑。这时候费无忌说，大王，你把这太子建招回来，当面问问吧！当时费无忌打发亲信到楚国北疆散布消息，说大王认为太子建恨他要造反，要把他弄回去杀他。这太子建天生是个胆小鬼，一听到这不敢回去，跑到其他国家去了。

所以，楚平王一怒之下，立马宣布废太子建，另立太子。同时他想，养不教父之过，教不严师之惰，帝师有责任，于是把伍奢叫来了。伍奢说，大王，你身为一国的君王，应为国人做出表率，现在纳了儿媳不说，还要置自己的亲生儿子于死地，这怎样向天下人交代？楚平王这时候已经昏头涨脑了，一听大怒：老东西你替他说话，给我拿下！就把伍奢全家都拿下了，准备斩了。伍奢有两个儿子，大儿子叫伍尚，二儿子是伍子胥，这哥儿俩正好在外边办差没回来。这个时候楚王的使臣来了，说大王请你们赶紧回去。

其实，这是骗他哥儿俩回去，斩草除根。这哥儿俩很有见识，判断明白这形势了。这时候，伍子胥说，大哥，咱俩跑吧！他大哥伍尚说，兄弟，你跑吧！大哥我没能耐，就是跟你跑，我也没有能力给咱家报仇。而且忠臣不事二主，咱们是楚国的臣子，我准备以一死全我名节，全父亲的名节。就这么着，伍尚跟着使臣回去了，后来果然是连他带伍氏家族，老老少少七八十口人全被斩首了。

伍子胥这时候虽然跑了，但还有个顾忌——他跟老婆的关系非常好，两个人很有感情。伍子胥就犹豫，你说我带着个女人亡命天涯吧，很麻烦，可是我把她扔这儿吧，夫妻情深我又不忍心。这时候，他老婆很有男子汉气概，说：男子汉大丈夫，犹犹豫豫算什么？你为了报仇，怎么能就想到自己的老婆呢？我也让你省点事儿吧！说完拔剑自刎了。你看那个时代的人多决绝果断！伍子胥一看，媳妇也死了，自己了无牵挂，跑吧！往哪儿跑呢？

我们知道，楚国现在在湖北荆楚一带，他只有往东边吴国的方向跑——也就是现在江苏、浙江这一带。但是楚吴之间有长江，当地还有山，地形很险峻。要想顺利跑路，必过一个地方，这个地方叫昭关。昭关在两山之间，前边还有大江，很难走。等伍子胥跑到昭关，楚平王已经令各个地方都贴上伍子胥的画像，全国都在通缉他，昭关的城门口那儿就贴着他的大画像，想过去太难了！伍子胥心里说，这怎么办呢？这时候他想起来，自己有个叫东皋公的老朋友在这儿住，不如找他商量一下。东皋公说这事我帮你，你别着急，我得准备准备。就这么着，他把伍子胥安顿在家中。

一晃两天过去了，第三天，伍子胥急急忙忙找东皋公，说你得赶紧，我都急得不行了！东皋公抬头一看伍子胥就愣了，为啥？伍子胥那时候才三十出头，本来一根白头发没有，结果这一宿之间满头白发，急的——我跑到那边才能为我爹娘报仇，为我大哥报仇，为我妻子报仇，现在陷到这儿，很有可能自己性命不保，何谈报仇？他内心里头焦虑无比，一个晚上头发全白了。

但正因为这样，他本人也与画像不同了。就这么着，东皋公把这伍子胥顺利送出昭关。当然这一路之上不止这点儿危险，前面就横着江怎么过去呢？这儿也是楚国地界。这时候，在芦苇荡中摇摇荡荡摇出一叶扁舟，上面有个渔夫，岁数挺大了。伍子胥很多疑，他上了船琢磨，全国悬赏通缉我，这老头儿要认出我来怎么办呢？于是在船上就问，老丈，你认识我吗？这渔夫乐了，哈哈，你不是伍子胥吗！伍子胥一听很是吃惊。到了对岸，伍子胥上岸了，这渔夫摆着舟在那儿停着歇一会儿。伍子胥走了两步，一琢磨：不行，他回头要告密了，我又没有马，说追上就能追上我。所以他转身说："老伯，这把宝剑是先王所赐，传到我家已历三世，这上面的七颗星是七颗宝石，价值百金，请收下以谢救命之恩。"老头一听脸就撂下来了，你太小瞧人了！得，我让你绝对放心——老头儿站到船头，跳江自尽。这是伍子胥逃亡过程当中一个很感人的事儿。

伍子胥过了江，来到了吴国地界。伍子胥的名气很大，这时候楚平王杀伍子胥全家的事列国尽知。所以，伍子胥一到吴国地界，吴国各派政治势力，知道他能耐大，都想把伍子胥拉过来。当时，吴国国王叫王僚，他有个兄弟叫公子光，这个人挺了不得！公子光就是后来春秋五霸里的吴王阖闾。公子光不服他哥哥，两人明争暗斗，一看有这么大能耐的人来了，哥儿俩都争相招揽。最后，吴王僚把伍子胥招入帐中。但是公子光不甘心失败，收买一些人挑拨离间，最后吴王僚不信任伍子胥了。这时公子光趁机"收买"伍子胥，说你要帮我登上王位，我第一件事就是出兵替你报仇，我有这个能力。

伍子胥不管三七二十一，谁能帮我报仇我就向着谁——虽然吴王僚曾经是他主子，这时候也顾不上了！那怎么能扳倒吴王僚让公子光登基呢？这时候伍子胥策划了中国历史上著名的"专诸刺王僚"事件！这个专诸是干吗的？实际是个会做鱼的厨子。一天，公子光在家里宴请吴王僚。宴席过程中，专诸把一条鱼端了上来——这鱼里头藏着一把匕首。给这鱼浇汁的工夫，专诸从鱼肚子里把剑抽出一下子刺死了吴王僚。同时，这也是中国历史上著名"鱼肠剑"的来历。

吴王僚死了，只有公子光有能力当吴国的国王，他就顺利登基了——就是后来的吴王阖闾。他也真信守自己的诺言，登基之后第一件事就是兴兵替伍子胥报仇。那时候，经过楚平王那么一个昏君的瞎折腾，楚国国力已经不行了。吴国很顺利地打过来，几乎把楚国给灭了。但是，楚平王这会儿已经死了，他儿子登基了。伍子胥一腔怒火无处发泄，便打听楚平王坟在哪儿。找到之后把坟扒开，把楚平王尸首拖出来，拿鞭子打了三百下，这就是中国历史上有名的“掘墓鞭尸”。

伍子胥在楚国有个好朋友跟他一起长大，叫申包胥。申包胥说你这么干太缺德了，你报仇我可以理解，不能这么过分！再说，人死了，一了百了，哪有掘墓鞭尸的？伍子胥也知道这方式过分，他说了八个字叫“日暮途远，倒行逆施”。《史记》中伍子胥的原话是：

吾日暮途远，吾故倒行而逆施之。

就是说，我报仇到这时候，好比太阳落山了，道儿还很远，我再没有别的机会能发泄愤怒了，我只有倒行逆施，也就是掘墓鞭尸。

申包胥说，好，那你就赶紧退出楚国——你总不能灭了楚国吧！伍子胥不肯退。申包胥说，那好，你若有能力灭楚国，我就有能力复兴楚国。于是，申包胥到了秦国请求救兵，说大王您要是不把楚国复兴了，让吴国势力扩展，对您大大不利。当时，秦王不理这碴儿。申包胥不肯走，就在秦庭这儿站着，哭了几天几宿，眼泪哭没了，再哭都是血了，这叫“泣血秦庭”。最后秦王感动了，出兵把吴军赶走，楚国复兴了。

那么，这伍子胥解了恨、报了仇，剩下的事儿就是报恩了。这时候他一心帮助吴王阖闾筹划如何成就霸业——当然他也真有这能力。结果吴王阖闾突然决定打越国——越国老王已经死了，新上任的越王勾践很年轻，阖闾说咱趁这个机会打他一下子。伍子胥说，万万不可，这个勾践很有作为，不好对付！结果，吴王阖闾不听他的劝告，一心要成就霸业，执意出兵，结果让勾践打得稀里哗啦，回来之后没多长时间就因伤去世了。继位的是他的儿子——吴王夫差。夫差继位后，伍子胥说：放心，只要我还有一口气在，一定替大王报仇，把越国打败。很快，他率大兵打过去，几乎把越国给灭了。越王勾践也成了吴王夫差的奴隶，给他牵马坠镫，这勾践甚至干过什么事呢？尝夫差的粪便，到这种程度。

这个时候，吴王夫差胜利了，忘乎所以了，说看来勾践是死心塌地地当我的奴隶了，越国那儿也不好统治，还是派他回去替我管吧。结果勾践回去后，干的还是跟在夫差那里一样的事，不睡在什么席梦思床上，而是睡在柴草垛里。柴草垛上面悬了一个苦胆，每当忘了灭国之痛的时候，他就用舌头舔一下那个苦胆，以提醒自己不忘报仇。他在大夫文仲以及范蠡的帮助下，进行复国大业。同时，他还把美女西施送给夫差，作为美女间谍迷惑他。

这时候伍子胥就说，你万万不能相信勾践！他那边正召集兵马，时时刻刻都可能打过来。可是这时候，勾践买通了吴国的太宰伯嚭——这个人也跟费无忌一样是个奸臣，他在吴王夫差耳边净说勾践的好话。还进谗言说：伍子胥这老东西天天絮絮叨叨，烦不烦？大王您现在富甲天下，拥有四海，还在乎这老头子吗？伍子胥天天叨咕，天天叨咕，最后夫差一怒之下，打发人给伍子胥送了把宝剑。这意思很明显——抹脖子吧，我不需要你了！伍子胥这时候很痛苦，但是他说了句掷地有声的话："待老臣死后，请将老臣的双目挖出，挂在城门上，我要亲眼看着勾践带兵杀进都城！"就这么着，伍子胥抹脖子死了。果不其然，他死后没几年，勾践就打过来了，这就是历史上有名的"卧薪尝胆"的故事。

所以，从伍子胥的行事方式来看，他确实是个了不起的英雄豪杰。但是跟那个年代非常有名的贵族相比，他有点儿不一样——他不是那种愚忠之人——就是说我要向楚王表忠心，爹、哥哥、妻子死了我都不管！他不是，他还是要报仇——他是以家族血缘关系为自己判断恩仇的一个标准。这个不像春秋时期的贵族，倒像后来我们武侠小说里见到的那些江湖豪客——杀人须见血，救人须救彻。所以说，伍子胥有一种古代侠客风范，他恐怕离我们心目中想象的那种坚持理想主义的贵族形象还有一段距离。

机关算尽：吕不韦

吕不韦这个名字很多人都熟悉，知道他当初在秦国是宰相一级的人物。据说中国历史上第一个皇帝秦始皇，其实是吕不韦的儿子——反正这个历史传闻神乎其神。而且，吕不韦给后代留下了一本书，叫《吕氏春秋》，其中有个典故叫“一字千金”，就是从这儿来的。

要形容吕不韦，用《红楼梦》里的一句话最恰当，叫“机关算尽太聪明，反误了卿卿性命”——这是《红楼梦》里说王熙凤的。吕不韦本来是个生意人，可他没有在生意场上走多远，就开始投资政治，投资皇权，想在政治领域里分一杯羹。

吕不韦是卫国濮阳（今河南省安阳市滑县）人。但是他不在自己的国家待着，而是在各个地方做生意，四海为家，倒买倒卖的，哪个地方都走。有一段时间他在赵国做生意，赵国的都城是邯郸（今河北省邯郸市）。有一天他在大街上，正指挥人搬东西，从道上过来一辆车，一看这车呢，离远看挺气派，往近看破破烂烂，再一细看车上插了一个旗，旗上面用的是篆书，大篆——我们知道秦统一六国之后，改大篆为小篆——用大篆字体写了个斗大的秦字。他明白了，原来这个车上坐的是质子。当时秦国在赵国的质子，叫嬴异人（后改名子楚），他是谁呢？是秦国秦孝文王的儿子。

《史记》中这样记载：

子楚，秦诸庶孽孙，质于诸侯，车乘进用不饶，居处困，不得意。

吕不韦一看，这是秦国来的那个质子，有王者之气啊！我可以利用他——他这样困窘，正是我结交他的好时机！这时候吕不韦就琢磨自己怎么在他身上投资：你想他混得这么惨，有我这样的人拉他一把，他不得感恩戴德吗？将来他万一回了秦国，身登大宝，要得了势那我可不得了！这事儿一本万利，我还做什么生意？所以，这个时候，吕不韦动了心思了。

嬴异人作为质子，天天有人看着，吕不韦就买通了看守他的这个人。很快他俩就见面了——吕不韦带着厚礼去见嬴异人。这嬴异人在他赵国天天活得人不人、鬼不鬼的，有人待见他不错了。两人就聊上了，吕不韦说："我能光大你的门庭，让你发达。"嬴异人哪信啊，说："你先光大自己的门庭吧！"吕不韦就说："你不懂啊，我得等你发达了才能发达。"

当时，吕不韦跟他分析，说你父亲秦王年事已高，虽说生了二十几个王子，可是他专宠的华阳夫人，却至今未能给他生下一儿半女。你父亲对华阳夫人言听计从，你若趁此机会认华阳夫人为母，就可能被立为嗣子。有朝一日你父亲继位，凭借华阳夫人的影响，你必能被立为秦国太子！到了那个时候，登上王位就指日可待了。我出钱出力，有朝一日你当上秦王，天下得有我一半——我至少得是个丞相。

两人约定好了。接下来，吕不韦出手很大方，先给了嬴异人一大笔钱——用这钱干吗呢？结交当地的文人墨客等有名望的人，给你攒点儿声望，让这些人说嬴异人的好话——这名声对你的将来有用；另外，吕不韦拿大笔的钱到秦国去活动。有人说，这钱给秦王就能把这个嬴异人弄回来吗？那不是，吕不韦知道这个事儿不打点好华阳夫人身边最亲近的人是成不了的。他拿大笔的钱买了各地奇珍异宝，给谁呢？给这个华阳夫人的弟弟阳泉君以及华阳夫人的姐姐，托他们把带来的东西统统献给华阳夫人。华阳夫人是嬴异人的父亲最宠幸的一个女人。得宠归得宠，但是华阳夫人生不了孩子，所以这时候吕不韦跟华阳夫人一接近，给她送了这么多东西——你看这爱马仕，这路易·威登什么的，女人都喜欢这个——华阳夫人接受后，跟吕不韦见上面了。

安国君原来宠幸的那几个儿子，死的死，犯事儿的犯事儿——有一位他最宠爱的儿子，眼睛还瞎了，更没戏了！所以，这个时候安国君也不知道该立谁好了。华阳夫人就吹枕边风，称赞在赵国做人质的异人很有才能，接着就哭诉说："我有幸能得到大王的宠幸，遗憾的是没有儿子啊，希望能立子楚为继承人，让我日后有个依靠。"安国君就答应了，立子楚（也就是异人）为继承人了。后来，安国君接替秦昭襄王继位，继位刚一年就死了，这嬴异人就上台了。上台后，他肯定得回报吕不韦，于是就封吕不韦为当朝丞相，这下吕不韦可发达了，权倾朝野。

这个过程中，吕不韦还埋下一个重要伏笔。吕不韦也不是傻子，他也琢磨了，说我跟嬴异人虽然订了一个合同，但他要背信弃义怎么办呢？他就从华阳夫人给安国君吹枕边风这事得到启示，说我再安排一个人到嬴异人身边给他吹吹枕边风，这事就有把握了。吕不韦就在各个地方找漂亮女子，最后找着了一个舞女——历史上没写明她叫啥，就说她叫赵姬。赵姬是什么意思？就是赵国的美女，其实她没名字。

就这么着，他把这个赵姬叫过来跳舞。当时，嬴异人一见到她就看傻了，眼珠都不带转的。跳了一会儿，吕不韦说你退下吧！嬴异人站起来伸着头还看呢。嬴异人说，虽然说君子不夺人之爱，可我太喜欢她了！你看你三妻四妾也不差这一个，能把她送给我吗？吕不韦一听勃然大怒——当然这是装的。

这时候，嬴异人也急了，你不是想跟我合作吗？我回去当了王，才能把天下给你一半——现在我患上相思病了，这女人我非要不可，没她我就得死——我死了你投资也白投了。吕不韦假装丧气，说索性我帮人帮到底吧！既然你现在这么苦闷，我就把我这爱妾送给你。可有一样，她也是我的心头肉，给你之后你一定要善待她，将来你当王的那一天，一定要把她封为王后，你俩的孩子世世代代就是秦国之主，行不行？嬴异人哪还想那么远？火烧眉毛了，先顾眼前吧！说行行行，我都答应你！就这么着，赵姬就跟了嬴异人。

历史上就有这样的记载，说之前吕不韦和赵姬同房，已经身怀有孕。嫁过去之后，咱们有这常识的朋友都知道——十月怀胎，一朝分娩，不够月数生子，就会出现问题。你怀了吕不韦的孩子，你跟嬴异人在一块儿过，你要生下孩子人家也不傻，一算不够月数——这不是我的这孩子，他肯定生气呀。吕不韦早安排好了，这个孩子怀了8个多月的时候——按照实际月数推算就该生了，这天吕不韦就安排几个人去伺候一下赵姬，正好外头下大雪，外头雪景好，出去赏雪吧！没想到刚出去一下子滑了个跟头——这都是故意的。

回来找大夫一看，说摔得够呛。吕不韦跟嬴异人说，你家夫人动了胎气怕是要早产。这么一来，这孩子生下来了。嬴异人不疑有他，觉得这是我亲儿子！这个孩子就是后来中国历史上第一个皇帝——秦始皇，嬴异人给他取名叫政，后世叫嬴政。

有人说，你说这是野史吧？不是，历史上还真有记载，《史记》中说：

吕不韦取邯郸诸姬绝好善舞者与居，知有身。子楚从不韦饮，见而说之，因起为寿，请之。吕不韦怒，念业已破家为子楚，欲以钓奇，乃遂献其姬。姬自匿有身，至大期时，生子政。子楚遂立姬为夫人。

这段话说的就是这个事儿。

嬴异人回到秦国，当了秦王以后，封吕不韦为丞相。结果这个嬴异人没过 3 年就死了。但这个赵姬不甘寂寞，为啥呢？因为那时候女的结婚都早，儿子嬴政 13 岁，这时候赵姬多大呢？三十出头儿，这个时候她耐不住寂寞，据说她跟吕不韦旧情复燃，又勾搭到一块儿了。

这个事持续了几年工夫，嬴政一天天长大了，一长大这孩子就琢磨这事儿了：他想亲政，想自己掌握权力，最大的障碍是吕不韦这个自己的“仲父”，所以早就想把他轰下去。可问题是吕不韦这些年经营的势力很大，朝廷上所有人都给吕不韦说好话。而且吕不韦当时名气还大，他让自己手底下门客写了本书，叫《吕氏春秋》——这不是他写的，是门客写的，写完署他名。这本书写的那是字字珠玑、掷地有声。他把这书挂在城门上，过往的人都可以看。那会儿没有印刷术，都是竹简一联一联地看，你要能挑出一个字的毛病——就是谁能给我动一个字，我赏你千金，所以后世叫“一字千金”。

有人说这“一字千金”，有没有人领赏？谁敢啊？可别到时候有命领没命花！没人敢。所以，这事儿越传越响，大家都说吕不韦能耐大，名满天下。嬴政也有所顾忌：我要真杀他了，恐怕很多人不服。行，那你回你封地待着去吧。这吕不韦回到自己的封地，还不太知道收敛，天天大宴宾客，结交天下豪士，时间一长嬴政怕他造反。

干脆你也别在封地待了，你迁到蜀地去吧！蜀地，也就是现在的四川。那个地方在当时不是啥好地方，有不少人被流放到那儿，吕不韦知道自己大难临头了。司马迁在书里写“不韦迁蜀，世传吕览”。他到那儿之后很收敛，把《吕氏春秋》整理整理，再重新改编改编。可是这个时候嬴政已经决定要杀吕不韦了，因为他活一天，自己心里头就犯膈应，为什么？外头指指点点，说他是吕不韦的儿子——人岁数一大，这个自尊就上来了，所以他隔三岔五就派使臣过去，用小话敲打吕不韦。最后，吕不韦一看：我是死也得死，不死也得死啊！最后，他饮鸩酒而亡，自杀了。

有人说，你说半天，除了《史记》，正史上可没见多少记载吕不韦跟秦王的这个关系。有人说是司马迁听了野史，这也是有道理的。因为在《史记》之前，关于春秋战国的事，没有一本书记载说嬴政是吕不韦的儿子，但是嬴政后来决心独断朝纲，想杀吕不韦，这可确实是天下皆知。那后朝为什么传得这么厉害，还让司马迁把这事都写到《史记》里了呢？一方面秦灭六国之后，六国很多人咬牙切齿恨秦始皇，就想编排他一些不是，来糟践糟践他，来获得一些阿Q式的心理安慰。所以，他们说嬴政不是秦国人，那是吕不韦的儿子，是乱搞男女关系的孽种，其实很大程度上就是想通过糟蹋秦王来获得心理平衡。

再者，到了大汉的时候，刘邦死了之后吕后专权。吕后专权的时候就把这事抬出来了，意思是说我们汉家天下自谁而得？灭秦而得，你知道秦始皇嬴政是谁的儿子吗？吕不韦的儿子！这天下从一有皇帝就是我们老吕家的！所以，吕后抬出这个事来，这才使后世对这个事越传越神。

但甭管是正史也罢，野史也罢，你从吕不韦这事儿就能看出来，他作为一个商人，不走寻常路，通过投资政治获得了成功。可如果他不投资政治，就做他的商人，富甲天下，可以说一定会安然终老，善始善终。他的日子可能波澜不惊，但绝对能过上好日子！可是，投资政治，你既然能站到风浪尖上，跌下来的时候也必然很惨。

南宋诗人徐钧有首诗评价吕不韦：

谋立储君谁孕姬，巨商贩鬻巧观时。
十年富贵随轻覆，奇货元来祸更奇。

所以说，不走寻常路之人，随时得做好一切准备，你可能大富大贵，也可能落魄到家。人这一辈子的命运，如果始终不走寻常之路，也是一种选择。但记住：选择追求高的，你就得想法承受低迷时候的苦难——当然你要水平高，到有害的时候能躲开，那是最高明的。

可是纵览整个史书，真正能急流勇退的人少之又少，所以《菜根谭》有句话才成为至理名言，叫作：

鸿未至先援弓，兔已亡再呼矢，总非当机作用；风息时休起浪，岸到处便离船，才是了手工夫。

能做到这句话的人，中国历史上查来查去，一个手都能数得过来。

神探狄仁杰

有一本书名字叫《宦书》——就是一本告诉人们怎么当官的书，曾经卖得很火，这本书是鼎鼎大名的狄仁杰写的。评书里有一篇叫《狄公案》，说狄仁杰断案如神，有人看了这本书说，狄仁杰不是影视剧里那个神探吗？怎么还教人做官呢？有些懂历史的人知道，狄仁杰做官很厉害，就是个“官油子”，当面一套，背后一套，手腕很是了得！这种说法和我们心目当中狄仁杰形象有点儿出入，那么历史上真实的狄仁杰是什么样呢？

狄仁杰在影视剧里就是个“福尔摩斯”，这一点在梁冠华演的电视连续剧《神探狄仁杰》里尤为突出。这个戏2004年开拍，到现在已经拍了五部了，每一部戏中有两三个案子，狄仁杰作为神探，深入到办案的第一线，剥丝抽茧地研究案情，跟我们现在看到的侦探是一回事儿。

那么，狄仁杰到底是不是神探呢？其实更准确地说，他是一位法官。他当年起家的时候，当过并州都督府法曹，也就是一个地方的小法官。后来当到大理寺丞——相当于现在最高人民法院的法官。徐克拍的电影《大唐狄仁杰之神都龙王》《狄仁杰之通天帝国》，都是讲他破案的事。

影视剧演绎出来的狄仁杰断案如神，是指他审案的能耐，而不是他破案的能耐。史书有明确记载，《新唐书·狄仁杰传》上说：

仁杰，仪凤中为大理丞，周岁断滞狱一万七千人，无冤诉者。

也就是说，狄仁杰当大理寺丞的时候，一年断了17000起案子，没有一例喊冤的。这说明狄仁杰第一很公正，第二效率很高，第三法律知识相当完备。搁今天说，他作为一个大法官，一定是法律方面的专家。当然作为大理寺丞——最高人民法院的院长，有些很难断的案子，别的法官根本都不敢接的，他敢接。

举个例子，当时有个案子的原告和被告都不得了，被告是禁军左威卫大将军权善才和右监门中郎将范怀义，原告是当朝皇上——唐高宗李治，武则天的老公。

皇上告下臣是怎么回事？有人说皇上还用告吗？不是皇上说了算吗？那你就太小瞧中国的封建社会了。很多朋友看多了清宫剧，以为皇上说叫你死就得死，其实没那么简单。国有国法，家有家规，皇上要处死哪个大臣，也必须经过一定的程序。大将军权善才负责管理皇陵，皇陵旁边有两棵柏树，权善才下命令把这柏树给砍了。

这下惹怒了唐高宗，把人祖坟上的树给砍了，这可不是小事。中国古代有一句话叫“一坟，二房，三八字”，树在坟向周围，在哪儿栽，朝向哪儿，栽什么树，大有讲究。所以，当时昭陵上头的两棵柏树，是非常重要的风水符号。李治非常恼怒，说：“是使我为不孝子，必杀之。”他要把权善才和范怀义处死，就向大理寺说了这个事儿，正好狄仁杰接这案子——要别人，早听皇上命令了，砍了得了。

狄仁杰说《大唐律》有“毁人祖坟，贬为庶民”这条，把权善才贬为庶民算了。唐高宗李治不干，说这人不杀，难解我心头之怒。这时候，狄仁杰苦口婆心地劝皇上，《大唐律》里有明文规定，你一来气把他杀了，那老百姓一看，《大唐律》岂不儿戏，我们还遵守它干吗？老百姓都不遵守《大唐律》，天下大乱，统治怎么维持？这一劝，唐高宗李治一琢磨，是这个理儿！火消了，就把他们免职了事。

而且，唐高宗李治回头儿对史官说，把这事记下来，你看我这个皇帝从善如流，人家说得有道理我就听，权善才把我祖坟树都砍了，我都没处死他——李治也明白，这事儿会流芳千古。

所以，狄仁杰是一个坚决守住“依法治国”底线的好法官。即使皇上有这么大权力，我也不能随意听你的。可是也有很多人说，狄仁杰没那么有立场，是个官油子。

在唐高宗李治年间，狄仁杰就得到重用，改朝换代后武则天改国号为“大周”，也受到重用。而且，武则天到晚年的时候，狄仁杰又想复辟李唐天下，要求武则天把皇位传给自己的儿子，使大周回归李唐。人们都说“忠臣不事二主，良女不嫁二夫”，狄仁杰这人不是见风使舵的“墙头草”吗？这就有点儿冤枉狄仁杰了。

其实狄仁杰一开始是个硬脖子，宁折不弯。唐高宗年间，李治有一个宠臣——左司马郎王本立。这个王本立是个奸佞小人，见风使舵，溜须拍马，当面一套，背后一套。狄仁杰作为法官接到很多举报信，可是唐高宗李治护着王本立，狄仁杰就翻脸了，当着所有大臣的面放了狠话：

皇上，这种佞臣你护着他，那就把我发配到蛮荒之地去吧！这话等于把皇上推到死角去了，皇上还不能把他怎么样。所以，后来狄仁杰因为这件事在仕途上吃了很多亏。

还有一件事，武则天执政前期，豫州刺史越王李真造反，被灭了之后，豫州刺史的位置就给了狄仁杰。可是狄仁杰上任之后得罪了平叛功臣宰相张光辅。叛乱平息归平息，张光辅这个人心狠手辣，他带着十万大兵，将亳州城池攻下来后，老百姓已经开城投降了，他却开始屠城，要杀降冒功。

城里有一千多户人家，杀得是尸骨如山、血流成海，一个不留。屠城的目的，一方面是要发泄过剩的荷尔蒙，他有这种杀戮欲望；另一方面是国家给的粮饷不够，军费不足，怎么办？只能掠夺老百姓。有的当兵的欲望旺盛，奸淫掳掠什么都干，历史上管这个叫"纵兵为祸"。所以，狄仁杰在任上一看，你把亳州那一千多户给杀了，这豫州我当刺史，我可不能让你这么干！这惹得宰相张光辅很不高兴：我下边当兵的打了胜仗了，还不让他们痛快痛快吗？

豫州刺史和宰相相比差了三四级，狄仁杰该怎么回答？《资治通鉴》记载，当时，狄仁杰指着张光辅的鼻子说：

明公总兵三十万，所诛者止于越王贞。城中闻官军至，逾城出降者四面成蹊，明公纵将士暴掠，杀已降以为功，流血丹野，非万贞而何！恨不得尚方斩马剑，加于明公之颈，虽死如归耳！

也就是说，我狄仁杰恨不得用尚方宝剑把你的脑袋砍下来！一个小小的豫州刺史，敢跟当朝宰相较劲儿，这不作死吗？所以，张光辅转身找武则天告状，武则天马上就把狄仁杰贬官了。

武则天知道宰相张光辅是个小人，非常狠辣。可是那个时候，她刚当上皇帝，很多人造她的反，所以不重用这种心狠手辣的人，这皇帝的位置就不稳，这是武则天的权谋之术。这个时候，狄仁杰也反思，我干的是好事儿，可是自己却倒了霉。

所以，狄仁杰在他的执政生涯后期，就变得圆滑了。他在当宰相的时候，遇到了难题——有小人向武则天告密说狄仁杰要造反，武则天就交给酷吏来俊臣来查办。来俊臣在历史上很有名，“请君入瓮”就是从他身上来的。这种酷吏，你要是不招，最后他总有办法把你弄死。狄仁杰很清楚，所以马上就招了。《大唐律》有一个特点，即使是死罪，如果一审的时候招了，就不判死刑。狄仁杰知道，所以他赶紧招供，招完之后，他就被关到了天牢。

这时候，狄仁杰就趁机向看守的狱卒求来笔墨，把被子上的布抽下来，写了封上疏陈述自己的冤情。然后把它塞到自己棉袄里头，告诉狱卒让自己儿子来一趟。儿子回去后，在棉袄里找到了上疏，赶紧通过别的渠道呈给武则天。武则天一看，就召见了狄仁杰，说：你既然冤枉，为什么承认谋反啊？狄仁杰说：“向若不承反，已死于鞭笞矣。”也就是说，我要是不这么说，已经死于酷刑了。武则天查明狄仁杰是冤枉的，赶紧把他放了，把狄仁杰由宰相贬为彭泽令。这就是大丈夫能屈能伸的典型。

到后来，契丹作乱，需要人主持朝纲，武则天又重新起用狄仁杰。狄仁杰二次出任宰相，都快七十了。这个时候武则天也年事已高，七十多了。涉及立储的问题，当朝有“拥李派”，有“拥武派”，分别拥立武则天的儿子庐陵王李显和武则天的侄子武承嗣。于是，武则天就问狄仁杰什么意见。

狄仁杰说：

且姑侄与母子孰亲？陛下立庐陵王，则千秋万岁后常享宗庙；三思立，庙不祔姑。

这就是说，你应该立你的儿子庐陵王李显——李显是你亲生儿子，武承嗣是你侄子，侄子能比儿子还亲吗？再者，你立李显为太子，他会给自己母亲立宗庙，你永远是皇室里的人，千秋万载享受后世的香火。

可是你要立你侄子武承嗣当皇帝的话，我可从来没听说过侄子会将姑姑纳入宗庙的——这句话很关键。

这一说，武则天也明白了，再亲亲不过自己的血肉——侄子能亲过儿子吗？中国人讲究的是“差一层是一层”。过去古人死了，为啥叫“披麻戴孝”？就是把麻布拿来，撕开往身上一披，就是孝子；差一点儿的侄子、外甥叫“偏孝”，就得在上边钉一层，把它弄得规矩点儿；再往下服装上就各不相同了。所以，有句话说，咱俩是亲戚吗？都“出五服”了。什么叫“出五服”，就是人死了之后，服装上的五种不同：斩衰、齐衰、大功、小功、缌麻。其中，斩衰，“衰”就是指不缝缉的意思。凡诸侯为天子、臣为君、男子及未嫁女为父母、媳对公婆、承重孙对祖父母、妻对夫，都要穿斩衰，这是最重的孝服。而缌麻是最低一等孝服，这是用稍细的熟布做成的——现在大多用漂白的布做成，称为“漂孝”。所以说，孝服到侄子这儿就差点儿，到女婿那儿更差点儿，一层一层地往下减。出了“五服”，就是说你连孝服都在这之外呢，不算实在亲戚。

武则天执政晚期的时候，武承嗣按捺不住准备动手了，当时狄仁杰就推荐了宰相张柬之，张柬之后来组织兵力发动“神龙政变”，逼武则天退位把皇位交给庐陵王李显，大周天下又回归了李唐。

所以说，狄仁杰绝对不是一个两面三刀、见风使舵的官油子。他想的是，当今天下的皇帝武则天圣明，那她当位；可是武承嗣是个小人，不能让他得天下，还得回到李唐正统来。狄仁杰是个了不起的政治家，能审时度势，站稳自己的立场。当然，狄仁杰杰出的政治才能的发挥，也依赖统治阶级对他的信任，如果当初武则天不信任他，早就把他斩了。中国的唐代，虽然是君王独裁，但它也有一定的民主，而且对于国法很尊重。等中国的王朝越往后，到明清两代，皇上说一不二，大兴文字狱，对知识分子非常残酷，所以再想出狄仁杰这样的政治家就非常难了。在中国封建王朝里边，能出多少个狄仁杰，不是取决于狄仁杰能耐多大，而是取决于有多少个像唐高宗李治和武则天那样胸襟宽广的皇帝。

包公，你是一个啥样的人

包拯，包文正，一说这个名字很多人先想到“包青天”。而且影视作品里面，包公是个经常露面的人，金超群、周杰、邓超、陆毅等都演过包公。这个包公形象，大家都知道其中有艺术加工的成分，那真实的包公和艺术形象之间有多大区别呢？我进行解读之后，你肯定会觉得失望——包公也不过如此而已。确实，包公是经民间传说和文人笔墨不断丰满起来的，他本来的面目和现在的形象之间相差非常之远。

先说包公在影视剧中的形象：包黑子，长得确实黑——过去中国戏曲界有“四大黑”一说：包文正，呼延庆，打铁的脖子，黑驴圣，这是戏剧里头有名的长得黑的。咱都知道呼家将里的呼延庆黑，面如锅底，包公更是比锅底还黑：

在东山送过炭，西山挖过煤，又当过两天煤铺的二掌柜。

就是这种感觉。

包公在历史上是不是这么黑呢？不是，真实的包拯是个白白净净的书生，一点儿都不黑——真正脸黑的是包公的前任。咱们都知道“开封有个包青天”，开封是北宋的都城，包公任过开封府尹，开封府尹就是京官，等于现在北京市市长。包公的前任叫赵抃，和包公一样铁面无私，在任上弹劾不避权贵佞幸，一时声震京师。这个人长得黑，时间长了，大伙儿就管他叫“铁面御史”——就是不讲情面，脸还黑。他身上发生了很多事，揉来揉去就都搁到包公身上了，所以传成包公是个黑脸了。

再者，影视剧中，包公有个最明显的特点——脑门儿上有一个小月牙。民间传说，包公小时候在街上玩儿，过来个马车把他带倒了，马蹄子从他脑袋上踏过去，差点儿没把他踩死，马蹄形的“半月牙”就印了下来。这是一种说法。还有一种说法是，包公本是天上文曲星下凡，民间贪官污吏太多，老天爷把包公派下来，专门进行“反腐倡廉”的。所以这月牙有个说法，叫“日断阳，夜断阴”——白天我断的是阳间的事儿，到晚上阴间的事儿全知道。

影视剧中包公身边发生的很多事，是历史上不曾有的。像《铡美案》，不少人看过：陈世美是皇亲国戚，得用龙头铡来铡——龙头铡针对的是皇亲国戚，虎头铡针对的是文武百官，狗头铡针对的是黎民百姓。这三种人里头，若有一人作奸犯科，相对应的，这铡就得拿出来。其实，历史上根本就没有这铡，在宋代，甭说没这个铡刀，这个“铡”字在北宋的文献里也很少出现。

我们都知道蒙古兵得给马喂草料，所以必须带铡刀切草料，实际从元代以后，这“铡”字才大面积流行开来。而且从来没有任何一级政府，拿这个铡刀当刑具的——用铡刀当刑具，在当时叫私刑，是违法的！所以说，历史上根本就没有包龙图这三口铡刀。

有人说包公断案很厉害，最大的案子跟皇上有关。北宋宋仁宗的母亲李太后，流落到民间十八载。后来，还是包公把李太后给找着了，这就是历史上有名的“狸猫换太子”。据说，后宫李太后生下的是个男孩，就是后来的宋仁宗，结果被别的妃子忌妒，用扒了皮的狸猫充当婴儿，把宋仁宗换走了。于是，她们造谣说李太后生下一个妖孽，害得她被赶出宫禁，流落民间18年。后来，包公到民间，发现了李太后，把她救回，宋仁宗母子相认。当然，这只是传说，历史上根本就没有所谓的“狸猫换太子”这回事儿。

但是包公确实审过和太子有关的事。宋仁宗年间，有一个王姓宫女，皇上也没宠幸过，年龄大了，就出了宫。到了民间，她嫁给了一个姓冷的郎中。结婚三四年，生下来一儿一女。这儿子叫冷青，是个不安分的人。冷青听说他妈当初在宫里当过宫女，就吹牛说他妈在宫里跟皇上有事儿，自己是皇上的骨血。结果时间一长，整个开封府都知道了。

这个时候，宋仁宗一看不行，得问问怎么回事儿。当时的开封府尹姓钱，叫钱明逸，开堂审案，把冷青叫上来。这位大臣就琢磨着：这事宁可信其有，不可信其无——要是假的倒无所谓了，要是真的，我这么审皇子，不是吃不了兜着走吗。钱明逸很滑头，他想了一个好办法，就说这小子疯病犯了，先给他押起来，往后拖。可这一拖，外头舆论就传开了，说为什么没杀他，先搁在监狱呢？看来其中是真有事儿啊！结果整个开封府传遍了，说宋仁宗有个私生子流落民间。

时间一长，宋仁宗受不了了，就派两个官员去调查。包拯就是其中一个。当时，包拯知谏院，但是他当时是副手。包拯说这事儿好办！把他爹妈叫来，一问这个冷青是王姓宫女出宫 4 年以后才生的，所以这个人明显是胡说八道，冒犯皇威，就把冷青砍头了。

包公还断过什么案？历史记载有一桩叫牛舌案。包公那阵子刚当官，知天长县，是个小县官。头一天上任，来了个农民，说昨天晚上自家养的那头耕牛的牛舌让人给割去了。包公说你回去，趁天亮把这个牛宰了，卖肉去。但是北宋年间，耕牛是重要的生产工具，搁现在就是“拖拉机+联合收割机”，同时也是军事物资。这个牛作为财产来讲是私有，但是不能随意宰杀，随意宰杀耕牛是要犯死罪的。农夫听了他的话，回去杀了牛，然后宰了卖肉。结果第二天就有人来举报了，是这个农夫的邻居，说我们家邻居私宰耕牛，按大宋律例是死罪。

包拯说，拿下！割牛舌头的事儿就是你干的。你为什么把牛舌割下来？你知道牛没了舌头活不了，一般农民不愿意承担损失，会宰了卖肉挽回点儿损失。你和这个农夫作为邻里关系，必然有仇怨，你想借官府之刀，来解心头之恨！那邻居当即承认是自己干的。史书上的记载是“盗惊服”。所以，包公断案入情入理，也讲证据，而且推理能力很强。

包公当县令的时候，岁数已经很大了，38 岁。包公是 28 岁考上的进士，当时父亲、母亲岁数都大了，家里就他这么一个孩子，他走了没人伺候了。所以，他一直过了 10 年，等到把二老都送走了，才开始当官。包公当开封府尹则更晚，是 59 岁的时候。

那么，38 岁当县令，59 岁当开封府尹，中间他干吗了？做御史言官。主要的目标是“反腐”！包公在这个位置发挥的作用是最大的。所以，后世为什么说包公是清官，收拾贪官污吏，主要是他在做言官的时候铁面无私，什么人都敢弹劾。比如他曾经连续七道奏折，把当朝的一个大官，叫王逵的给弹劾下台了。

而且，他最光彩夺目的是弹劾皇上的老丈人。皇上的老丈人是宋仁宗最宠爱的张贵妃的养父，叫张尧佐，他本来是个小官，不但没能耐，把自己的任下治理得乱七八糟，还贪赃枉法。但人家朝里有人，张贵妃给吹枕边风，宋仁宗就把他一点点提拔上来了。最后，准备提拔他当三司使。三司使相当于现在分管财政的国务院副总理，这是绝对的大官了。这时候，包公他们受不了了，就和其他文武百官商量着联合弹劾张尧佐。结果宋仁宗来气了，不仅没听，还把自己这个国丈连升了四级。

最后，包公上朝的时候急了！他把当朝文武百官，谁的政绩好、谁该升官都数落了一遍，说怎么着也轮不到张尧佐！包公越说越激动。没想到，宋仁宗和颜悦色地说：包爱卿言之有理！宋仁宗怎么这么从善如流呢？皇上这么隐忍，一定有他的原因。因为宋仁宗年间，北宋整个经济政治在没落。大辽国屡次入侵，北宋多次签订丧权辱国、割地赔款的条约，政治局面很危险，在这个时候，必须树立一个忠君爱国的榜样。宋仁宗这时候就要立包拯为榜样，让大家向他学习，所以说宋仁宗有他的目的。

那怎么后来宋代还亡了，再没出过包公这样的清官？民间有个传说很有趣，说包公年事已高，一算自己寿数不久，要驾鹤西归了。这时候包公不甘心，说尘世间贪官污吏太多，我死了也得赶紧托生，回来还当黑面御史，收拾这些贪官。日有所思，夜有所梦，就梦着观音菩萨给他托梦，观音菩萨说正常托生得转几世，你想快点儿托生有个办法，这得看你棺材里头的枕头，枕头烂得越快，你托生得越快。

包公醒了之后一琢磨，这年头儿棺材里一般都枕木头枕头，何年何月才能烂？我死之后，得让我媳妇给我安个草枕头——草枕头烂得快，我托生就快，几年工夫我就托生了。可是，他又一想：不行，不能跟自己媳妇直说！因为包公媳妇有个毛病，她经常跟包公对着干。包公往东她往西，包公打狗她骂鸡。所以，包公计上心来，打算往反了说！于是，他把媳妇叫身边说，我睡觉就愿意枕硬枕头，那木头枕头我嫌软，你给我整个死硬死硬的。

包公以为这么一说，他媳妇反着整，搁个草枕头就得了，很快他就能托生了。没想到，他媳妇心中不忍，流泪说：跟他过了一辈子，没听过他什么，临到死了，我就听他一回吧。包公死了，她就给整了一块花岗岩枕头，那花岗岩得多少年才能风化？所以，包公多少年都没有托生。

宁折不弯的“双天官”：寇准

“寇老西”这几个字，很多朋友熟悉，是因为当年刘兰芳在广播里面播讲《杨家将》，后来田连元又在电视里面说《杨家将》，所以大家对这个形象很熟悉。评书里说起这“寇老西”，是山西人，整天挂个葫芦——人家葫芦是酒葫芦，他葫芦里是醋——山西人没有不爱醋的。寇老西喝着醋，既幽默，又机智，多次帮助忠臣良将，尤其是帮助杨家将渡过难关。

寇准，字平仲，人称“寇老西”。其实历史上，真实的“寇老西”不是山西人，而是华州下邽（陕西省渭南市）人，那怎么给他安到山西头上了呢？同时杨家将为什么又给他弄出这么多事儿来呢？

要说寇准，先得从杨家将说起。评书里面，把杨家将的故事描写得跌宕起伏、荡气回肠。说的是大宋初年，辽国冒犯边关，潘仁美作为兵马大元帅，起兵到前线。杨家将在他手底下，由老令公杨继业，带着手底下 7 个儿子出征。这潘仁美和老杨家有仇，潘仁美三儿子叫潘豹，出征之前在京城立下擂台，说有打我一拳者赏银五两，踢我一脚者赏银十两，摆擂多少天以内没人打败我，我就是前部正印先锋官！老令公杨继业跟佘老太君两口子商量半天说，咱得约束自己家里人别去惹人家！别人也就罢了，但是咱家七郎，脾气暴躁，性如烈火，让人难以放心，于是他们就令老家人杨洪看着杨七郎。

哪想赶到打擂结束之前最后一天，这杨七郎把老家人杨洪给绑住，跑了出来。结果杨七郎擂台上力劈潘豹——把潘豹给弄死了，这可惹下了大祸！潘仁美的女儿是西宫娘娘，有势力！由于两军阵前要打仗，正值用人之际，皇上说这事儿就别提了。但是，潘仁美从此就恨上杨家将了！再加上评书里说，潘仁美通敌叛国，跟大辽有勾结，结果弄得宋军大败。当时，皇上宋太宗和八贤王赵德芳两人亲征，兵困两狼山。没办法了，杨家将一门忠烈，商议后，定下来谁往出冲杀，谁请援兵，谁替皇上死。

结果，大郎代替皇上，杨二郎代替八贤王赴宴——“血战金沙滩”就讲这段赴宴的历史。讲的是，跟辽国的皇上谈判，老大酒席宴前死了，老二也死了；杨三郎被马踏如泥烂——两军阵前被踏死；杨四郎流落北藩——后来“四郎探母”就是这段故事；杨五郎出家在五台山；杨六郎杀出重围活了下来；杨七郎杀出重围搬救兵去找潘仁美。

潘仁美当时生生地用乱箭射死了杨七郎。老令公杨继业突围的时候，被敌军围困住，他就躲进了苏武庙。苏武庙里面有个李陵碑，说苏武留胡节不辱，千载之下犹有余音，李陵投降匈奴，眼前还有这么一碑，真是愧煞后人，所以老令公一气之下，碰死在了李陵碑前。

最后，杨家这一门里，男丁就剩下杨六郎一个，所以杨六郎跑回到京城，找母亲佘老太君，说自己一家被潘仁美害了。那么，潘、杨两家就打官司，这官司谁来审？满朝文武没有一个敢应的。一些武将像呼延丕显，下边关捉潘仁美回来，但是毕竟一勇之夫，审不了这细活儿。众文官一提谁都摇头，审潘、杨一案，不得罪潘家便得罪杨家，一边有势力，一边是天理良心。没办法，八贤王赵德芳举荐了一人，说在山西有个县官寇准，公允正直，可以请他来主审。

为什么寇准外号叫“双天官”呢？寇准之前牛刀小试，干了几件漂亮事儿，皇上高兴了，说你不光能当天官，朕看你可以做“双天官”——就是说你这才能当两份天官都有余！皇上是句戏言啊！但寇准“扑通”跪下了，说谢圣主隆恩——把“双天官”这个封号给坐实了！君无戏言，这么才有“双天官”这个称号。

审潘、杨一案时，这潘仁美老奸巨猾，打死也不说，怎么审也审不下来。寇准想了个办法，有一天晚上，潘仁美在大牢里，正呼呼地睡觉，突然间有人晃他。潘仁美睁眼睛一看，吓了一跳，魂飞魄散，只见四处是油灯泛着绿光，再看眼前站的两位：一个拿招魂牌，一个拿勾魂索。潘仁美说，不对，这是不是寇老西算计我呢？回身再看，牢床上躺着一个潘仁美，一模一样，坏了，我这是真魂出窍了！

接着来到十殿阎罗这里，阎罗王坐在正中，再看两边牛头、马面、判官俱在，居然还有杨七郎和杨继业这两个“死人”。潘仁美说，完了，这下大限到了！他做了这么多亏心事儿，到阴间不敢撒谎——这边是油锅，那头是十八层地狱啊！他就一五一十地招供画押。他一摁手印，发现两边灯火通明。一看这阎王爷是八贤王赵德芳扮的，判官正是“双天官”寇准。这是“寇老西”设了个巧计，最后把潘仁美定了罪！这个事儿其实也就是发生在评书里头——咱老百姓用常识一判断就知道是假的。那时候的化装技术，那布景，也瞒不了潘仁美！所以这有点儿过分夸奖寇准了。

还有一段故事也和寇准有关，就是后来杨六郎到边关守关，结果奸臣王强，其实是北国奸细赫黑律，陷害杨六郎，皇上就给杨六郎赐了毒酒。杨六郎有个好朋友叫任炳任堂惠。任堂惠长得跟杨六郎一模一样，他不忍心杨六郎死，便想出个“替死”的招数。后来，杨六郎偷偷潜回京都，躲在天波杨府。可这个时候，大辽国来犯，皇上后悔得直拍大腿——杨六郎要是不死多好，还能替我把守边关。

这个时候，“寇老西”就说：我看杨六郎之死有问题。他到天波杨府吊孝时发现，杨六郎儿子杨宗保不怎么难受，而杨六郎的媳妇柴郡主外边是一身孝，可是里头裙子是红色，也不符合常规。再者，佘老太君还奏本，要举家迁回老家河东。寇准撺掇八贤王晚上一起给杨六郎守灵，老太君也不好拒绝。守灵的时候不能睡觉，夜半三更，就听外头有脚步声，寇准跟过去，一看柴郡主拿着个竹篮，奔后花园去了。

寇准穿着朝靴，走着走着，在绊石头上摔了一跤。柴郡主一回身，寇准没办法只能学狗叫唤。于是，他干脆把靴子脱了下来，朝靴挺长挺沉地背到后背，这出戏就叫“寇准背靴会六郎”。寇准跟在柴郡主后发现，柴郡主是到后花园给杨六郎送饭去了。这时候，寇准进屋说，六郎你装死可不对！现在大宋江山岌岌可危，杨家一门忠烈，这时候你哪能当缩头乌龟？他动之以情，晓之以理，把杨六郎说动了，这才又率兵打退北国的侵犯。

以上是评书里的“寇老西”形象。那么真实的寇准是个什么人呢？他是陕西渭南人，并不是一个幽默滑稽的主儿，相反性格耿直、脾气暴躁，很刚烈。寇准小时候才华横溢，后来参加科举，非常顺利地一直考到殿试——就是皇上亲自主持的笔试面试。这时候有主考官向着寇准说，你今年十九，太小了，皇上不喜欢太年轻的，你往大了报岁数。寇准说那不行，一是一，二是二，这么撒谎，将来皇上知道了一样是惹事，该多少就是多少。结果，在殿上皇上一问，其他那些举子真有虚报岁数的，怎么撒谎的都有，寇准说我年方十九——我最小。皇上一看，这寇准挺诚实，当时就御笔亲点，让他当巴东县的县令——这事反映寇准是个讲原则的人。

有人说，皇上有时候对直言敢谏的人都下狠手，可宋太宗还偏偏不是这样。宋太宗的偶像是唐太宗李世民，他处处以唐太宗为榜样。唐太宗说了，以史为镜可知兴替，以人为镜可知得失，以铜为镜可正衣冠。有一回，寇准跟皇上进谏，皇上不爱听。寇准说，官家别走！拽住皇上龙袍，把皇上摁到龙椅上，非让他听完。

有人说这不找死吗？没想到宋太宗哈哈直乐：寇准爱卿如此直言敢谏，那分明与前朝宰相魏征一样——唐太宗得魏征，而我有寇准此生足矣。这话听着好像夸寇准，其实是说自己就是唐太宗，乃当朝圣君！皇上要满足自己的虚荣心，所以容忍寇准直言犯谏——当然这个容忍是有限度的，一旦触及核心利益，难免会翻脸。

一转眼太宗过世，宋真宗继位。我们知道北宋年间和大辽打仗，最常见的结果是割地、赔款、求和。这一年，大辽又打过来了，打到澶州（今河南省濮阳市）一带。这眼看就要到北宋都城开封了，怎么办呢？很多人说不如迁都算了。只有寇准坚持说，皇上不仅不能往南走，还得北上去御驾亲征！只有到前方去，三军将士才会士气大振，视死如归。

最后，宋真宗没办法，只能御驾亲征，结果到了澶渊死活不肯往前走了。寇准再三冒死犯谏，硬把他拉到前线，果然宋真宗一露面，军士欢呼万岁，士气高涨。这些士兵一努力，还把辽军先锋萧挞览给射死了。双方就在澶渊对峙，相持了很长时间，最后大辽同意和谈。

其实，北宋比较弱，也没法再长期打下去，只能跟人乞和。这个时候，使者问皇上：如果对方要求赔款，咱给多少？宋真宗张嘴就说：100万两银子！这个时候，寇准把使者截住，伸出仨手指头——就 30 万两，多出一两，回来砍你脑袋！最后赔了 30 万两白银——等于寇准给朝廷省钱了，双方签订了“澶渊之盟”，这是历史上的一个屈辱条约。

回来之后，有些佞臣不高兴了，说现在满朝文武都夸寇准临危不惧，大将气定神闲，每临大事有静气，敢于上前线犯险，而不是说皇上您。而且说，官家您听说过赌博吧？那些赌徒在钱快要输完时，就孤注一掷，把所有的钱都押上去！官家您在澶渊时，不过是寇准的“孤注”罢了，真是危险得很啊！这一进谗言可了不得，宋真宗从此对寇准失去了信任。景德三年（1006）二月，寇准罢相，到陕州去做了知州。后虽曾复任宰相，但也不复往昔了。

后来，寇准被诬陷参与政变，被贬到广东雷州。当时那里是南方蛮荒之地，后来寇准就病死在那儿，一代忠臣没有得到善终。寇准死后，老百姓非常怀念他，《宋史》中说：

县人皆设祭哭于路，折竹植地，挂纸钱，逾月视之，枯竹尽生笋。众因为立庙，岁时享之。

这说明寇准在百姓中间还是非常有口碑的。所以，民间在《杨家将》

中说他多有智慧、多好，那是有原因的！这么一个大忠臣，最后落得个如此下场，老百姓同情他，就人为地加了很多“料”去美化他。当然，寇准也不是没缺点，他的缺点是比较奢侈，花钱大手大脚，好喝酒，还逢喝必醉，经常大宴宾客。但他不是个清官吗？他确实是清官！但是寇准家底好，他爸爸、爷爷给他留下不少钱。

再者，北宋年间重视文官，轻视武将，文官的工资高得都有点儿变态，所以寇准当时工资挣得非常高——花自己的钱。当然，这种奢侈无度也确实不是好的习惯，但从主流来看，寇准还是一个响当当的忠臣。

神机军师

倔强的糟老头：姜子牙

传统评书有套开场诗说到姜子牙，叫“石崇豪富范丹穷，甘罗运早晚太公”。这话是说，甘罗是12岁官拜宰相，是个大神童；姜太公80岁才被文王赏识。一个12岁当宰相，一个80岁当宰相，大千世界，人比人得死，货比货得扔。相对来说，姜太公就算大器晚成了——但大器晚成也比一辈子不成器要强。我一提姜太公，很多朋友都想到《封神榜》《封神演义》，这是个神话人物吗？不是，历史上实有其人。

姜太公，姜姓，吕氏，名望，字子牙，号飞熊，也称吕尚或姜尚。很多朋友看《封神榜》，说这不就跟《西游记》一样吗？都是闲扯的神话故事，所以有的观众朋友觉得姜太公的故事是历史传说，其实不是。说到诸葛亮我们知道：“亮躬耕陇亩，好为《梁父吟》。身长八尺，每自比于管仲、乐毅，时人莫之许也。”他把自个儿比成春秋时辅佐齐桓公称霸的管仲和战国时的大将军乐毅。结果他的朋友徐庶徐元直说了，诸葛亮能耐可不止这点儿，他的能耐只有兴周800年之姜子牙与旺汉400年之张子房堪与他相提并论，这也说明：姜子牙这个人物历史上实有其人。

2004年，在山东省淄博市高青县，发掘了一个周朝时候的古墓，有重大考古发现。那一片周朝时期的古墓也不少，所以考古队员一开始也就当作一般的周代古墓往前挖——那个时候贵族很多，能留下墓的都是达官贵人。挖着挖着，挖出一个酒器来，叫觥。咱们知道有个词叫“觥筹交错”，“觥”就是装酒的东西。在这个酒器上面刻着一行文字，写着“丰啓厥作文祖甲齐公”，这几行字什么意思呢？考古学家经过长时间考证才证明，原来这个酒杯是姜子牙使的，这个“齐公”就指姜子牙。因为周武王伐纣定了天下之后，把齐国这一块儿，就是现在山东这一带封给了姜子牙，所以姜子牙是齐国的开国国君。这个事实就证明，姜子牙在历史上实有其人。

那么，历史真实的姜子牙跟小说里的一样吗？有共同的地方。我们看《封神演义》里把姜子牙写成一个郁郁不得志的糟老头儿，但是有一身能耐。姜子牙到昆仑山，从元始天尊学道，是元始天尊的关门弟子。其实，现实当中他“学道”学的是什么？学的是行军打仗、治理天下的方法。《封神演义》里说他求仙学道学了 40 年，其实是指他在现实当中孜孜以求，学兵书、战策这些东西学了 40 年。《封神演义》里写姜子牙不得志写得很有意思，说他很穷，就来到商朝的都城朝歌，朝歌这儿有个朋友接济他，说看你穷成这样，但也得结婚啊！都七十多了，没家不行！当时他朋友也是出于对老年人的关心，就给他介绍了一门亲事。

所以，姜子牙就娶了个老太太，马氏老太太。这老太太其实也不是什么坏人，她就是对丈夫有点儿基本要求，说你就知道天天在家看书，能不能干点儿正事？要不在家里头给你磨点儿面，你到街上卖面去吧！这姜子牙可倒好，这边面口袋在这儿撑着，他在这儿翻书看。谁来问才答应一句，也不吆喝，你想这能开张吗？你看电视剧《封神榜》中演得很形象：

路人：老人家，你这是米粉还是麦粉？

姜子牙：我倒忘记了，米粉还是麦粉，这要回去问问我老婆才知道。

路人：你连你自己卖什么都不知道，还做什么买卖？

路人：你不用回去问你老婆，我倒可以帮你分辨一下，这样吧，我拿点儿回去尝尝就知道了。

姜子牙：好，谢谢你帮忙，那你拿回去尝尝，再来告诉我。

这不等于二傻子吗！这马氏老太太说，要照这么弄，你把你自个儿卖了都不知道。你别卖这个了，换一样吧！马氏老太太在家里扎了几把扫帚，让他拿街上卖去，一样卖不动！这马氏老太太一看，跟你过也没意思了，最后干脆你写一纸休书把我休了得了。姜子牙一看，哎呀，你瞧不起我，将来你会后悔的，姜子牙写了一纸休书把她休了。

传说，姜子牙后来当了宰相，衣锦还乡，再见到这马氏老太太。马老太太要跟他回府，姜子牙说你拿盆水来，泼地上，你把这水给我收到盆里去就行。这老太太一忙活儿，整了一身泥也办不到。你看，覆水难收，咱没法儿走一块儿了。马老太太受不了，上吊死了。死是死了，姜子牙一想，一日夫妻百日恩，咱俩是两口子，封你一个位置吧！封什么呢？大伙儿想不到，因为马老太太曾经做了几把扫帚让他卖，所以姜子牙封马老太太为扫帚星——意思是说见你我算倒血霉了。

有人提出疑问，说那会儿姜子牙怎么跟周文王混了？周文王那会儿还是西伯侯姬昌——他官封西伯侯，归纣王管，商朝才是正根儿。姜子牙有能耐，怎么不到纣王那边去寻事做，反而跑到这边来呢？这是有原因的，历史上真实的姜子牙曾经在纣王手底下当过差，叫下大夫，说白了就是基层公务员，干吗呢？帮着搞基础设施建设。纣王无道，大兴鹿台，鹿台是什么样子呢？“其大三里，高千尺。”这是很浩大的工程，历时七年才完工。这么大的工程，你想商朝那些腐败分子能不从中捞油水吗？姜子牙为人耿直，得罪不少人，这些人要害他。姜子牙一看，我在这儿混不了了，撤吧，就跑到渭水边上隐居去了。渭水我们知道在陕西这边，那姜子牙在渭水边垂钓，离周文王很近。

当然近是近，但周文王不知道你也不行，他采用了非常有效的“炒作”手段，怎么“炒”呢？非得为人之所不能，得让大家觉得奇怪，关注你——总之，得有炒作点儿。他不是在这渭水边上垂钓吗？他把这鱼钩捋成直的，然后用直钩往下钓！旁边人一看，你这老头儿是精神病！这能钓上鱼来吗？太公钓鱼，愿者上钩，愿意来就来。结果就这么三传两传，这个事就传到文王耳朵里去了。文王一听，这是个奇人啊，派人打听打听吧！于是派个当兵的去问。这当兵的来了，姜太公眼皮都没撂。

这当兵的回去，说不行，我去了不好使！文王一听，觉得这是高人，一般人请不来他。咱们知道“三顾茅庐”的典故，徐庶说诸葛孔明者，卧龙也，将军岂愿见之乎？完了刘备说，君与之俱来。你陪他一块儿来吧！结果人家徐庶直接说了，此人可就见，不可屈至也——你只能是屈尊去见他，你可不能把他招来，人家不来。所以，这个时候文王一听，看来这是高人，我得去。当然去之前是有先兆的，《封神演义》里说文王晚上做梦，梦到一个插着翅膀的熊。

文王一看，看来这个人是我的贵人，于是屈尊见了姜子牙。姜子牙见了文王挺高兴，两人聊了一会儿，这就好比“隆中对”。历史上没描写姜子牙怎么忽悠文王的，也肯定是诸葛亮那样一套。文王一听，姜子牙太有才了！我太佩服了！说那请跟我回去吧。姜太公说不行，坐你的车，得有赶车的，你得给我拉车。你想想，周文王那也是一方诸侯，给这么一个老头去拉车？文王这么一步步把他拉到了驿站。后来，真拉不动了，说先生下车吧，咱歇会儿。姜子牙说，好，我下来了，你不要后悔。姜子牙说我这一路数了，你拉着我走了 808 步，我就报答你 808 步——我保你大周 808 年！后来，故老相传，整个周朝经历了 808 年，所以才说“兴周姜子牙，旺汉张子房”。

从此，姜子牙走上康庄大道，先后辅佐周文王、周武王，最后平定天下。《封神演义》里写的姜子牙，就是这么一个人。咱看姜子牙，他是个理想主义者，不肯因为现实的挫折，就放弃自己原先学的那些东西；他不管岁数多大，都坚守自己的理想，还挺倔。当然，咱得佩服姜子牙身体好，80 岁出山还能干成这样！所以说，姜子牙是中国历史上的传奇人物。

但很多人一提姜子牙，就认为是神话人物。姜子牙是怎么被推向神坛的呢？在唐代以前，姜子牙就被历代皇帝尊为武圣。至于被推上神坛，这个是唐代以后的事了。公元 760 年，唐肃宗追谥姜太公为“武成王”，使姜太公正式成为与文圣孔子并列的“武圣人”，所有的举子必须来拜。宋真宗时，又封姜太公为“昭烈武成王”，所有文臣武将都得读《太公兵法》。

传说秦朝末年，张良碰到个老头儿，这老头儿就是黄石公，传给张良的就是《太公兵法》。《太公兵法》又称《六韬》，它指引了后世兵法的研究。《六韬》实际上说起来没什么劲儿，但民间传说的六韬很有意思。哪六韬呢？龙韬、凤韬、虎韬、豹韬、狼韬、犬韬，六种动物为六韬。龙韬是指战无不胜，算无遗策，天将降大任于斯人也，姜太公、张子房、诸葛亮谓之龙韬。凤韬是什么呢？能耐也挺大，但有的时候好出点儿阴谋诡计，叫为凤韬，周瑜就是凤韬的典型。虎韬是武力取胜，我会带兵，我不用一些文策，打仗我就能赢，像赵子龙、张飞，这都为虎韬。豹韬是文武双全，岳飞是豹韬的典型。狼韬是什么呢？会使阴谋诡计，我不用武力取胜，我算计都算计死你，而且非常狠，是为狼韬。什么叫犬韬，敌进我退，敌退我追，敌驻我扰，敌疲我打，这就是犬韬。这六韬没有高低贵贱之分，都是两军阵前审时度势，因势利导，因敌之形势而变化的、非常高明的兵法战略。相传这个就出自姜太公。

正是姜太公有这么大能耐，明代万历年间许仲琳写《封神演义》的时候，才把姜子牙写成在昆仑山修道，下山辅佐文王，最后神机妙算，得各路神仙相助，最后终成大业。从此，姜子牙就由人变成了“神”，被老百姓广为尊奉。

可滑稽的是，姜子牙封神，什么瘟神、雷神这些都是他封的，封来封去他自个儿没地方了，最后姜子牙落哪儿了？有的朋友知道，农村盖房子时房梁顶上贴张纸，叫“姜太公在此，诸神退位”。据说，本来姜太公是给自己留了位置的——留的玉皇大帝的位子。姜太公身边带着个小书童叫张友人，带着他一路封神，封来封去，就剩一个玉皇大帝的座儿了，小书童说我要占玉皇大帝这座儿。姜太公说别占，这座儿是别人的！这张友人一听，“扑通”坐到那椅子上了，屁股一着椅子背，张友人成玉皇大帝了！把姜子牙气得。姜子牙说，好，你是不是觉得你玉皇大帝椅子高，我比你还高！姜子牙于是跳房梁上，蹲到这房梁顶上了。姜子牙的故事在中国民间流传得千奇百怪，只能说明这糟老头子实在是太有料了。

鬼谷子和他的徒弟们

中国古代有很多了不起的奇人，这些奇人要么是思维超前、行为独特，要么是身世离奇、故事传奇。还有一类奇人和这两类都不一样，属于那种能力特别强的人，我们现在要说的这个人就是这样，他叫鬼谷子。很多朋友对鬼谷子似听说非听说，似明白又不明白，因为鬼谷子的故事正史里记载并不多——他就是个平民百姓，这辈子都没有离开过他居住的鬼谷这个地方，他的名字鬼谷子就是以他居住地命名的。

有一个元青花的罐，上面烧制的是《鬼谷子下山图》。该罐叫“元青花鬼谷子下山图罐”，是元代景德镇烧制的文物。该器物于 2005 年 7 月 12 日伦敦佳士得举行的“中国陶瓷、工艺精品及外销工艺品”拍卖会上，以 1400 万英镑拍出，加佣金后为 1568.8 万英镑，折合人民币约 2.3 亿元，创下了当时中国艺术品在世界上的最高拍卖纪录。其实，上面烧制的《鬼谷子下山图》是胡说，鬼谷子在历史传闻中没下过山，等于是个隐居的世外高人。那么，这个高人是怎么影响外部世界，进而赫赫有名的呢？其实他是通过自己教出来的徒弟影响了战国中后期的格局，直接促成了秦国一统天下的霸业以及中国历史上出现第一个皇帝。可以说，鬼谷子是当时战国政治乱局的缔造者和终结者，尤其他教出的四个徒弟——孙膑、庞涓、苏秦、张仪，影响了战国中后期的整个形势。

孙膑、庞涓两个人是战国时期的人。他们俩一开始到鬼谷里找鬼谷子，是想学能耐求艺。一晃学了有四年多，庞涓先忍不住了！他觉得自己能耐差不多了，想下山去试试。庞涓于是征求鬼谷子的意见，鬼谷子说你既有此心，留也留不住，去吧。就这样，庞涓下山投了魏国。

魏国我们知道——三家分晋，形成了韩、赵、魏，它是从战国兴起的过程中从晋国分裂出来的。地处列国包围中的魏国，在魏惠王统治时期，西战于秦、韩，北战于赵，东战于齐，成为著名的“四战之地”。魏国当时很有野心，想壮大自己国家的势力。魏王一看庞涓来了，如获至宝，说鬼谷子先生我们都听说过，能耐很大，那你就试试带兵打仗吧！结果庞涓一带兵，魏王一看太厉害了，他带兵的理念、思维，甩出了魏国那些将领一大截。魏王于是重用庞涓，任命他为上将军，行军打仗的事儿他都管了，而且接连替魏国打了不少胜仗。

有一回庆功宴上，魏王喝多了，庞涓也喝了不少。魏王说：爱卿，你这能耐太大了，自从我得了你，那些国家都不敢跟我们交锋作战了！要多两个你这样的人才，我魏国岂不天下无敌！庞涓喝了点儿酒说，大王，你想多几个这样的人才易如反掌，跟老师鬼谷子学艺的可不是我一人，我还有师弟呢！我师弟能耐不在我之下，要不我把我师弟给你请过来？魏王一听乐坏了，说要有这等人才投奔于我，我对他一定不次于对待你！就这样，庞涓把孙膑给弄下山了。

后来的故事很多人都知道，庞涓要加害孙膑，把孙膑处以膑刑（挖去膝盖骨），害得他人不人、鬼不鬼的。这孙膑的“膑”字，是“月”字旁，搁一个宾馆的“宾”。“膑”是古代的一个刑法，就是把膝盖骨挖掉了——孙膑搁现代话说就是“孙瘸子”这个意思，这都是拜庞涓所赐。

那庞涓这不有病吗？他把孙膑弄下山来想要扶植，怎么还害他呢？这件事咱把它掰开了说，对现在好多人交朋友都会有启示。庞涓一开始要推荐孙膑，他是真心的，那是同情心加虚荣心——两人都是穷苦出身，自个儿在魏国得富贵了，一想自个儿师弟挺大能耐，在山上窝着吃苦遭罪呢，我把他拉起来挺好，这是同情心；再者，我混好了，师弟你下山了我罩着你，我给你荣华富贵，在师弟面前有面子，如同衣锦还乡，这是虚荣心和优越感。出于“同情心加虚荣心”，庞涓举荐孙膑是真心实意，不是假的。

那他为什么后来又整孙膑呢？孙膑下山之后被他推荐给魏王，魏王一看说是骡子是马拉出来遛遛吧！所以让孙膑行军打仗。结果孙膑展示出了非凡的才华，凡是交代给他的任务完成得都比庞涓漂亮。结果，这一来魏王就开始宠幸孙膑，一点点冷落了庞涓。

庞涓这时候心里不平衡：我把你弄下山，是想给你荣华富贵，结果你跟我一个槽子里抢食，把我的荣宠都拿去了。庞涓一看孙膑威胁到自己的地位了，就开始进谗言陷害孙膑，一直把孙膑害得两个膝盖骨都被剜掉了，孙膑装疯卖傻才逃过一劫。

后来，齐威王派淳于髡为使者到魏国去拜访魏惠王。孙膑以刑徒的身份秘见淳于髡，慷慨陈词，打动了淳于髡。于是，淳于髡偷偷将孙膑带回了齐国。

齐国是孙膑的老家。回去之后，齐国人知道孙膑是鬼谷子的高徒，能耐很大。齐国有个将领叫田忌，马上把孙膑找来给他当军师。一说田忌，有的人会想到"田忌赛马"：双方赛马三局两胜，分成上等马、中等马、下等马，田忌说用我的中等马对你的下等马，我的上等马对你的中等马，然后我的下等马对你的上等马——那我就输一场，赢两场，三局两胜我赢定了！这招儿谁给他出的呢？就是孙膑给他出的。

孙膑在齐国受到重用，但他心里也窝火——自己师哥把自个儿整下山，害得自己残废了，他也想报仇。有些影视剧、评书，像《东周列国》的评书里，袁阔成说最后孙膑把庞涓捉住弄死了。但是影视剧跟真实历史是有区别的。真实的历史上，孙膑照方抓药，两回用了一样的计策，第二回才弄死了庞涓，这计策就是《三十六计》里的"围魏救赵"。

当时，赵国都城邯郸遭到魏国攻击，赵国求救于齐国。孙膑说你如果现在救邯郸，跟庞涓的部队碰上，他气势正盛，这仗输赢很难定。可是魏国调大量兵马攻打邯郸，它国内必然空虚，我们何不趁此机会，奇袭魏国都城大梁？但大梁不好打，城池很高，我们不是真打，是佯攻，假装去攻大梁，然后在半道儿埋伏好了。魏军劳师袭远，这一攻大梁，魏王必招庞涓回来。他回来的这一道上肯定辛苦，我们就在半道上打伏击战。而且这头儿攻大梁，那头儿庞涓继续打邯郸——赵国的邯郸、魏国的大梁实力同时削弱，对我齐国大大有利。这是第一次“围魏救赵”。

隔了10年之后，谁能想到这计策用了第二回。这次是魏国攻打韩国，当时韩国在赵国的南边。这个时候韩国又向齐国求救，孙膑照方抓药，再来一回，还是去打魏国大梁，庞涓带兵回来，路经马陵这个地方——这是一个山谷，这时候山谷四面流星般的箭弩往下射，把庞涓射了个万箭穿心，死于非命！这次孙膑算是报了仇了。这是“孙庞斗智”的历史故事。鬼谷子教的这俩徒弟，一个庞涓，一个孙膑，两人虽然成了对头，但把列国搅得一团糟。

在军事上，他这俩徒弟翻江倒海，搅乱江湖；在政治战略上，他教的另两个徒弟影响更大，一个叫苏秦，一个叫张仪。这两个人在历史上被称为“纵横家”，其实就是政治战略、军事战略家。怎么叫纵横呢？这有个说法。苏秦主张合纵，张仪主张连横——“合纵连横”是什么意思？地图上战国的齐、楚、燕、韩、赵、魏、秦，秦国在西边，任何一个国家和秦国结盟，都是一条横线，叫连横。剩下六个国家要联手到一块儿，在地图上是一个纵线，是为合纵。本来苏秦一开始是想帮助秦国打天下，结果秦王没拿他当回事儿，他一来气，就叫那六国收拾秦国。所以，苏秦就开始游说其他六国合纵到一块儿抵抗秦国。如何游说呢？无非就是诡辩，把他主张的东西夸大，把不利的地方缩小，甚至把不利的转化成有利的，凭借三寸不烂之舌、两行伶俐之齿，形成合纵联盟——纵横家嘴皮子都是很厉害的。

苏秦当时到燕国游说，说你得跟赵国结盟，跟齐国结盟，要不然秦国得打你。燕王说我跟秦国中间还隔着个赵国呢。苏秦说，国君的隐患正是赵国，秦赵交战虽各有胜负，但秦强赵弱，一旦赵国无力再战，割地事秦，秦赵交好，那赵国“失之东隅”，想要“收之桑榆”的话，燕赵千里边境可就无一日安宁了——从赵国打到蓟城之下，也就是几天的工夫。

结果他用这种方法游说了六个国家都成功了。苏秦的人生巅峰时期，身配六国相印——六个国家的丞相相印都在他这儿，还兼任“从约长”。结果，六个国家一合纵，把秦国整得15年没敢出函谷关一步——因为六个国家合起来力量远在秦国之上，所以苏秦当时牛得不得了。

张仪一开始也想到了合纵的路子，结果风头都被他师哥苏秦抢去了！而且他也像孙膑一样，从鬼谷子门下出来后，想投奔到苏秦门下，没想到苏秦挺冷落他，把他气走了。走的时候，苏秦有一个手下追上他，说我家主子不是瞧不起你，他是想让你帮他干件事儿——现在这六国同盟看着挺好，其时危在旦夕，想让你到楚国、齐国来回通使，凭你三寸不烂之舌，让这两国家安安稳稳的，先别散伙儿。

这样张仪才明白过来，这六个国家已经合纵有些年了，秦国的危机也一点点消退了，再加上六个国家领导班子都换了，内部同盟有些小摩擦，趋于土崩瓦解。张仪一看，自己要逮住这个机会——甭管苏秦嘱咐什么，我得干我的事业。张仪后来用了一些欺骗手段把合纵给瓦解了。

所以，苏秦、张仪两个人，一个使战国后期的格局有15年左右的太平时间，另外一个直接用“连横”促成了秦国的强大，最终秦国一统天下。汉代的桑弘羊评论说：

苏秦、张仪，智足以强国，勇足以威敌，一怒而诸侯惧，安居而天下息。万乘之主，莫不屈体卑辞，重币请交，此所谓天下名士也。

由此可见苏秦、张仪两人影响之大！

这么一看，鬼谷子真了不起，孙膑、庞涓、苏秦、张仪，无论是军事还是政治，没有这位师傅不能教的。所以，鬼谷子是何等了不起的人物，几乎是我们现代人无法想象的！当然，鬼谷子也极有可能仅仅是传说中的人物——因为现实当中这么大能耐的人，自古及今咱们还没见过第二个。

三国谜团：卧龙凤雏之争

三国时，有一句话叫“卧龙凤雏得一而安天下”。“卧龙”就是诸葛亮，“凤雏”是庞统，庞士元。这话是怎么来的呢？刘备当初东躲西藏跑到个小山村，碰着一位隐居的世外高人，这个人就是水镜先生司马徽。司马徽留刘备住宿，刘备走的时候，他告诉刘备说“卧龙凤雏得一而安天下”——这两人要得了一个，那天下就是你的。正因为这一句话，《三国演义》里边两个顶级的谋士——诸葛亮、庞统，才结下了千古奇缘。

诸葛亮和庞统这两个人，在《三国演义》里分量差别太大，一个是闪亮登场，一个是黯然登场。诸葛亮的谱多大？刘备三顾茅庐才把他请出来。首先，诸葛亮在推销自己上远胜于庞统。《隆中对》一开篇叫：

亮躬耕陇亩，好为《梁父吟》。身长八尺，每自比于管仲、乐毅，时人莫之许也。惟博陵崔州平、颍川徐庶元直与亮友善，谓为信然。

就是说，诸葛亮在南阳卧龙岗当个农民，没事唱个曲儿，写个诗词，弹弹琴，嘴里哼哼《梁父吟》——这是上古时候的乐曲。他还把自己比作春秋时候的宰相管仲和战国时候的治世能人乐毅。这是诸葛亮专门针对农民搞的自我营销——农民眼里就认官，一说这人跟大官一样是能人，肯定了不起！所以，刘备“三顾茅庐”时一打听，农民都说诸葛亮了不起，是管仲——具体什么是管仲他也不知道。

再看刘备“三顾茅庐”——为啥一顾茅庐，二顾茅庐，诸葛亮都不见面？这就是技巧。就像这个男孩追女孩，跟女孩表白，我很爱你，没有你我都活不了。这女孩说，那行，两人就成了。但这么容易追到手，男孩不一定珍惜——有的时候这男的挺“贱”，越追不上，他越来劲儿，这就是一种“饥渴营销”——制造一种饥渴效应，越得不到越好。做买卖的都是“宁可要跑了，不能要少了”。所以，诸葛亮为什么折腾刘备三次？就是让他觉得到请到自己不容易，要加倍珍惜。

庞统的才干是毋庸置疑的，陈寿在史书中评价说：

庞统雅好人流，经学思谋，于时荆、楚谓之高俊。

就连鲁肃，也写信给刘备推荐庞统说：

庞士元非百里才也，使处治中、别驾之任，始当展其骥足耳。

庞统更是自评曰：

论王霸之馀策，览倚仗之要害，吾似有一日之长。

这说明庞统的才干是很高的。但出场时一对比，庞统就差多了。庞统本来先天条件就不如诸葛亮——诸葛亮是美男子，可是庞统粗眉毛，短胡子，黑脸，鼻子往上翻，地地道道的丑。而且他在自我营销上也差远了！庞统原来到江东找过孙权，这个过程就特别失败。孙权上来就问，你治何经典？意思是你是儒家、道家、法家、阴阳家还是纵横家，是哪个流派的？其实这很正常，咱现在应聘，人家也得问你是哪个大学毕业的，是“985”还是“211”？

但庞统一听不乐意了，爱答不理的，就说没啥流派，我随机应变。孙权一听心里很不痛快——这口气大得吓人。孙权说，我这儿能人异士也不少，有一人你想必听过吧？姓周名瑜，字公瑾。周公瑾13岁官拜水军都督，乃江东大才。

庞统一点儿没捋这胡子，说周瑜有什么谋略？此人器量狭小，难成大事。虽然也号称一代名将，打的败仗也有一箩筐。赤壁之战，他有何功劳？言外之意就是说周瑜跟我能是一个档次的吗？孙权一气就把庞统给撵走了。

这次“求职经历”非常失败。由此可见，庞统非但不会借势，反而有点儿小傲气。而且后来他跟刘备也没眼力见儿，这个谋士跟主子的关系很难处。诸葛亮虽然三顾茅庐的时候装什么“草堂春睡足，窗外日迟迟”，可是真见到刘备的时候，就捧刘备，拍马屁。

可是庞统情商不行，他跟刘备入川打刘璋，打了一场胜仗，晚上庆功宴喝酒，刘备一开心喝多了。庞统也喝多了，一盆冷水泼过去：“伐人之国而以为欢，非仁者之兵也。”这话就是说，主子，我看你不对。你素来标榜自己仁义，跟自己兄弟打了胜仗，占人家地盘，这是非正义的战争，你还这么乐，这不是假仁假义吗？刘备当时就大怒，酒宴不欢而散。

过了一天，刘备酒醒了，赶紧把庞统叫来，说昨天这事，我觉得咱们都有错，意思让庞统有个台阶下，给他认个错得了。庞统说，要说有错，咱俩全错了——根本就不认这账。所以说，庞统在情商和自我营销方面比诸葛亮差多了。

情商、自我营销这是软件，那两军阵前对垒出智谋，这可是硬件。既然他跟诸葛亮并列，硬件应该也跟诸葛亮差不了多少。庞统这辈子，因为死得早，总归就干成了两件成功的事、两件失败的事，而且各分成大胜小胜、大败小败，加起来四件事。

何为大胜？就是献连环计，让曹操把船拴一块儿，结果周瑜一把大火，把曹操烧了个惨。要没有庞统献连环计，火烧赤壁不会有这么大的胜利。

小胜是什么？当初刘备派他到一个百里地的小县城当县令。他去了以后，更来劲儿了，天天在衙门里喝酒，老百姓击鼓喊冤也不理。结果这事传到张飞耳朵里，张飞就大怒，到下边视察去了。进衙门里边一看，庞统在大堂的椅子上睡得呼呼的！张飞过去一拍桌子质问他，我听说你一百天没理这个政务，那么多百姓击鼓喊冤，你积攒了多少案件不断？

庞统说，这是小事！他就开始升堂，把这一百天来所有喊冤的都叫来。没半天，一百天的公务就全都处理完了——把张飞都看傻了。张飞回去跟刘备说，庞士元是大才，刘备才开始重用他。所以，这是他干的第二件很有光彩的事。

那“两败”是什么呢？“小败”是刘备入川，要夺自己宗亲刘璋的地盘，那怎么才能不用硬碰硬，如何智取？庞统给他出个主意，把刘璋请来吃饭，吃饭过程当中命大将军魏延舞剑助兴，舞到他跟前，一剑把他捅死以绝后患。其实这主意不怎么高明，咱们谁都知道鸿门宴——“项庄舞剑，意在沛公”。

结果刘璋下边也有武将，冷苞这些人一看，“噌噌”都站起来，把剑亮出来了。这架势根本不是要舞蹈，而是要打仗，马上就出人命了。刘备、刘璋赶紧站起来把这事压下了。所以这是庞统之“小败”，没成功。

还有一大败，送了庞统性命。入川之后刘璋已经有了准备，刘备也不能坐以待毙，得主动进攻。庞统就出了上、中、下三策，下策太缓，上策太急，刘备说那就用中策。刘备、庞士元分别引一路军马出击。结果庞统带着这一路兵到了落凤坡这个地方——庞统号“凤雏”，结果在落凤坡这儿中了刘璋手底下大将的埋伏，被乱箭穿胸而死。

如果把这几件事综合到一块儿看，庞统的智商并不比诸葛亮差。司马徽说“卧龙凤雏得一而安天下”，刘备这俩都得了，为什么没有“安天下”？

诸葛亮当初为什么不投孙权？孙权有周瑜、鲁肃、张昭众多谋士。他为什么不投曹操？曹操有郭嘉、荀彧、程昱、荀攸。诸葛亮到哪儿都得有个实习期，不像到刘备这儿，直接上岗。而诸葛亮把持大权之余，也给刘备招揽人才。但招揽的这些人才也是武大郎开店——高的不要，没什么一流人才。这一下跳出个庞统，能耐跟他不相上下，诸葛亮心里能痛快吗？反过来庞统也是如此。所以，智商这么高的两个人凑到一块儿，肯定得有矛盾。

而且诸葛亮头一回见庞统，两人就不和。赤壁之战结束之后，诸葛亮三气周瑜把周瑜气死了，还公然到柴桑吊孝，把小乔夫人、鲁肃，还有东吴群臣都感动了。结果诸葛亮一出来碰着庞统，庞统哈哈大笑说，好你个诸葛孔明，你把周公瑾气死了，现在又假慈悲。你瞒得了别人，瞒得了我吗？就直接给戳穿了。“看透不说透，还能做朋友”，就是说我知道这事，但我不说透。可是庞统舌尖牙利，直接就给戳破了。诸葛亮心里头恨死了。

所以，这二位一比较，就可以得出一个结论，诸葛亮情商、智商、自我营销，样样皆通，而且精通心理学。庞统智商很高，但其他方面不如诸葛亮。诸葛亮要搁在现在都能当心理学家了，就是说诸葛亮的综合能力好于庞统。

这就好比我们上学那时候说谁是高考状元，可回过头看，从 1978 年恢复高考到现在，历年各省的高考状元很少能成为这个行业里最顶尖的人物，很少成为行业精英！为啥？高考状元在我们那个年代通常是认真学习书本，智商高，但是应对社会问题的情商有时候不那么高。所以，光这一样行，在社会上不见得能成功。

当然，我们不是说要学习诸葛亮的这些阴谋诡计，最主要是要学习这个人的谦虚冷静、审时度势，而不能像庞统那样“戳人肺管子”。尤其现在大学毕业生这么多，如何尽快在职场上站稳脚跟？诸葛亮这一套情商层面的东西，值得年轻人好好琢磨。

更名改姓的“半仙”：徐茂公

有句俗语叫“乱世出英雄”，其实乱世不光出英雄，乱世还出“半仙”。秦末天下大乱，刘邦项羽起义，出了个“半仙”张良，前知 500 年，后知 500 年；东汉末年，诸侯割据出了个“半仙”诸葛亮。再往前倒，商纣王末年，又出了个“半仙”姜子牙，最后力保周文王 808 年天下。那隋末乱世出了个什么“半仙”呢？有一位徐茂公能掐会算，据说这牛鼻子老道是“诸葛亮转世”。

小说里头写徐茂公，是把这个人物当作“天将降大任于斯人也，必先苦其心志，劳其筋骨”——带着天命般的人物来描述的。认为他来就是为了把隋朝的天下给搅乱，然后通过瓦岗寨起义作为串联，最后把李唐天下扶立起来。

他的“天命”首先体现在“贾家楼结义”这幕戏上。这三十六豪杰结义之后，除了单雄信后来陆续都保李唐了。另外，这是让这些人造反上瓦岗寨，成为一股起义军势力。徐茂公设计好让程咬金、尤俊达劫王纲。一劫王纲，秦琼当时给顶了缸，这事过去了。二劫王纲，没想到这次王纲的押运者是靠山王杨林，手使一对囚龙棒，在隋唐诸位好汉当中排名第八，程咬金、尤俊达打不过，结果都被抓了起来。

抓起来之后，徐茂公忙着解救，当时秦琼是历城的捕快班头，搁现在话说就是刑警队队长——本来是抓犯罪分子的，怎么反而救了犯罪分子？这时候徐茂公让人把贾家楼三十六结义的拜帖故意搁秦琼家一份，结果人家来调查看到，认为他跟反贼是兄弟，秦琼不反也得反了。这都是徐茂公设计好的，程咬金、尤俊达被救出来后，大家只能一起造反上瓦岗寨，那谁是瓦岗寨之主呢？徐茂公又设了个套，“轰隆”一个地穴塌陷出了一个大洞，徐茂公掐指一算，得让程咬金下去。于是程咬金探地穴得龙袍，捡了个纸条，上面写着“当三年大魔国混世魔王”。

其实，这都是徐茂公装神弄鬼使的招儿，所以评书和演义里头，徐茂公是个“半仙”的形象，那真实的徐茂公能耐有没有这么大呢？当然没这么大，他不仅算不了别人生死，连自个儿的生死也算不了，还差点儿丢命。

这得从隋末农民起义讲起。隋末起义军有个领袖叫翟让，徐茂公跟他是同乡。徐茂公本名叫徐世勣，字懋功——因为“懋”字不大好认，后世把“懋功”讹传成了同音的“茂公”俩字。徐世勣家里很富裕，在当地又有些名望。跟翟让一起造反的时候，徐世勣才17岁，所以说他不仅一天老道都没当过，而且参加起义军时岁数也不大。

翟让一伙笼络了几百人，在附近乡里以打劫为生。当时隋炀帝正开凿京杭大运河，原来运粮食从北到南很费劲儿，这回京杭大运河漕运起来之后，沿线都是有钱的人。徐茂公让他到这地方劫去，说这儿能劫到

“大款”。就这样，翟让到这个地方打劫，没几年就发了家。然后，人越来越多，形成了一股势力。之后，他们还占据了瓦岗寨。到了瓦岗寨上，徐茂公就想把李密找来。

李密是“四世三公”，他曾祖父为西魏八柱国将军之一的李弼。祖父李曜，为北周的邢国公。父亲李宽为隋朝的上柱国，封蒲山郡公。他出身豪门，很有威望，把他弄来有号召力，五湖四海的好汉都愿意来投奔。把李密迎到山上后，徐茂公审时度势，就劝翟让退居二线，把大王的位置让给李密。翟让听他的，把大王的位置让给李密了。因为翟让这人并没有多大野心——他贪财，对权力没那么大的欲望。

结果李密这人生性多疑，即使翟让把位置让给他了，他还不安心。于是请翟让和徐茂公吃饭，打算在吃饭过程当中，帐底下埋伏刀斧手，把翟让给杀了。徐茂公一看吓坏了，扭身撒丫子往帐外跑，结果刀斧手上来背后一刀，把他砍倒在血泊之中。这时候，他的朋友王伯当、单雄信就劝李密不能杀他。李密一看有人给求情，顺坡下驴，说他要愿意为我效劳我就饶了他，把他给放了。徐茂公养好伤后，看到旧主子翟让已死，大哭一场，后来就被李密派到黎阳带兵看家去了。

接下来，李密跟王世充打仗，输给了王世充。本来兵败王世充，丢了瓦岗山，他应该到黎阳找徐茂公，可是李密这人多疑，想自己当初得罪过徐茂公，万一他害我怎么办？索性就投奔了李渊。

当时，李渊身边有个大臣叫魏征，魏征跟徐茂公的交情很好，他跟李渊说，自己愿意去劝说徐茂公归顺晋国公李渊。徐茂公过了一段时间，作为光杆司令一个人来投李渊了。原来，他把黎阳的兵马粮草、收的税赋统一让人送到李密家里去了。徐茂公跟李密说，咱俩虽然投了李唐，可还是君臣，原先我是你的臣下，我守黎阳是你派我来的，我现在不跟你了，但这些家业是你的，所以把这个送给李密。李密很是感动，李渊更感动。李渊就赐徐茂公李姓，所以从那以后徐世勣就改名为李世勣。李渊还诏授他为黎阳总管、上柱国，加右武侯大将军，封曹国公，赐良田50顷，甲第一区。连他的父亲李盖也受到了封赏。

投了李唐之后，李渊跟李密两人同床异梦。李密觉得我祖上和你祖上都是大将军，咱门第差不多，我投到你这儿，你得重用我！但李渊封李密为光禄卿，类似现在管后勤、管采买的，李密不服气，时间一长忍不住就带人造反。但他哪里打得过李渊，李渊很快就把他杀了。

这个时候徐茂公已经跟李渊很长时间了，但是他一看李密死了，痛哭流涕。其实，别的跟李密有瓜葛的人巴不得赶紧跟李密划清界限，唯独这时候徐茂公披麻戴孝，在人前痛哭流涕。而且跟李渊说，我跟李密君臣一场，他现在死得这么惨，能不能让我给他办一下丧事？李渊挺佩服他，难得他一片忠义之心，于是就让徐茂公风风光光给李密办了丧事，以君臣之礼葬了李密。

所以说，徐茂公很忠诚，而他的忠诚还救了自己的父亲。原来，徐茂公守黎阳，投了李渊之后，还被派回去守黎阳。后来，他和窦建德打仗，结果窦建德很骁勇，把黎阳攻破了，抓了很多战俘，里边就有徐茂公的爹。手下都说这是贼头儿的爸爸，得把他宰了，好扬刀立威。窦建德说，我久闻徐茂公为人忠义，我把他爹杀了，那我落个什么名声？于是就把徐茂公的爸爸给放了。

所以，徐茂公能够立三世而不倒，首先和他是个忠臣有直接关系。第二点是徐茂公很有为官智慧。这个为官智慧体现在什么地方呢？该我管的我管，不该我管的我不问。因为一旦多问，祸事恐怕随时就会降临到自己身上。

有人说，当初玄武门之变是徐茂公出的主意，这是小说里写的。真实的历史是什么样呢？李世民向徐茂公问计，我应该怎么对付我兄弟。徐茂公避嫌，说你们自己家的事我不管——掺和别人家里的事早晚得倒霉，这是徐茂公的智慧。

李世民即位以后，徐茂公又改了一次名字。他本名徐世勣，后来李渊赐姓李，他就改名为李世勣了。结果现在李世民当皇上了，按照封建社会的规矩，对皇帝老爷及其父、祖，有时还有太子的名都必须“避讳”。也就是说，无论人名、地名、官名，以及公私文字图书记载等，凡有和他们的名相同的字眼，都必须改掉或去掉。否则，就叫作“犯讳”。这在封建社会里是一桩很大的罪过，严重时甚至可能掉脑袋。李世勣的名字中，有一个“世”字和李世民相同，所以，他就改名为李勣。至此，徐茂公才完全变成了史书上的李勣。

后来，唐高宗李治时期又出了一个事儿。唐高宗时期出了个了不起的人物——武则天。武则天那时候只是昭仪，不是皇后，武则天当时在后宫得宠，就想让唐高宗李治废了王皇后，立她为皇后。这李治也向着武则天，可一征求大臣的意见，大臣们都极力反对，弄得李治左右为难。

李治看到其他大臣都反对，就李勣不吱声，于是就问李勣什么意见。李勣站起来说：“此陛下家事，无须问外人。”也就是说，这是陛下的家务事，你自己说了算！外头打仗治理天下，我们这些志士能臣能帮你出主意，可你家里的事我们管不着。李治一听没错，回头就把王皇后废了，直接立武则天为皇后。

武则天后来当女皇，就从这里作为起点。所以，要没有李勣这一句话，恐怕就没有历史上的大周天下，也就没有武则天当权的那些年。但问题是武则天心里念他好吗，后来还把他掘墓焚尸了。

武则天执政以后，徐茂公一家已经荣华富贵了。这个时候徐茂公已经死了，他的孙子徐敬业被封为晋国公，位置很高。徐敬业反对武则天上台，于是笼络了一帮人造反，还把“初唐四杰”之一著名的文学家骆宾王找来，写了篇战斗檄文骂她，就是《讨武曌檄》。武曌就是武则天给自己起的名字。这篇文章把武则天骂个狗血喷头。平定了徐敬业的叛乱之后，武则天恨透了老徐家，把老徐家满门抄斩，还把他祖坟刨了，把徐茂公的尸首拿出来挫骨扬灰。所以说，徐茂公也没算到自己身后会这样！幸亏徐家有子孙跑出去，才不至于让武则天给弄得断子绝孙了。这个才是历史上真实的徐茂公——李勣生前死后的事迹。

有人说他一个文官，怎么被修饰成“半仙”？其实能耐不在徐茂公，而在他主子。因为每一代造反的人，都说自己是上应天命，老天爷派我下来的。那我带着天命下来，可不是一个人单打独斗，老天爷会派神仙来辅佐我，所以必有“半仙”跟着——能掐会算，保我登基。所以，历朝历代只要有一个造反者能立得起来，身边就有个“半仙”。徐茂公最后被装饰成这么一个“半仙”，不是他有能耐，而是他身边那主子有能耐。

被神化的刘伯温

喜欢读历史的人会发现一个规律，就是在每一段历史当中，有些人物往往会重复出现，比方说或圣明或昏庸的君主，能征善战的勇士，足智多谋的谋士……但是有一类人物绝对是稀缺品种，他出现的概率极低，甚至几百年才能出一个，就是我们经常说的神机妙算、上晓天文、下知地理、三教九流无一不精、五行八座无一不晓这样的人物。这样的代表性人物有诸葛亮、兴周800年的姜子牙、旺汉400年的张良张子房，再加上后世的像徐懋功、刘伯温等。咱们本节要说的就是刘基刘伯温。

刘伯温，大名叫刘基，字伯温——像他这样的人物我们统称为“神人”。“神人”这俩字很有讲究，他再怎么神，他是人，而不是真正的神。但是虽然是人，却需要在一定时候把他神化。所以，我们在接触这些所谓“神人”事迹的时候会发现，有很多围绕在他们身边的传说。比方说“诸葛亮借东风”，好像诸葛亮真把东风借来，其实他只不过是知晓天文——所以神人身上，除了神机妙算能预测以外，最最重要的一个基本功是懂天文。我们都知道，过去中国人对土地上的事很熟——农耕文明嘛，但是天上的事是很神秘的，所以这些玄而又玄的事，往往跟神机妙算的人结合到一块儿。

刘伯温也不例外，他的经历没有逃脱我们对这类神人的规律性总结。很多人说刘伯温是温州人，不准确，他是温州青田县南山乡人。当时，刘伯温跟身边几个好朋友结伴做了隐士，他为啥结伴呢？隐士往往很寂寞，这几个人在一块儿，凑四个人能打麻将，缺一个人也能斗地主——

当然，这是玩笑话。他就找了几个朋友一起隐居。这几个朋友有个叫叶琛的，有个叫宋濂的，还有一个叫章溢，加上刘伯温四个人，被称为“浙东四隐士”，也叫“浙东四名士”。后来，宋濂先投靠了朱元璋。到公元1360年，朱元璋手底下的大将胡大海攻城拔寨，打到滁州这个地方，离刘伯温隐居的地方不远了。他听说“浙东四隐士”很出名，而且宋濂那时候已经投靠朱元璋了，那就请请剩下那三人吧。

这一请，叶琛和章溢两个人来了，刘伯温没来，为啥？谱大。胡大海就把这事跟朱元璋说了。朱元璋其实没怎么拿刘伯温当回事儿，但他一听请好几回都不来，觉得有点儿意思！他到底有没有能耐，胡大海是个武将看不出来，我派个文官过去找刘伯温聊聊天吧！不好使！刘伯温接着摆谱不来。最后朱元璋派手下一个武官叫孙炎的去请他，刘伯温还在那儿摆谱，说自己最近身体不好。这时候孙炎把剑拔了出来，把刘伯温吓了一跳。孙炎说：“此剑当献天子，以斩不顺命者。”这个话太厉害了，他说我这把剑随时准备献给天子，专杀不听话的人。刘伯温一想，好汉不吃眼前亏，先去看看吧！就这么着，他乖乖地跟着孙炎，来到了朱元璋的部队。

朱元璋一开始把他当成个算命先生，请他来就好有一比——三十晚上打个兔子，有它也过年，没它也过年——没有太拿他当回事儿。但是在后来的战争当中，他一点点发现刘伯温这人很了不起！当时说他是神机妙算，其实是对战况分析预测得很准确。到了公元1363年，元末整个农民起义的形势就很明显了，天下势力非朱元璋、张士诚、陈友谅莫属。这个时候，朱元璋名义上还归小明王韩林儿的红巾军管理，奉韩林儿为王，其实朱元璋的势力远远要超过韩林儿。

这时，张士诚绕过朱元璋往北打，就打到了现在的安丰。安丰城里头是韩林儿跟刘福通两个人掌管，要攻陷这座城池，韩林儿、刘福通都得完蛋。所以，韩林儿向朱元璋发号施令，命他来救自己。朱元璋就找刘伯温商量，问去还是不去。刘伯温直晃荡脑袋，说别去。

但是朱元璋没信他，到底领兵去了，结果安丰也没保住，被张士诚拿下了。安丰失守了，但他还是把韩林儿给救出来了，怎么安排他呢？名义上他还得是皇帝。到后来，朱元璋势力一天天壮大，这个韩林儿非常符合时机地在水里淹死了，几乎所有人都认定是朱元璋把他害了。结果，朱元璋在这件事上还落了个"弑君"的恶名。假如听刘伯温的，让张士诚直接把韩林儿给灭了，这不干干净净的吗？所以朱元璋挺后悔，想起刘伯温的了不起，心想这个人物我得重用。自那以后，凡有军国大事，他必然跟刘伯温商量。

朱元璋曾经评价刘伯温说：

（刘基）学贯天人，资兼文武；其气刚正，其才宏博。议论之顷，驰骋乎千古；扰攘之际，控御乎一方。慷慨见予，首陈远略；经邦纲目，用兵后先。卿能言之，朕能审而用之，式克至于今日。凡所建明，悉有成效。

可见朱元璋对刘伯温的倚重。

后来，刘伯温的名气越来越大。他不光懂军国大事——传说里说刘伯温的预测能力远远超过这个，就是啥他都能预测。刘伯温有个著作叫《烧饼歌》，用韵文写成，大概1912个字，那在里面刘伯温预测了什么事呢？就是朱元璋之后500年的事，像什么土木堡之变，魏忠贤专权，崇祯吊死到煤山，满清入关，康雍乾盛世，汉人剃发，大兴文字狱，等等。说白了，开句玩笑，什么乾隆皇帝若干年前，在济南大明湖畔碰到夏雨荷，他都能预测出来——《还珠格格》里的事他都知道。

这是怎么回事呢？历史上有记载，说刘伯温进宫，朱元璋召他来见，朱元璋说，听说你神机妙算，都知道后500年的事，你看看我们大明王朝、朱家能得天下多少年？刘伯温说，皇帝您是万子万孙，何必问我呢？当然，这话听着是奉承朱元璋，意思是传万代，一辈、两辈、三辈到一万多辈！后来人们给附会成什么呢？说这是刘伯温预测，到崇祯皇帝你朱家的天下就完蛋了！

“万子万孙”是什么意思呢？崇祯皇帝他爷爷是明神宗万历皇帝，也就是说崇祯皇帝是万历皇帝的孙子，意思是说你这个位子传到万历皇帝他孙子那儿就到头儿了。我一说，大家都觉得挺牵强——这个传说无非说刘伯温预测很神。所以，这些事大家大可不必当真事听。

但是，刘伯温当时遇到个大麻烦。咱们都知道，朱元璋好杀功臣。这个天下已定了，刘伯温也知道，狡兔死，走狗烹；飞鸟尽，良弓藏；敌国破，谋臣亡。再跟着朱元璋这样一个多疑、好猜忌的主儿，准没好下场。所以，刘伯温请求告老还乡，回青田养老。

朱元璋不同意，因为当时当朝的文官们正在党争。中国封建社会历来都有党争的传统，你看《康熙王朝》里，明珠、索额图两党之争多激烈。当时，文官出任丞相的是李善长。李善长老家在淮西，所以跟他的这一派被称为“淮西派”，满朝的文官里头，这伙儿势力最胜。如果刘伯温回去，就没有人能制约李善长。所以，朱元璋希望刘伯温留下来制约李善长。刘伯温无可奈何，就留下了——他是真不想留下，因为他知道早晚没好果子吃。

据说，有一天朱元璋召刘伯温进来，说李善长虽然是资深老臣，功勋卓著，但是他作为中书省的右丞相，有些懦弱、昏昧，自己现在正在琢磨着改组中书省。刘伯温当时听了，吓了一身冷汗，皇上说看不上李善长要换他，刘伯温怎么答都不对。刘伯温很机灵，马上站起来恭恭敬敬地说，这种天下大事，我等岂敢妄言？还是皇上圣裁吧。算把这事儿应付过去了。结果皇上又说了几个人选，让他看看谁合适当丞相。这第一位就是杨宪，第二位是吏部尚书汪广洋，第三位是中书省的参知胡惟庸。

其实，你别小瞧朱元璋这几句话——这是领导考察你呢，看你对局势的把握。当时，刘伯温回答，这三位大臣都不堪相国大任，杨宪虽有相才，却没有宰相的气量；汪广洋褊狭浅薄，还不如杨宪；至于胡惟庸，他的才华气量都够，但心性暴躁、行事刚烈、恩怨必报——他做个辅政大臣蛮好，要是把他放在相国大位上，恐怕是用生猛的野牛驾辕，难以控制，早晚都会翻车。

朱元璋一听，觉得他回答得挺得体。紧接着又问了一句：我准备把李善长拿下，让你当丞相如何？当时刘伯温又傻了，说自己一来体弱多病，对繁杂政务不能胜任；二来自己生性爽直，口出无忌，要是让他做丞相，那脾气迟早会冒犯皇上，到时候皇上非杀了我不可——即使为了自己的身家性命着想，也万万不敢僭居丞相一职。

朱元璋一看，坏了，你要用这刘伯温，他就得惹事——他有能耐，是不肯平庸待着的。这个时候天下已定，朱元璋不想再用能人了——他自己就是最大的能人——你只要平庸一点儿，把我交代你的事办了，当个狗腿子就得了。所以，这一试探，朱元璋寻思着，我不能用刘伯温，但要把他放走了，万一谁要造反，找他来对付我怎么办？这时，朱元璋已露杀机了。后来，朱元璋让胡惟庸去看刘伯温。当时，刘伯温称病在家，胡惟庸带着太医去的——而且，朱元璋还赐给他药吃。没想到，刘伯温吃完这药，不仅没好，病情日渐加重，时间不长就一命呜呼了。

这段历史很多人都知道。胡惟庸不敢把刘伯温怎么样，他之所以敢带太医过去，在药上做手脚，那是朱元璋允许的。所以，刘伯温千算万算，没有跑出朱元璋的手心——这也是中国历史的一个必然。蔡元培曾评价刘伯温说：

时势造英雄，帷幄奇谋，功冠有明一代。

这可以说是后人对刘伯温的高度评价。

历朝历代的封建皇帝，只要上来就杀功臣，为什么呢？他原来重用这些有能耐的人，是因为他有强大的敌人要对付。现在天下已经定了，强敌没了，最大的敌人就成身边的功臣了——因为他们最有能耐！那这里边的忠臣呢？没办法，鉴定这个人是忠臣还是奸臣的成本太高，需要时间考验，最省事的是甭管忠臣奸臣我都杀了，以绝后患，这是使天下永固的一个成本最低、效率最高的办法。所以，刘伯温再神奇，再神机妙算，也逃不脱历史兴替的规律。

寂寞名将

卫青、霍去病：战神制约战神

汉武帝时期是一个战争多发的时期。当时主要是跟游牧民族发动战争，其中最重要的是对匈奴作战。战争中出了几位很有名的将军，像“飞将军”李广、大将军卫青，还有说出“匈奴未灭，何以为家？”的霍去病，等等。所以，汉武帝时期武将的权力非常之大。卫青、霍去病当时被称为“帝国双璧”，这两个人让匈奴不敢进犯大汉疆土，同时又为打通“丝绸之路”立下汗马功劳。而且，这两个人还有亲戚关系——霍去病是卫青的外甥。

卫青出身低微，不光穷苦，而且还是个私生子。卫青年少时和姐姐卫子夫都在平阳公主府上为奴。卫子夫是一个唱歌跳舞的歌女，汉武帝打猎回来经过自个儿姐姐家，平阳公主就叫歌女上来助兴，卫子夫一下子就被汉武帝看上了。卫子夫进宫后，生下了汉武帝第一个儿子。后来，儿子成为太子，卫子夫成为皇后，卫青一家才平步青云。

卫青当时给平阳公主当骑奴，也就是干些喂马、牵马、伺候马之类的活儿。所以，卫青打小儿就知道善待下人，而且由于这个出身，他一辈子都很低调。那么，卫青是怎么飞黄腾达的呢？不是说他姐姐进宫，他就大富大贵了，相反，姐姐进宫后，一开始给他带来了杀身之祸。当时，汉武帝的皇后是陈皇后，卫子夫进宫不长时间就要生下个皇子，这对陈皇后是个巨大的威胁。陈皇后心想，如果动不了姐姐，那就拿她弟弟开刀。于是就把卫青给绑架了，随便安了个罪名就要杀他。他有个朋友叫公孙敖，武功很高，一看自己兄弟遇难，一怒之下就骑着马过去把长公主刘嫖的“私人法场”给劫了，救出了卫青。

结果，这件事震惊朝野——居然有人敢劫法场。汉武帝一打听，要杀的人是自己宠妃卫子夫的弟弟卫青，说白了就是自己的小舅子。这个时候，卫子夫刚怀孕，汉武帝说这不明显是陈阿娇吃醋吗？把她弟弟杀了，我这爱妃一伤心流产了怎么办？但是，汉武帝又不愿意得罪自己的姑姑和皇后，所以他把卫青叫到自己身边，留在宫中给自己当侍卫。

这下子陈皇后和她母亲长公主刘嫖没机会下手了。对卫青来说，长公主和陈皇后害他，是很大的仇，可是卫青胸襟很开阔，一直到后来权倾朝野的时候，都从来没再提过当年被绑架这回事。

汉武帝经过长时间观察，发现卫青这个人有勇有谋，有军事才能，就想重用他。公元前129年，匈奴又一次冒犯大汉边境，汉武帝受不了了，而这时候汉朝的兵力也比以前强盛了，所以他决定反击匈奴。反击匈奴的队伍兵分四路，第一路是由著名将领“飞将军”李广带领，其他三路分别由公孙敖、公孙贺、卫青带领。

这四路出去打匈奴，结果打出了笑话。公孙贺被封为“轻车将军”，他原来在宫廷里是管车马的，管车马他内行，打仗是外行，结果把草原这些地方都走遍了，还没找着匈奴在哪儿，于是就回去了。公孙敖一队正好碰上匈奴的一支主力，大军有几十万，几十万打一万人，结果被人杀了7000多人，剩下不到3000人，大败而归。公孙敖这一路是败回，公孙贺这一路是无功而返。“飞将军”李广更倒霉，碰着匈奴最精锐的主力，全军覆没，李广还被抓了起来。匈奴一看，这是个大官儿，得把他送到单于那儿，就没杀他。李广也是勇武之人，半道儿上就想了个办法抢了匹马跑了出来。

三路大军中，一路无功而返，两路大败亏输，只有卫青这路大获全胜。卫青也找不着匈奴在哪儿，但他知道战线拉得越长，军事补给越跟不上，真要碰着也不见得能打胜。卫青心想匈奴倾巢出动来打汉朝，老家肯定空虚，所以带着一万人，奔匈奴的根据地龙城去了。

到龙城的时候，正好匈奴把精锐部队都带出去了，守龙城的人只有1000多人，还都是老弱残兵，那还跑得了？1000多人让卫青杀了700多人，而且守城的这些有不少是匈奴的大官，杀的杀，俘虏的俘虏，卫青大获全胜。这场胜利让整个朝廷上下为之震动，因为大汉王朝跟匈奴开仗这么些年，从来没打过胜仗，这是第一次真正意义上击败匈奴，汉武帝能不高兴吗？

卫青打仗是个福将，不光会打仗，他每次出征经常能碰到一些奇妙的运气：比方说眼看要败了，突然间刮场大风把他救了；眼看这河过不去了，一夜之间上冻了；等等。所以，后来四次出征四次获胜。到公元前124年，卫青第五次出征又大获全胜。

卫青最后一次出征，出现了一个状况。当时“飞将军”李广已经60岁了。李广这辈子没封侯，没有战功，但是能耐很大，也很自负，而且满朝文武也公认李广会打仗。可是李广总打败仗，就是“点儿”有点儿背。所以中国历史上后来人有一句诗叫“卫青不败由天幸，李广无功缘数奇”——“数奇”就是点儿背。

这一次是最后一次出征，李广说想正面攻击匈奴——自己这个岁数得立功啊。可是临走的时候，汉武帝告诉卫青，这老头“点儿”背，用他准倒霉，你可千万别让他打这主意，你就让他帮你在两翼迂回牵制。

卫青也不敢抗旨，就打算自己主攻中路，让李广在东边打，用现在话说叫“助攻”。中路击溃匈奴，匈奴王单于就往东边跑，照理说李广应该能堵得着他，捡个漏儿。没想到那天刮大风，风沙漫天，李广迷路了，单于往这边走，他往那边走，找来找去也没找着，最后在大漠之南，李广和卫青部队会合了。卫青让自己身边的长史（将军身边掌管文书的官吏）问李广怎么回事？为什么没抓住单于？是不是里通外国？李广年岁大了，觉得卫青虽然是大将军，可都是晚辈，受不了这种羞辱，就抹脖子自尽了。其实卫青也挺后悔——他没有害李广的意思。

但这时候李广的儿子李敢不干了，要刺杀他。幸亏卫青有防范，仅仅是被刺伤。汉代法律，刺杀最高统帅得诛灭全族，但是卫青很有仁德，这事就没向汉武帝汇报。后来有人借这事说卫青嫉妒李广有大功，要害李广，其实不对。卫青当时无论战功还是地位都远在李广之上，他害李广干吗？而且李广已经 60 岁了，不可能威胁到他的大将军之位，就算他真想害李广，他为什么不把李敢弄死，斩草除根呢？所以，这个事情下属交口称赞，说给卫青卖命值得。后来，汉武帝重赏卫青，还封他为大司马大将军，他的地位越来越高。

这个时候，卫青的势力在朝廷里头如日中天。他身为武将之首，总揽军权，后来仨儿子都封了侯，自个儿姐姐是皇后，亲外甥是太子，而且后来平阳公主守寡，卫青还把她给娶了。这时候，汉武帝觉得不对，万一有一天卫青要反了怎么办？防人之心不可无，我得用新的力量去牵制他。这个时候冒出来一位年轻俊才，就是霍去病。

霍去病是卫青的外甥，汉武帝算是他姨夫。汉武帝很喜欢他，很小就把他带到宫里当侍卫，在自己身边培养。霍去病打小的脾气和他姨夫（汉武帝）一样，飞扬跋扈，很是张扬。后来霍去病大一点儿之后，汉武帝就开始派他打仗。霍去病的部下一律都靠战功提拔，甚至有好多部下是匈奴人投降过来的，他也不忌讳。哪怕是汉武帝派一个人到军中，他也不会高看一眼——不行就给撵走。当时"飞将军"李广儿子李敢，由于自己老爹死了，一来气刺杀卫青。虽然这卫青不当回事儿，但霍去病可不干了。趁着在甘泉宫狩猎时暗箭将李敢射杀。由于汉武帝宠幸霍去病，便对外宣称李敢是狩猎时被鹿撞死的。

所以，霍去病是真正的心狠手辣，而且行事不计后果。但是霍去病这样"鲁莽"的人汉武帝很喜欢——这能为他所用。元朔六年（公元前 123 年），他 17 岁的时候，被汉武帝任命为骠姚校尉，跟着自己的舅舅卫青打匈奴，第一战就立了大功。他带着 800 人，居然斩杀匈奴 2000 多人，而且把匈奴单于的爷爷辈的也给直接抓了，俘虏的都是大官。霍去病勇冠全军之名传开，以一千六百户受封冠军侯。同样是这一战，卫青虽然打了点儿胜仗，但是手下有叛将跑了，算是功过相抵。汉武帝回来大大奖赏霍去病！这个时候，汉武帝就知道，要用霍去病去牵制卫青。

元狩二年（公元前 121 年），汉武帝任命 19 岁的霍去病为骠骑将军，再次攻打匈奴，取得大胜。元狩四年（公元前 119 年）春，汉武帝令卫青与霍去病各率领 5 万骑兵，兵分两路出击匈奴。这次出征，其实汉武帝是让霍去病出击匈奴主力，卫青攻打左贤王，有让卫青当副手的意思。这要一般人根本受不了——卫青是大将军，给人家当副手也罢，还给自个儿外甥当副手，但是卫青就这点儿好处——让我干啥就干啥，没什么怨言。

阴差阳错，这一战，霍去病率军北进两千多里，与匈奴左贤王部接战，歼敌 70400 人，乘胜追杀至狼居胥山（今蒙古境内），并在狼居胥山（今蒙古肯特山）举行了祭天封礼，在姑衍山（今蒙古肯特山以北）举行了祭地禅礼。所谓“封狼居胥”，说的就是这次。而卫青率部遭遇匈奴单于主力，苦战后大胜。汉武帝为表彰卫青、霍去病的功绩，加封他们为大司马，并使霍去病俸禄与卫青相同。

其实，今天回过头看，汉武帝有点儿多虑了，因为卫青不是那么贪权，更别说谋反了。卫青虽然战功显赫，权倾朝野，但从不结党。反而是霍去病飞扬跋扈，对权力很在乎。但不久，霍去病在元狩六年（公元前 117 年），也就是 24 岁时就得病死了，英年早逝。汉武帝非常悲痛，诏令霍去病陪葬茂陵，谥封“景桓侯”，彰显其克敌服远、扩充疆土之意。

中国历史上功高震主的人非常多，往往因功高震主而被皇上猜疑，进而加害。但其实大凡是皇上加害臣子，要么是真有不臣之心要谋反；要么是居功自傲，不拿皇上当回事儿；要么是贪恋权贵，对手里的权力不肯放。而卫青第一个，绝对尊重皇上；第二，我永远听从皇上的，皇上在我上头；第三，不贪权，让我掌握权力，我就打仗，不让我掌握权力，我就在家歇着喝酒。

同时，卫青气度宽广，善于为人处世。司马迁评价他说：

遇士大夫有礼，于士卒有恩，众皆乐为之用。

也就是说，卫青对士大夫很有礼貌，对将士有恩德，战场上将士们都愿意为卫青所用。曾国藩曾以此为例告诫子弟说："卫青遇士大夫以礼，与小人有恩，西门安于矫性齐美。关羽、张飞任褊同弊。行已举事，深宜鉴此。"

所以说，卫青在中国历史上这些立了大功的将军里，是一个很好的例子——他心态是最好的。一个人遭到一些祸事，往往是有些东西不肯舍弃，对有些东西的诱惑没有抗拒力。如果本能地拒绝一些诱惑，就不会遭什么灾——因为你去追逐权力、金钱等诸多事物的时候，就会阻碍到别人对这方面的追逐。所以，有的时候你的成功在别人眼里就是种"伤害"。如果你不去贪恋这些东西，别人也不会轻易动你。所以，真从颐养天年、明哲保身的角度来讲，卫青恐怕是中国历史上许多能耐大的人的老师，很多人要想得以善终，应该好好学学卫青的这种"退让"精神。

关羽从穷书生到万人敌

《三国演义》里边，有这么三个人很奇怪：第一个是貂蝉，生死不明。电视剧新《三国演义》里说她自杀了，其实《三国演义》里没写。第二是徐庶下落不明，说徐庶出完主意，曹操让他回去防着西凉马腾进犯，等最后跟马腾、马超打仗的时候，徐庶还没了，下落不明。最后一个跟关羽有关——关羽"来路不明"。咱们就知道关羽是山西蒲州解良县人，他干吗的？不知道。为什么到河北投军？只有一个解释：关羽路见不平，被通缉了。但正因为他“来路不明”，才说明关羽不是像袁绍、袁术那种出身名门的大人物，他才令人敬佩——他从小人物一步一步地混成了大人物，这才了不起！这节，我们就结合《三国演义》中的关羽形象，给大伙儿说说他的成功之路。

我们有人说关羽是个穷书生，文人出身，为什么这么说？他也有根据，咱们知道“关二爷勒马看《春秋》”。护皇嫂的时候，晚上你看曹操也缺德，就给他拨了一间房，要想睡觉也得跟你嫂子一屋睡，那哪得了？关羽这人很重义，怎么办呢？他就在外面看圣贤书。所以，关羽能看得进去《春秋》，说明他识字。根据这个，不少人说关羽是穷书生出身，对不对呢？要我看不对。你要隐姓埋名，最好连我过去会啥都不显露，才能够没人来抓我。关羽原先从山西出来，姓不姓关都难说。我们知道杀人之后隐姓埋名，你想如果关羽原先识字的话，他这时候应该得不识字——他原先不识字这时候得装识字，所以关羽这时候看《春秋》是为啥？掩人耳目，我认字，我文武双全。所以他看《春秋》，我认为不能说明就是穷书生出身。他可能是一个习武之人，可能路见不平、拔刀相助，误伤人命才跑出来的。跑到河北一带，很幸运，他认识了刘备，又结识了张飞。

那么说“桃园三结义”，关羽是怎么跟这两位结拜在一块儿的？关羽的真实心理是什么？首先，刘备这人仁义，张飞这人仗义，跟这样的人结拜不枉关羽这个忠义之士。这段应该是浓墨重彩的一笔，可惜高希希在这个新《三国演义》电视剧中就给了一分钟时间，老版《三国演义》电视剧——就是 20 世纪 90 年代初那版，对这段有更精细的演绎。更重要的一点，关羽就琢磨了，他自己能打能杀，这是他的长处，可是他的短处是什么？人际关系。关羽本来就傲气，不擅长跟人家打交道，那么想成功的话怎么办？你就得跟擅长跟人打交道的人结成同盟。所以，这么一看刘备，好像是卖草鞋的，小商小贩巧舌如簧啊，站到那里噼里啪啦，多买少算，什么招儿都能使。他觉得刘备这人既仁义，而且善于和别人交往，所以就跟他结成同盟。他觉得这对自己弱点是一个最好的补充。况且自己单枪匹马出来，能成什么事啊？你一个人浑身是铁能捻几根钉？就得跟更多的人结盟。

这一点对我们现代人启迪意义非常大。关羽走向成功不是偶然的。他的出身有点儿类似于咱们不少农村出来的大学毕业生。有的大学生一毕业，说我家里也没钱，我爹也不是当官的，我怎么样能够出人头地呢？所以，就应像当时的关羽一样，首先要寻找人脉资源。那么这一步“刘、关、张桃园三结义”，算走出了成功的第一步。多个朋友多条路，因为一个人是有限的，这三个人一合伙儿，眼前的天地可能就更加开阔了。

接下来，关羽抓住了他人生中成名的一个非常好的机会，那就是“温酒斩华雄”。这一块儿体现关羽什么作风呢？敢想敢干，尤其是别人不敢干的事儿。

怎么回事呢？当初华雄阵前骂战，两员大将出去，全被他给拿下了。本来袁绍对这两员大将寄予希望，每个人都敬了一杯酒。这两位喝完酒出去，全成死鬼了——比那酒后驾车死得还惨呢！

这个时候，四下没人敢吱声——谁愿出去被华雄砍啊？其实十八路诸侯不是没有能人，曹操手底下也有能人在观战。袁绍不说我那颜良、文丑没回来吗，什么意思？都想让别人去损耗兵力，他在这儿捡现成的。十八路诸侯是同床异梦、各怀鬼胎、心思不齐。这个华雄如此勇猛，我再派出战将死了那是死我的人，要获胜咱们都获胜——赢了大家捡便宜，我也太吃亏了！所以，大伙儿一琢磨谁也不愿意去——这脏活儿、累活儿我能干吗？谁也不想干。另外，华雄连斩两人，威慑力很大啊，这人确实了不得！大家也都有点儿害怕。这时候十八路诸侯里头没人敢冲上去了。

大伙儿都不敢去了，这时候关羽抓住机会了，不是没人敢去吗？我敢去！有人说关羽就不害怕吗？不是不害怕，可是这个机会你抓不住就稍纵即逝。同时，关羽觉得华雄勇猛，自己武艺也不差啊！我起码有百分之六七十的胜率，所以值得搏一搏、赌一赌。谁也不敢去，他去。你想想这就是人生出彩的好时机，关羽当时跟着刘备，要兵没兵，要粮没粮，能玩儿的是什么？就玩儿这条命——要钱没有，要命一条。这时候还不敢玩儿命，你谈什么成功？其实最主要就是在于“拼搏”二字。容国团不是讲过吗，“人生能有几回搏？”这个机会你抓不住可能永远都没有了。

说到这点，我们就想起香港的成龙——成龙讲过一句话特别有道理，说为什么我们香港的动作片在世界上名气很大呢？是给逼出来的。因为香港那时候科技比较差，没什么特技——咱们没钱，再不在演员身上做文章，再不玩儿玩儿命，什么时候有出人头地的机会呀？当时成龙敢打敢拼不用替身，玩儿那种惊险动作片，一下子就把香港动作电影打出去了。所以，你看关羽这时候敢站出来去斩华雄，其实跟成龙在动作片里玩儿命有异曲同工之妙。但是我们说，敢于拼搏不等于作死，心里要有数——首先要评估自身实力，第二个要看拼一次是否值得。

关羽斩华雄的时候，他之前之后都是有一定预谋的，搁现代话说就是炒作自个儿、营销自己有一套。你看斩华雄的细节，曹操倒上酒来，给壮士送个行，喝个酒吧，关羽不喝。这不喝大有学问，为什么呢？前两个都喝了，我不喝，我打的是“差异化”，我跟你们不一样，而且盟主给我敬酒我都不喝，显得我够身份。其实，关羽说不定也琢磨着：这酒不能喝，前两个死鬼，喝完都死了，也太不吉利了——他可能还有点儿小迷信。所以，他这是斩华雄之前做足了文章。

那么，斩完华雄他回来，关羽更了不得了，把人头往地上一扔，一般人就得说：盟主，我已将华雄斩于马下了！他得狂一下子。关羽没有，人头一扔面沉如水，什么表情都没有，一转身站到刘备身后捋着胡子，眼睛往下看。大伙儿一看更不得了，这潜台词明摆着——杀个人算什么呀，我都好几天没杀人了。一捋胡子，小菜一碟。大伙儿一看，华雄如此勇武，关羽杀他于眨眼之间，回来之后，不居功自傲，难得呀！大伙儿更佩服关羽。这叫玩儿神秘——谁也不知道你的深浅，杀这么个大将居然面无表情，你说这人能耐得多大？当然我们说了，关羽玩儿神秘，说明人家实力到了——只有实力到位的人，玩儿神秘才厉害；实力不到位，你玩儿神秘，只能把自个儿玩儿死。所以说关羽这些手段跟他的实力是结合在一块儿的，你敢想敢干，也得有两下子，你没两下子，敢想敢干叫什么？叫作死，那叫“作得紧，死得快”。

我们知道，真实历史上，华雄是被孙坚所斩。《三国志·孙破虏传》记载：

坚复相收兵，合战于阳人，大破卓军，枭其都督华雄，败吕布。

当然，这并不损害关羽的英雄形象。

那么，光敢想敢干敢于拼搏就行了吗？不是，你的目标要很远大的话，一定得脚踏实地，另外不能被眼前利益所迷惑，关羽的成功就有这个层面的因素。你比方说，屯土山关公约三事：第一，降汉不降曹；第二，二位嫂嫂给皇叔俸禄；第三，但知刘备去向便辞去——一有信儿我就要保护我嫂子寻找兄长。其实，曹操对待关羽是好到家了，可是关羽最后还是挂印封金而去——带着两位嫂嫂走人了。

有人说，这关羽傻呀！那个时候你哥哥什么样你都不知道，就放弃眼前的荣华富贵，说英雄好汉不拿这个金钱当回事儿，也不拿命当回事儿吗？你这要是死在半道儿上怎么办？关羽想我即使死在半道儿上，也是为了我哥哥死的，流芳百世，这是一个。

第二个，关羽心里的小算盘也拨得“啪啪”响。为什么呢？曹操对自己好不假，但我在曹操这儿顶破天了能干啥呢？当个上将军也就到顶了，无非就是张辽、徐晃、徐褚、张郃那么个水平。曹操手下有别的战将，比方说他自个儿的兄弟夏侯渊、夏侯惇、曹仁、曹洪——曹操原来本姓夏侯，这四个都是人家的弟弟，你不大可能地位比他们还高。所以，关羽要想把自己的文韬武略尽情展示，首先，受制于跟曹操的关系——充其量我就是个曹操的爱将，说白了就等于是个“宠物”。其次，曹操本身用人多疑，他也不可能获得更大权力。你想想，在曹操手底下区区一个上将军，跟皇叔刘备的弟弟怎么比呀？没法比！所以，虽然说刘备这时候情况不明，但值得赌一把！况且他相信刘备的仁义播于天下，我跟这样的大哥混准没错。

这时候就看出，关羽既有远大的目标，又有敢于舍弃的胸怀，同时又有对自己信仰的坚定和忠诚。所以，他不要功名利禄，带着皇嫂千里寻兄。

上面我们总结他的成名之路，大家就看出来了：他敢于拼搏，脚踏实地，有远大目标，不为眼前利益所诱惑。说到这儿，我就想到现在大学生毕业找工作的时候，有很多人慨叹自己没门子没关系，其实无论你是出身寒门也好，还是普普通通的家庭也好，只要你能够恰当地认识自己的能力，然后按照关云长的成名之路走一遍，只要你有那两下子，就能够从一个低起点起来，脚踏实地把握自己。同时，不要被眼前的小利益所诱惑，要相信每个人都有成功的机会。关羽的经历等于给我们现在的大学生就业提供了宝贵的启发。

隋唐英雄：秦琼

五胡乱华之后，中华民族实现了历史上第二次大融合，当时是一种天下大乱、诸侯并起的混乱局面。不光这段历史很有意思，由这段历史产生出来的演义小说也是多种多样，像《隋唐演义》《说唐》《兴唐传》等。《隋唐演义》不光是讲历史朝代的更替，关于它的文学作品——包括评书里，还讲了很多英雄人物的排行。

比如说，隋唐有十八条好汉，第一条好汉西府赵王李元霸，第二条好汉天宝大将宇文成都，第三条好汉银锤太保裴元庆，第四条好汉紫面天王雄阔海，第五条好汉南阳侯伍云召，第六条好汉双镗无敌伍天锡，第七条好汉少保罗成，第八条好汉靠山王杨林，第九条好汉北平王罗艺。

再往下说法就不一样了，有说是魏文通的，有说是王君可的，又说有秦琼、程咬金的，等等。说书的人最喜欢《隋唐演义》，因为隋唐里头有金戈铁马、帝王将相。

隋唐故事其实并不像《水浒》那样群星璀璨、英雄辈出。隋唐是有主线的，而且有绝对主角。有时候听京戏，“这位大哥是何人？”“在下姓秦名琼，字叔宝。”秦琼秦叔宝，就是隋唐里的绝对主角。因为原来《隋唐演义》那本书叫《秦叔宝志传》，所以称“一部隋唐半部秦琼传”。

而且，旧时艺人们问今天说什么书？大黄脸！我们都知道秦琼是黄脸，一说“大黄脸”，就是要说隋唐了；说“黑脸”，那就是《包公案》。秦琼秦叔宝是这部书里的绝对主角，而且他的名字也很威风，一提秦叔宝前缀老长了——评书里“孝母似专诸，交友赛孟尝，神拳太保，双锏大将，秦琼秦叔宝”——往往前面头衔越长，说明这人越厉害。

我们经常听到有句话叫“关公战秦琼”，好像这两人掰不开、揉不碎似的——可这两人一个唐朝的，一个三国的，怎么能斗到一块儿呢？相声里头说的是：

山东军阀韩复榘的父亲在看关公的戏《古城会》，看到一半老爷子来气了，这台上唱的是关公戏——关公是山西人，山西驻扎的是阎锡山部队，怎么跑这儿来了呢？我们山东有好汉——秦琼，让秦琼打他！没办法，这艺人得吃饭啊——要不老爷子不管饭，所以唱秦琼的这演员扮上了。

“秦琼”扮相一摆，腰刀一挎，那边“关公”拿着青龙偃月刀，一捋胡子，你看我，我看你，都觉得别扭。这“秦琼”叹了口气，一捋胡子：“我在唐朝你在汉，咱俩打仗为哪般？”“关公”一听也来气了：“叫你打来你就打，你若不打”——一指下面的老头，“他不管饭！”这叫《关公战秦琼》。

为什么关公、秦琼他俩能拴一块儿呢？这是有道理的。这两个人在中国民间传说里高度相似。先说能耐，他俩绝对不是武功最厉害的。秦琼在隋唐十八条好汉里排到第十三——也有的人给他排到第十二，总之说法不一；再看关公，关公有一个洗不清的历史“污点”，三英战吕布，哥儿仨打人家一个——刘备算半个废物，就等于他和张飞两人打吕布——还让吕布跑了。

所以，从这点上来看，关公和秦琼两人武艺都不是最顶尖的，但他们什么好呢？品德好，这品德又特指两字——忠义。《隋唐演义》一开始讲，秦琼是山东历城捕快，结果任上出事了。靠山王杨林打发下边人把十万皇纲送到长安——皇纲就是皇家的赋税，说白了就是纳税人交的钱。这十万皇纲来到山东地界让人给劫了，劫的人一个是程咬金，一个是尤俊达，都是他的好哥们儿。

所以，这个案子压到历城县，就压到秦琼身上了。这时候，秦琼一打听是自个儿兄弟干的，可是他怎么能抓这些人？调查完了之后，秦琼万般无奈，从调查地点往回走。走到一个岔道上，岔道往右去是历城，就是回去赴命，抓程咬金、尤俊达；往左去是山东登州，靠山王杨林率大军在这儿驻扎——丢了皇纲，他在这儿督办这案子。他走到的这个地方叫两肋庄，结果，他没有往家那边回去，而是从另一个岔道走了，这叫“两肋岔道”。所以后来说为朋友“两肋插刀”，就从这儿来的，可不是真插刀。

于是，秦琼“染面涂须”到登州。为了装得像程咬金，秦琼装上红胡子，干脆自个儿顶缸，这事儿就算他干的，这是“两肋插刀”的由来。这个杨林很精明，一看秦琼不大像。于是他就说，我看你并不是那个劫皇纲的人，你想过没有，你这一顶缸，死不足惜，但你家里必有高堂老母。老母亲何人奉养？势必孤苦伶仃！一说到这儿，秦琼是个大孝子，受不了了。

刚才我说的是义气的“义”，再看忠义的“忠”。瓦岗寨上打仗卖命，秦琼一场恶战下来，落到水里身染风寒，已经重病不起了。可这时候，他的对手有两位，一位叫虎牢关总兵四宝将尚师徒，一位号称“横推八马倒，倒曳九牛回”的红泥关总兵新文礼。这新文礼设了一计，把秦琼的好哥们儿裴元庆用地雷给炸死了。这时候秦琼挣扎着起来，两军阵前一锏把新文礼打死，给兄弟报了仇。所以，这可以说是忠于瓦岗寨的事业，为朋友报仇。

再往后，瓦岗寨换了“四世三公”的李密当头儿，结果一场大战中，李密中箭倒在地上，所有人都以为李密死了，只有秦琼出生入死地把李密救了出来。《新唐书·秦琼传》中记载：

密与宇文化及战黎阳，中矢堕马，滨死，追兵至，独叔宝捍卫得免。

这说的就是这件事。所以说，他对李密也是忠心耿耿。

等到保李世民的时候，更是如此。秦琼在两军阵前交锋，立了战功无数。后来，李世民通过玄武门兵变，为了权力争夺杀了自己兄弟。传说，他心里也心虚，晚上在皇宫里睡觉，一闭眼睛，都是哥哥、弟弟来索命，李世民吓坏了，晚上都不敢睡觉。这时候秦琼说，我和尉迟恭两个人就站在门口，哪个恶鬼都不敢来。他俩晚上一站岗，李世民就睡得很踏实。李世民说你们天天熬夜也不行，反正鬼怕你们，那就把你们俩人画下来，挂到门上不就完了。所以，“左秦琼、右敬德”，我们现在的门神就是这样来的。

这些故事说明什么？秦二爷孝顺，在忠义上更没得说。那么历史上真实的秦琼是不是这样的？我们现在看《隋唐演义》里美化秦琼忠义无双，反而对他的武艺不是特别推崇，认为他算是个猛将，但是武艺到不了一流。但历史上真实的秦琼，绝对是隋末唐初的猛将，甚至称得上“第一猛将”。他起家之初，是跟着大将张须陀打仗。当时打仗的时候，张须陀统领大军一万人，对面的叛军是十万人。秦琼说没事，我有把握！就这样他和罗士信两人各带一千人，打了一场大胜仗，秦琼一战成名。

据史书记载：

叔宝每从太宗征伐，敌中有骁将锐卒，炫耀人马，出入来去者，太宗颇怒之，辄命叔宝往取。叔宝应命，跃马负枪而进，必刺之万众之中，人马辟易，太宗以是益重之，叔宝亦以此颇自矜尚。

意思是说，秦琼每次随李世民出征的时候，敌阵中经常有炫耀自己勇武的武将，于是李世民就派秦琼前去厮杀，单枪匹马万军之中取敌将首级。

说到这儿，咱们来谈一下历史上的秦琼用的兵器。《隋唐演义》中说秦琼最初用的武器是四棱金装锏和虎头鋬金枪。后来，他又夺得了四宝将尚师徒的那套装备：头上盔是夜明盔，身上甲是柳叶绵竹铠，手中枪是金纂提炉枪，跨下马是“呼雷豹”。那么，历史上真实的秦琼是这样吗？《旧唐书》中说：“叔宝善用马槊。”由此可知，秦琼的主要兵器是马槊。马槊前身是矛，其杆是取上等韧木的主干，剥成篾胶合而成，比矛的威力更大。历史上的秦琼，所乘的马也不是黄骠马和呼雷豹，而是号称“忽雷驳”的马。据唐代段成式著的《酉阳杂俎·语资》中记载：

秦叔宝所乘马号忽雷驳，常饮以酒，每于月中试，能竖越三领黑毡。及胡公卒，嘶鸣不食而死。

所以说，秦琼的马叫“忽雷驳”，是匹青白毛相间马，而非黄骠马和呼雷豹。

兴唐之后，秦琼立战功无数，唐高祖李渊封秦叔宝为“上柱国”。“上柱国”搁现在话说，就是特级战斗英雄，武艺相当高强，而且勇猛得不要命。最后，唐高祖李渊又赏给秦琼黄金、绸缎。李渊甚至说了一段很动人的话，别说要绸缎金银，你就要我身上肉，我都给你。《旧唐书·秦琼传》上是这样记载的：

又从征于美良川，破尉迟敬德，功最居多。高祖遣使赐以金瓶，劳之曰：“卿不顾妻子，远来投我，又立功效。朕肉可为卿用者，当割以赐卿，况子女玉帛乎？卿当勉之。”

其实这也是刘备摔孩子——收买人心。正因为李渊在唐书里有这么一段话，所以《隋唐演义》才附会出一段“秦琼救驾”的故事，说当初李渊全家差点儿被人杀了，是秦琼把他救了出来。

但身为第一猛将是好事啊！为什么《隋唐演义》《兴唐传》评书里头把秦叔宝说得功夫没那么高，反而说他忠义无双呢？其实真实的秦琼在忠义上都有瑕疵。秦叔宝数易其主，换主子换过好几回，不能算得上绝对的“忠”。说实在的，包括“孝”，秦琼也不是没有瑕疵，秦琼有相当长时间都不认自己的身世。

《隋唐演义》中说秦琼“乃祖是北齐领军大将秦旭，父是北齐武卫大将军秦彝”，系名门之后。那么，究竟是不是这么回事儿呢？其实，秦琼的曾祖父叫秦孝达，祖父叫秦方太，父亲叫秦爱，三代均为魏、齐两朝文职官吏。对于秦琼的身世，《旧唐书》《新唐书》均无记载，那么，这事儿是怎么考证出来的？1995年济南有一家银行修宿舍楼，挖地基挖挺深，挖出一个古墓来，一看是秦琼他父亲秦爱的墓。通过秦爱的墓志铭，我们可以知道，秦爱，字季养，是当时的齐郡历城人。这才考证出来，秦琼祖上原来是个小官，没那么大名声。有人说英雄不问出身，那时可不是这样。隋唐时候特别推崇从魏晋南北朝时候延续下来的种姓制度、士族制度。说白了，就是出身特别重要，你是贵族，你的后代也贵族。

说到这儿，有人说李密肩不能扛、手不能提，怎么是瓦岗寨之主？李密家族“四世三公”，他家里是望族。再看尉迟恭，往上一查家里是护国将军。再看程咬金，程咬金祖上都是大司空、大司马。评说里说秦琼的父亲是秦彝，南陈老太宰秦旭之子，为什么要把秦琼也抬举到这个高度呢？因为无论是瓦岗寨造反，还是归顺李世民，你的出身越高贵，天下人越容易跟随你。

所以，说白了这是宣传的一种需要，只有这么“炒”起来，跟随他的人才多。那么，他这么一员勇猛，为什么仅仅从忠义的角度炒作？过去的统治者怕下边的人太勇猛，因为勇猛是把双刃剑，能打敌人，也能造反。“儒以文乱法，侠以武犯禁”，功夫要高了，倒是个威胁，所以他希望你功夫既高还得忠义。

君叫臣死，臣不得不死；父叫子亡，子不得不亡——封建社会提倡这种无条件的顺从，为的就是要打造一批顺民。所以他无限地夸大秦琼这样有功劳、名气大的人的忠义。意思是说，这么大能耐的人都对我这样，都信皇上，你们谁敢造反？这是统治者愚民政策的一部分。

秦琼晚年，因早年作战负伤太多而伤病缠身，常对人说：

吾少长戎马，所经二百余阵，屡中重疮。计吾前后出血亦数斛矣，安得不病乎？

贞观十二年（638 年），秦琼因病去世。唐太宗李世民追赠其为徐州都督，陪葬昭陵。李世民命人在秦琼墓前造石人石马，“以旌战阵之功焉”。

隋朝名将来护儿评价秦琼说：

此人勇悍，加有志节，必当自取富贵，岂得以卑贱处之？

《旧唐书》中则赞曰：

叔宝善用马槊，拔贼垒则以寡敌众，可谓勇矣。

因此，史书上一个“勇”字可以称得上是对秦琼的最高评价了。

是什么成就了岳飞的英名

要说中国历史上第一大忠臣是谁，那肯定是岳飞！岳飞在老百姓中忠良的名气，大到无以复加——就像秦桧在奸臣里头的名气大到无以复加一样。忠臣那么多，岳飞是靠什么赢得这么大名气的呢？

我们说这人能耐大，怎么能体现他能耐大？他的对手越强，而且他跟对手的斗争越激烈，越能看出他本人的了不起。岳飞身上就具备了这两点，一个是对手强大，第二个他对抗的是皇上。而且在和对手斗争的过程当中，他壮志难酬，最后屈死在风波亭。

生活当中，最后能真正被称为英雄、为大家所怀念的，往往是最后死了的，或者下场很悲惨的，那个旗开得胜、马到成功的反倒不那么被人惦记，因为人都是有同情心的。第一，你的对手强大；第二，你还是悲剧结局。越是这样，这个英雄就越是被人称颂。

而且，从历史角度来看，岳飞文武双全，他留下来的两首诗词广为传颂。虽然，到现在为止，这两首诗词是不是他写的尚有争议，但是这两首诗词却和岳飞的心境非常吻合。头一首是反映他壮志难酬、雄心壮志的《满江红》：

怒发冲冠，凭栏处，潇潇雨歇。抬望眼，仰天长啸，壮怀激烈。三十功名尘与土，八千里路云和月。莫等闲，白了少年头，空悲切！

靖康耻，犹未雪。臣子恨，何时灭！驾长车，踏破贺南山缺。壮志饥餐胡虏肉，笑谈渴饮匈奴血。待从头，收拾旧山河，朝天阙。

“待从头，收拾旧山河，朝天阙”是他自己的理想，可最终没能实现。

还有第二首是《小重山》，反映了他当时朝政受压抑之下的苦闷心情。他在下阕写道：

白首望功名。旧山松竹老，阻归程。欲将心事付瑶琴。知音少，弦断有谁听？

这就是说，没有人理解我苦闷的心情，我其实并不希望得到功名，只希望把自己理想实现，但偏偏有那么多困难。这两阕词把岳飞当时的状况给坐实了。所以，人们一想起岳飞，就是一个壮志难酬、凛然大义的英雄形象。

再者，岳飞身上有很多传奇色彩，这些传奇色彩往往是后人给附会的。首先是岳飞和秦桧的关系，传说里头说什么的都有。

一说岳飞是佛祖身边的金翅大鹏鸟转世。看过《西游记》的朋友知道，就是狮驼国里的那个大鹏鸟。大鹏鸟是《西游记》里头为数不多的不比孙悟空能耐差的妖怪。而且大鹏鸟跟孙悟空说，你不要猖狂，我是如来佛祖的舅舅！这是怎么一回事儿？当年佛祖在金顶山修炼七七四十九天，到第四十六天，还剩三天的时候，空中飞过一个孔雀，这个孔雀一看到佛祖，以为是个食物，一张嘴就给吞下了。但佛祖正在闭关修炼，也动不了，所以在孔雀肚子里头待了三天。满七七四十九天的时候，要从孔雀身体里出来，就破背而出，所以才有了孔雀开屏。在人家肚子里待三天出来，怎么也算半个母亲，所以佛祖封孔雀为佛母，叫孔雀大明王。

孔雀大明王是佛母，孔雀有个结拜兄弟是金翅大鹏鸟，这么算，大鹏鸟就是佛祖的舅舅。大鹏鸟负责给如来护法。如来佛讲经，各路神仙妖魔鬼怪都来听，大鹏鸟就负责维持现场这秩序。

有一回如来佛祖讲经，讲的过程当中房梁上有个鸽子，也成精了，在那儿听经。听着听着，济公在外边办事回来，一看底下没坐了，就打算坐到房梁上，这上来他也没看见，就把这鸽子给踹下来了。鸽子受了惊吓，落下来的时候咕咕大叫了两声，大鹏鸟来气了，飞过去一伸爪，没想到把这鸽子给弄死了。如来佛祖一看，说求佛之人怎么能杀生？看来你尘缘未断，转世投胎去吧！所以，岳飞就是这大鹏鸟的转世。

那鸽子死了，转世投胎就变成秦桧的老婆王氏，因为是岳飞前世的那一爪把它弄死的，所以它再转世投胎变成王氏，害死岳飞，这叫“一命还一命”。

所以，中国这说书的人挺能扯，但不管怎么说，它给岳飞添了很多传奇色彩。

再一个传说是“岳母刺字”，刺的是“精忠报国”四个字，那到底有没有这回事儿呢？说实话，一直到大清乾隆年间，杭州有个文人叫钱彩，写了一本书叫《精忠说岳》，这书里边才提到“岳母刺字”。

为什么说“岳母刺字”这事儿不可能呢？首先，岳飞的母亲是个普通农村妇女，能写自己名字就算有文化了；再者，“刺字”这活儿不是一般人能干的。现在文过身的朋友知道，那得有专门的文身师傅来操作。大宋年间是比较崇尚文身的，水浒里头有个人物叫“九纹龙”史进，就是身上文了九条龙。鲁智深外号“花和尚”，也是因为身上有非常漂亮的文身，花团锦簇一般。甭说复杂文身，简单的，像林冲刺配沧州，宋江刺配江州，武松刺配孟州城，刺配的时候都得专门找文身师傅，在脸上给刺个字代表刑罚。所以，这“岳母刺字”，在历史上不可能出现。更何况，那时“精忠报国”这四个字是繁体字，复杂得不得了！

那为什么传说里边要附会成“岳母刺字”呢？这是为了给岳飞后天成为一个人格上完美的人塑造一种合理性。其实是告诉大家，岳飞受过良好的教育，打小他妈就告诉他，要有正能量，要报效国家，要做个正人君子。所以，“岳母刺字”和“孟母三迁”就成为中国历史上教育儿女的典型素材。

当然，从真实历史看，岳飞后天形成这种人格也是有根据的。他本来是个农家子弟，打小练过武。十五六岁的时候，他就已经结婚了，接着就有了孩子。家里这点儿地打的粮食不够吃，他就给当地汤阴县一个姓韩的人家打工。可正赶上这一年是荒年，老百姓没吃没喝，这些人一商量，干脆吃大户吧，就把老韩家围上了，要打劫。老韩家有几个家丁，一看吓坏了，躲的躲，藏的藏，跑的跑。这时候，岳飞就拿起弓箭，站到围墙上头，看到里边有几个带头儿的，一箭一个，射死了五六个。剩下的人一看，谁也不敢上了。这些灾民本来就是乌合之众，一会儿就散了。老韩家一看，这是我们全家的救命恩人啊！就把他当活菩萨供起来了。而这个韩家人有文化，就让家里头教书先生也教教岳飞，就这样，受这家文化人的熏陶，岳飞后来文武双全。

后来，在军队中，岳飞也是靠着自己敏锐的判断力，不断地“跳槽”，最终脱颖而出。一开始岳飞在河北军前军统制刘浩帐下。岳飞当时带着500多人，等于是个小头目，自己带兵打仗很勇敢，接连打胜仗。但问题是刘浩整个军队的实力太差了，最后在和金兵战斗的过程中，几乎全军覆没。

所以，岳飞只能脱离他，另攀高枝，于是就投奔了刘浩的上司、河北军的副统帅宗泽那里。宗泽很喜欢岳飞，认为这个人骁勇善战，但有个问题，野路子出身，带兵不正规，也不讲排兵布阵。宗泽诚心想提拔他，就把岳飞叫到跟前，给了他些兵书战策，让他拿回去看。岳飞从心底瞧不起这个，认为这是纸上谈兵——两军作战出奇制胜，实则虚之，虚则实之，让对方摸不着路子才对。

岳飞这人直性，拿过来之后翻了两下子往那儿一放，认为这都没用，把宗泽给气得。宗泽说看来你还得磨炼磨炼，就把他派到了河北前线。他等于又跳回到河北，跟着王彦带的八字军，一共有七八千人。岳飞领着五六百人，兵合一处，将打一家。跟金兵打仗，结果当时金兵势大，王彦决定撤退。

岳飞急了，领着自己五六百人就过去打，结果杀死金国的一个将领，又生擒了一员大将，旗开得胜回来了。再见王彦，王彦却没脸见他了。岳飞一看，在这儿也待不下去了，就又回到宗泽那儿。宗泽一看这小子虽然是野路子，可是屡屡地获胜，很愿意接纳他。

可是岳飞这样的人，由于他自己太有主见，必定不肯久为人下。时间长了，他一定得自个儿说了算。所以，岳飞在这个过程当中，折腾来，折腾去，最后自己建立了一支人称“撼山易，撼岳家军难”的岳家军。

而岳家军在中国军事史上，具有非常特殊的地位。因为这支部队，无论作战训练方面，还是后勤补给方面，都给后世的军队留下了很多可以借鉴的地方。

杨六郎的身份之谜

杨家将里那么多人，大部分是经过评书或戏剧艺术改编之后呈现在我们眼前的形象。其实历史上老令公杨业之后，杨门的后人只有一个真真正正的武将，那就是杨六郎杨延昭。这个杨六郎的事迹，咱们在评书里面接触得比较多，什么“杨六郎告状”“杨六郎卖马”，等等，其实都是瞎编的。历史上真正的杨六郎，到底是什么样呢？

第一个谜题是杨六郎在杨家是不是排行老六？如果按照真正的历史看，杨六郎应该是老大“杨大郎”。因为老令公杨业死了以后，按照大宋的官治，这当爹的有战功死了，朝廷可以给他儿子安排工作——说白了这也算是一种世袭。但是那时候关于接班可有个说法，非长子莫属。老令公杨业刚死，谁替他的班呢？必须得是老大。当时杨六郎被封为崇仪副使，这就断定他一定是家里老大，要不然他没有这个资格。

那为什么老大能叫杨六郎？有人就说了，你看汉字这个“大”字怎么写？跟“六”字挺像，很有可能因为书法不一样，我往下传抄这个故事，这个“大”字往往要用魏碑体写，或者小篆写，非常容易带一折就像“六”字了。所以，当时有人说，杨大郎就是有人以讹传讹，写成了杨六郎。这个说法有一定的道理。而且，当时将杨大郎改为杨六郎，也是他的敌人给改的。谁呢？大辽国。因为辽人很迷信，过去看星象，说这北斗七星里的第六颗专门克辽国。后来杨六郎跟辽国作战，打了不少胜仗，有人就说他是那第六颗星的转世，所以叫他杨六郎。当然这是来自敌人那一面的信息，我估计这个还真比较可信，传来传去就成神话了。

所以，按照这个来看，咱们应该管杨六郎叫大郎。

而且历史上记载，杨六郎曾经改过名字。咱评书里说六郎杨延昭，三郎杨延朗，其实，杨六郎原名不叫杨延昭而是杨延朗。他为什么改杨延昭这名字？有一个说法，当时史书上记载，叫“避祖讳”，就是避祖宗的名讳以及皇上的祖宗名讳。他这里涉及什么避讳？这跟宋真宗有关。宋太宗儿子宋真宗跟辽国打仗，最后败了，签了个澶渊之盟，等于给人家进贡了。这下子皇上颜面大损，回来之后一看不行，我得搞点儿政绩工程，让老百姓认可我。什么政绩工程呢？说白了，就是弄点儿迷信的事儿。

宋真宗说，有一天，我在后宫里做梦，梦中有一个老道，岁数跟太上老君差不多，这老道叫赵玄朗，是我老祖宗。其实这招儿是跟唐高宗李渊学的，李渊不是说我们老祖宗是太上老君李耳吗，自拔身份。所以，这宋真宗生编了一个道教老祖宗当自己的先人。但是他这么说，别人心里虽然不信，但面儿上哪敢违背皇上？就把这个老道虚拟的形象画成个图形——赵玄朗。你看这是宋真宗的老祖宗，得避讳啊！所以“玄”字和“朗”字都得躲开，杨六郎叫杨延朗，这“朗”字就得避讳，这是史书里真实记载的。而且这事不假，宋徽宗一笔瘦金书写得很好，他一写《千字文》:“天地玄黄，宇宙洪荒，寒来暑往，秋收冬藏，金生丽水，玉出昆冈。”写到“天地玄黄”，这“玄”字不跟那赵玄朗撞上了吗，就得写“天地元黄”。有人挑毛病，说宋徽宗不认字，笔误了，写《千字文》写成“天地元黄”了，那是你见识太低，你不知道宋徽宗那是在避讳呢！

那么，这个杨六郎到底有没有评书里写的那么大功劳？比如，跟着老令公杨业出生入死，浴血杀出重围。咱们说杨业老令公，在跟辽国交锋过程中，死在陈家谷口，这是历史史实。当时说他带着个儿子叫杨延玉，这个肯定不是老令公的长子，那么那个时候杨延昭在哪儿呢？

史书上有记载，杨延昭当时带兵先去打朔州。打朔州的时候打了胜仗，可是被人射了一箭，射穿了肩骨。也就是说，杨老令公出征这会儿他在家养伤呢，就没有上战场，所以躲过了一劫。而不是说他浴血杀出重围，出了金沙滩如何如何，这个不是历史史实。那么，后人有人说了，杨六郎威震三关啊，这是事实吗？这也不是，三关是哪三关？是瓦桥关、益津关，还有淤口关三关。这三关是后周时期周世宗建制，等到大宋建立以后这三关编制已经取消了。而且说“威震三关”，也不可能写实到这种程度。咱平常说一日不见，如隔三秋。这个“三”是夸张，形容数量很多。其实所谓“威震三关”，就是威震N关的意思，那阵儿没有这个N。

那么，杨六郎是什么时候开始立的战功？不是说他爹一死他就披挂上阵当元帅了。他父亲死后，他也封了个小官儿。凡是这个当官的自己亲爹娘死了，甚至是养父、养母死了，那时候守孝里有个词叫“丁忧”。什么叫“丁忧”？这个“丁忧”是中国《礼记》传承下来的祖制，就是说你上辈直系的父亲、母亲有一个没了，养父、养母没了——甚至乳母没了都可以，你得替他们守孝。民间不是守孝三年嘛，当官的得守孝“三九”即27个月。守孝说白了就是看坟，父亲、母亲的坟在那儿，我在这儿守着，给戴孝。这个时候杨六郎他爸爸死了，他得在家守孝27个月。所以，老令公杨业死后杨六郎回到河南郑州老家，在家守孝。

那么，杨六郎什么时候真正杀出来，成为一代名将呢？这得说是公元999年，也就是说在老令公死后13年，他才杀出来。当时他得到重用，也是因为宋辽之间打仗。那个时候大宋是一年不如一年，北国萧太后，带着后来的皇帝御驾亲征，越过山西打到河北这块儿了。当时大宋皇上一想，听说杨延昭是个人才，可也不敢给他太重要的任务，让他守哪儿？河北北边有个隧城，守这个地方。这个地方的城池并不怎么坚固，一个土城，不大点儿的城市，经过这些年修理还挺好，上面的防卫设施都有。但这个城池也是兵家必争之地，如果顺顺利利地拿下来，大辽国的粮道就非常畅通了。我们说兵马未动，粮草先行，这地儿涉及后勤补给，所以萧太后必须拿下。当时杨延昭就守这个城，手下有3000来人——辽兵是十几万人，这个力量根本不成正比。本来萧太后半点儿没瞧上这个地方，心中暗想：我大兵一到碾得你如同齑粉。

等攻到这里的时候一打听，说谁在这儿守城？杨延昭，老令公杨业的孩子。萧太后高看一眼，说虎父无犬子，肯定是有能耐的，咱也不能冒进，于是就采取心理攻势。散布各种各样的消息，说我们有多少万大兵，不投降攻破后就屠城什么的。然后告诉杨延昭：你能降就降吧，如若不然，大宋皇帝如此昏庸，你最后也得跟你爹下场一样！但是杨门子弟忠心耿耿，杨延昭不为所动，他算了一算，自己3000多军队加城里的丁壮，能战之兵有七八千人——干脆我就死守，大不了一死！

但他这个“死守”是有点儿技术含量的。杨延昭打仗不见得比他爹厉害，但是他对军事设施的研究是有一套的。也就是说，对于野战和巷战这种战术以及军事器材方面的研究，杨延昭算得上专家。所以，当时他确定了一个战术——坚守不出，不跟人家正面交锋。萧太后领兵打来了，上云梯硬攻，炮轰土城。那会儿有大炮吗？有火药没大炮！那么这个大炮是什么呢？说白了就是投石机。

有人说，象棋不是春秋战国那时候产生的吗？那时候就用火药，你看象棋里有炮。不对，那个“砲”是“石”字旁的，不是“火”字旁的，所以那时候是通过投石机把石头往城上轰。你想你是小土城，石头不断地打击城墙，很容易就把城墙弄塌了。但虽然是个土城，说实在的比现在咱们建的有的楼房结实得多，它不是“豆腐渣工程”，还挺瓷实。而且，杨六郎说：我知道她这种战术，不用理她，咱躲里头。等一会儿这石头一停，杨六郎带人出来，城上也有石头再加上人家发射的这些原料，往下砸往下射箭，辽兵损失惨重。

偏偏杨六郎花样多，除了石头以外，还在大瓶子里装石灰，让士兵往下一砸，石灰一散开，把辽兵眼睛都迷了；还有给箭头涂上毒药往下射毒箭；等等，反正什么招儿都有。愣在这儿停了两三个月，萧太后没有拿下来。这萧太后真上火，一看拿不下来还死这么些人，把自己的精兵强将都调出来攻城了。结果这杨六郎也有办法，带领这些人死守城池，居然拖延了半年时间。

尽管萧太后动用各种战术，但是杨六郎始终坚守城池，居然以数千兵力硬抗辽军近 20 万大军的围攻。但是此时有一个非常大的危机正在悄悄逼近杨六郎。那就是天一天天凉了，宋军后勤补给方面也费劲儿。这个时候萧太后更不肯退兵了。果不其然，守了半年，城里几乎弹尽粮绝。这粮食也快没了，而且土城经年累月地经石头这么一轰，也坚持不了多久了。

但我们说天不灭大宋，天不灭杨六郎。这个时候是深秋，河北地区的温度按道理来讲都是零度以上，没有想到的是突然间下了几场大雪，温度直接降到零下了。这把杨六郎乐坏了！赶紧给我抬水，干啥？泼城墙！水往上一泼，城墙就给冻上了。这招儿有不少朋友不陌生，三国里曹操返西凉，为了解决后患，打西凉马腾、韩遂，把马腾设计弄死了。结果马腾的儿子马超与他叔叔韩遂联手跟曹操对抗。曹操就在渭河两岸跟马超打上了。马超开始是大获全胜，最后要攻城的时候，曹操手下大将曹仁想出个招儿，引着河水泼城墙，那时候正好温度降下来了，城墙冻上了。历史上有人用过，所以杨六郎活学活用，派人泼水，把城墙冻上了。第二天早晨萧太后起来一看，怎么这城墙变白了？一看，原来是城墙上泼水，冻上了。这时候你再发射石头不管用了——它有坚冰做保护，一轰一个白印子。在这种情况下，杨六郎居然挺住了。

所以，当时宋兵是借助着这个坚强的堡垒大获全胜的。这一场战役胜利了，皇上一看杨延昭真不得了，赶紧要召见杨六郎。皇上称赞他“智勇善战，治兵护塞有父风”。也就是说，称赞杨延昭仪表堂堂、威武有力、智勇双全，不愧是老令公杨业的后人，还给他很厚的赏赐。这一战杨六郎威震边关，名声大噪。

到后来辽兵几次打过来，杨六郎打了不少胜仗。那个时候朝廷里有很多人嫉妒他，皇上说你们甭嫉妒，这个人真有能耐。皇上这个时候也明白谁能替他保天下了。而且你们看着他没什么根基，我要不相信他，他就完了。杨六郎也知道这个道理。

杨六郎前后镇守边关 20 多年。祥符七年（1014 年），杨六郎满怀不能收复国土的忧愤心情在边塞去世，时年 57 岁。杨六郎比他爸爸多活了

1岁，杨业56岁死的，杨六郎是57岁。可以说，杨六郎是在前线打仗的时候，心力交瘁累死的。

《宋史·杨延昭传》中评价他说：

延昭智勇善战，所得奉赐悉犒军，未尝问家事。出入骑从如小校，号令严明，与士卒同甘苦，遇敌必身先，行阵克捷，推功于下，故人乐为用。在边防二十余年，契丹惮之，目为杨六郎。

这可以说是对杨延昭的最高评价了。

当然，关于杨延昭的去世，有人根据当时历史史实也编了一些故事。当时萧太后为了劝杨六郎，说当年陈家谷口一战你爸爸不投降，硬把自己饿死了，饿是饿死了，老令公杨业的尸骨可在我们北国放着呢！你要投降了我把你爸爸尸骨还给你。这对于讲究孝道的古人来说，是有很大诱惑力的。有人根据这个编出了“杨六郎之死”这出戏。

这不打胜仗了，杨六郎一想，萧太后说我爸爸尸骨在那儿，这当儿子的得想法把爹爹尸骨运回来。但自己是边关元帅不可轻动，派谁去呢?

杨六郎下面有两员得力战将：孟良、焦赞——咱都知道“焦不离孟，孟不离焦”。这哥儿俩跟杨六郎都是拜把的弟兄，两人一争呢，最后是焦赞到北国去了。据说老令公的骸骨藏在哪儿？藏在北国一座山下的一个洞里，这个山洞叫洪阳洞。焦赞去了之后，孟良不甘心，偷偷摸摸地也去了。双方通过不同渠道，打探到这个尸骨在哪儿。当时辽兵也没怎么在意，谁能想到大老远有人偷死人骨头，都多少年了。焦赞很顺利就摸到核心地带，把这骨头偷出来了。这时候孟良也赶到了，一看兄弟比我早来一步，就跟在焦赞后头往里走。焦赞这时候深入虎穴啊，心情高度紧张，这手都攥着刀呢。有人一搭肩膀说：“你往哪里跑？”他一回身就一刀，把自己哥哥砍翻在地，给砍死了。

焦赞心里这个难受啊，这可是误伤。但这边老令公骸骨还在，没办法，就把自己哥哥火化了，带着他的骨灰和老令公的骸骨回到了边关。见到杨六郎，一五一十地把事说清楚，说完以后就拔出刀来自刎了。杨六郎一看，为了我爹的骸骨，我两个兄弟都没了，哭完一场之后，把两人厚葬，然后拔出宝剑也自刎了。

所以，京剧里有段叫作《洪阳洞》也叫《三义殡天》，就是说三个人同时升天，死了。这个故事其实是大家对杨六郎非常崇敬而产生的一种说法，后来也没有明确记载杨六郎是怎么死的。“瓦罐不离井口破，将军难免阵前亡”，你既然不是战死的，也得让你全“忠义”二字——两个兄弟为了盗你父亲的骸骨死了，你也得有所交代！所以，《三义殡天》既是宣传孝，又是宣传忠，还是宣传义。这符合中华民族传统美德，也能看出老百姓对杨六郎的爱戴。由此可见，《宋史》中说杨延昭“及卒，帝嗟悼之，遣中使护榇以归，河朔之人多望柩而泣”，并非虚言。

狂人常遇春

大明朝帮助朱元璋打天下的有很多功臣，1368年朱元璋定都南京，大明朝开国，总共有五大功臣被封为一等公爵，这五个人按排行，从上往下，第一位是徐达，第二是常遇春，然后是汤和、李文忠、邓愈。徐达、常遇春毫无疑问，是大明开国将领当中功劳最大的，徐达排在第一，常遇春排在第二。很多人有异议，说常遇春能耐不比徐达小，而且常遇春身上的传奇故事比徐达要多得多，有人说常遇春勇猛无敌，有人说常遇春好杀降将，有人说常遇春怕老婆，包括金庸先生在《倚天屠龙记》里还给常遇春弄了很多传奇的事，甚至说他活不到四十，将来会在39岁暴卒——这是由于张无忌治病手艺未成，把他给治糟了。

为什么说徐达排在有传奇经历的常遇春前面，这个在一些历史典籍里有记载。这两个人不是同一类型，徐达是一个战略家，常遇春是个战术家——两军阵前打仗，行军布阵，怎么杀敌，怎么冲锋陷阵，这个常遇春是行家。但是分析战局，先打哪儿后打哪儿，和谁“拉手”，和谁“掰腕子”，这个徐达就厉害得多。

两军阵前，徐达经常是元帅，常遇春是前部正印先锋官，一个运筹帷幄，决胜千里之外；一个冲锋陷阵，擒敌军大将于两军阵前。所以说，要这么分，徐达排在常遇春上头就正常了。朱元璋也是这么认为的，要不然不可能按照这个排行来。但是要说大明这些开国将领的故事，常遇春可比徐达好玩儿多了，因为正史、野史里边有关他的东西要比徐达丰富得多。

常遇春，字伯仁，回族，安徽怀远人。常遇春世代务农，家境贫寒，自幼习武，明史中说他“貌奇伟，勇力绝人，猿臂善射”。元至正十五年（1355 年），也就是常遇春 25 岁那年，他跑到朱元璋的起义军里效力。他跟朱元璋说，我不想当别的，你把前部正印先锋官的位置给我行吗？朱元璋一听就乐了，说没见过这么狂的，你就是个难民，刚投奔我就要当这么大的官，你有什么本事？常遇春说咱们两军阵前之事上见。结果他来了之后不久，赶上朱元璋跟元朝的军队在采石这个地方打仗，那个时候双方在河面上打，岸上是元朝的军队，水里头是朱元璋的水军，但是元朝军队在岸上集结是得地利的，水军想要登陆很难。这个时候，常遇春乘着一艘小船在激流中冒着乱箭，挥戈勇进，纵身登岸，冲入敌阵，左右冲突如入无人之境，转眼间工夫杀出一条血路。朱元璋的水军就顺着上岸，把元军击溃了。

这个事正史里有记载，它有夸张的地方，但是有一点毫无疑问，就是常遇春的勇猛确实了得。抓住对方阵中薄弱环节，嘁里咔嚓，跟庖丁解牛似的，直接打到对方的腹地，这是常遇春的强项。所以，他在两军阵前经常出奇制胜。也正因为自己的能耐，常遇春非常狂，是个地道的“狂人”。他尝自言能将十万众，横行天下，所以军中称“常十万”。他眼睛里轻易容不下别人，因为狂也屡屡干一些捅人肺管子的事。

正史里有记载，说他好杀降将，好杀降兵。1359 年，当时朱元璋最大的对手已经不是元朝的军队了，变成了陈友谅和张士诚这两个死对头。朱元璋跟陈友谅争夺池州，在池州大战里边，徐达、常遇春两个人配合，玩儿了场伏击战，大败陈友谅，同时俘虏了3000多人。这3000多士兵带着将领，都被俘虏了。这个时候常遇春就跟徐达商量，说这帮人太可恨了，打仗过程当中也祸害了不少老百姓，我想把这3000多人活埋了。

徐达一听，说主公朱元璋再三嘱咐，咱们得收买人心，你要这么整，将来没人肯投降你了。常遇春说你也别问了，这事儿我处理了。因为这3000多降兵在他手里，嘁里咔嚓，他就把这3000多降兵活埋了。当然我们现在一听说这事儿，觉得这人太残忍！其实在中国历史上，两军打仗，没有那么多仁慈的事儿，有一句话叫“慈不掌兵，义不行商”，说的就是这个道理。这事儿传到朱元璋耳朵里，把朱元璋气坏了！后来陈友谅知道这事儿，更是恨常遇春入骨。当然陈友谅想报仇很难，因为常遇春本身确实有能耐，两军阵前打仗，你想占他便宜没门儿。

当然，常遇春除了刚才我们说的勇猛无敌以外，还有独门绝技——弯弓射箭。常遇春的箭法特别准，准到什么程度呢？后来陈友谅跟常遇春两军阵前交锋，当时朱元璋大部队也来了，双方是水军交战，但是那个时候陈友谅水军的力量远远要强过朱元璋。两方水军遇到的时候一比，朱元璋部的战舰就跟小渔船差不多。两军对垒，陈友谅手下有一员猛将，叫张定边，这个人带着自己的旗舰加两个副舰，就从这个舰队里头出来了。一开始朱元璋以为他是巡逻探查敌情，也没当回事儿，没想到张定边这艘舰“马力”很足，很快就开到朱元璋这边，噼里啪啦双方就开始交锋。这张定边勇猛无比，连杀了朱元璋手底下不少大将，确实是勇猛异常。一转眼就攻到朱元璋所在的船边，朱元璋一看不好，赶紧跑吧！结果一着急，船打舵没打好，还搁浅了——眼看朱元璋就要完蛋，成张定边的俘虏了。

这时，常遇春的战船就在附近不远，所有人都说你赶紧救驾吧！常遇春说别着急，问下边的士兵，你给我看看哪个是张定边？他下边有一个当兵的认识，指给他说边动边指挥的那个就是。常遇春一点儿没慌，弯弓搭箭，瞄准了，一箭射出去，射中了张定边的正脑门，当场毙命。你别忘了张定边在船上来回活动呢，是个“移动靶”，离得那么老远，一箭过去就能射死他，说明常遇春箭术了得。《明史》中说：

友谅骁将张定边直犯太祖舟，舟胶于浅，几殆。遇春射中定边，太祖舟得脱。

所以，常遇春有这样的能耐。天底下那些狂人，说大话，瞧不起这个、瞧不起那个的——凡是狂人，他一定有些能耐，要没能耐，这“狂人”就是精神病人了。

后来，常遇春在与张士诚作战中，俘获张士诚及其将士 25 万，因功升中书平章军国重事，封鄂国公。接着，他又以副将军的职务与徐达一起率军北上，次年八月，攻克大都（今北京），灭亡元朝。洪武二年（1369 年），他率军北征，攻占元上都（今内蒙古正蓝旗东北），俘元宗王及将士万余。七月，常遇春在回师途中暴病而卒，时年 39 岁。

要说常遇春到底是怎么死的，怎么 39 岁就没了呢？有人说，这事儿我知道，金庸先生在《倚天屠龙记》里边有记载：

他跟张无忌之间还有这么段故事。张三丰带着中了玄冥神掌的张无忌，想到少室山找少林寺，把没学全的九阳真经都弄过来，驱走张无忌体内的寒毒。但是少林寺囿于门户之见，不能传这功夫。没办法，张三丰一老一少从少室山下来，经过汉水的时候搭船，巧遇常遇春。

常遇春这时候是明教中人，和一个番僧打斗，被这番僧一记截心掌打中胸口，就去找明教中人蝶谷医仙胡青牛给他治伤，正好在汉水舟中碰到了张三丰和张无忌。结果常遇春就答应，说老真人你放心，我这个师伯胡青牛医术非常玄妙，他有可能治好玄冥神掌的伤——他要不给这孩子治，大不了把我这命搭上。所以，常遇春领着张无忌就到了蝶谷。

蝶谷医仙胡青牛一看，这孩子不是明教中人，但他也不是外人，他母亲是白眉鹰王殷天正的女儿，殷白眉的外孙，那可以给治。可一问，他爸爸是武当七侠之一张翠山。于是说，你得加入我们明教，张无忌说不行，我太师父再三告诉我，治病是治病，我是名门正派武当派门下，不能加入明教！胡青牛说，那我没法给你治了。结果常遇春说，一命换一命，我不治了，你给他治。

这蝶谷医仙胡青牛说，你知道我外号叫“见死不救胡青牛”，你以为这能吓着我了？随便，你俩在外边待着吧！结果张无忌年少聪明，在这儿待的几天，看胡青牛怎么治病，怎么针灸，还翻医书，就想给常遇春常大哥把病治好了。结果，一个电闪雷鸣之夜，他研究了个方子来给他治。

这个方子倒对，但是药剂量重了一倍，胡青牛说按你这方子来，这人不死都怪！结果，阴差阳错，常遇春身体很健壮，居然还把这截心掌治好了。但是药量重一倍，所以胡青牛最后得出结论——你下药下得重，施针手法又不对，常遇春本来身体挺强壮，可能活到 80 多岁，可是经你这么一搅和，我看他最多活到 40 岁。《倚天屠龙记》作为一本武侠小说，是这么解释常遇春为何 39 岁暴毙的。

有人说，朱元璋杀功臣是有名的，你看这徐达、汤和、邓愈，哪个不是朱元璋害死的！狡兔死，走狗烹；飞鸟尽，良弓藏；敌国破，谋臣亡。常遇春的死还用说吗，肯定是这么死的！其实这话也不对。常遇春是公元 1369 年死的，大明朝是 1368 年开国的，当时天下初定，各个地方还有不少叛军，而且元朝的残余势力随时随地可能再打过来，这正是用人之际，大将常遇春怎么可能这个时候就让朱元璋害死呢？所以从年代上看不对。

那么，常遇春到底是怎么死的？一些野史上的记载有一定道理，说他得了“卸甲风”而死。什么叫卸甲风？就是两军阵前交锋，顶盔贯甲，罩袍束带，这个盔甲是很厚的。你要穿着盔甲，不用有什么动作，穿一会儿里头就都是汗，何况两军阵前还有激烈的争斗。所以，穿戴上盔甲之后，两军阵前一上阵，这头汗就满了。人出了汗不能马上被凉风吹，否则容易风寒攻心。卸甲风就是因为热得不行，盔甲一摘，赶紧找个有风的地方吹风，贪凉，风寒攻心，人就可能死。所以说，常遇春两军阵前交锋之后，一脱盔甲，犯毛病死了，这种说法是有一定道理的。

不管怎么说，对于常遇春的死因，没有确切的一个历史定论。正因为常遇春的死是个谜，所以拍影视剧的、说评书的，都愿意拿他来说事儿。只有它是个谜，才能有多种传奇的解释，才能吸引大家来听。所以说常遇春身上这些故事就决定了他在影视文学题材里边占的分量比徐达要多得多。

常遇春死后，他的灵柩运到龙江关，也就是今天南京下关时，朱元璋亲往祭奠，扶灵大哭，并泣咏挽诗一首：

朕有千行铁液汁，平生不为儿女泣。
昨日忽闻常君薨，一洒乾坤草木湿。

常遇春被赐葬钟山之下，又被追赠翊运推诚宣德靖远功臣、开府仪同三司、上柱国、太保、中书右丞相，追封开平王，谥忠武。从古至明代，封鄂谥忠武的，只有唐代的尉迟恭和宋代的岳飞，常遇春是第三个。

《明史》中评价常遇春说：

遇春沉鸷果敢，善抚士卒，摧锋陷阵，未尝败北。虽不习书史，用兵辄与古合。

常遇春一生为将，未曾败北，这可以说是对他的中肯评价了。

梁宏达在《体育评书》节目中

梁宏达在《老梁据说》节目录制中

梁宏达、张铁林等作为“助梦嘉宾”出席河北卫视《炫动中国风》第三季新闻发布会

梁宏达担任央视综艺频道《我爱满堂彩》节目嘉宾

梁宏达在《中华好民歌》节目现场点评选手发挥

梁宏达在山西卫视《你贵姓》节目录制现场讲解姓氏文化

梁宏达在母校黑龙江大学新闻传播学院设立“老梁新闻评论人才培养奖学金”，鼓励培养更多新闻评论人才